中国黄金操盘手

王子微◎著

经济管理出版社
ECONOMY & MANAGEMENT PUBLISHING HOUSE

图书在版编目（CIP）数据

中国黄金操盘手/王子微著．—北京：经济管理出版社，2015.3
ISBN 978 - 7 - 5096 - 3664 - 0

Ⅰ.①中…　Ⅱ.①王…　Ⅲ.①黄金市场—投资—基本知识—中国　Ⅳ.①F832.54

中国版本图书馆 CIP 数据核字（2015）第 050064 号

组稿编辑：张巧梅
责任印制：黄章平
责任校对：张　青

出版发行：经济管理出版社
　　　　　（北京市海淀区北蜂窝 8 号中雅大厦 A 座 11 层　100038）
网　　址：www.E - mp.com.cn
电　　话：（010）51915602
印　　刷：北京银祥印刷厂
经　　销：新华书店
开　　本：720mm×1000mm/16
印　　张：19.25
字　　数：259 千字
版　　次：2015 年 5 月第 1 版　　2015 年 5 月第 1 次印刷
书　　号：ISBN 978 - 7 - 5096 - 3664 - 0
定　　价：48.00 元

前　言

创造价值永远是写作的原动力，我对写作的价值定位，是将精神层面的价值创造，快速地转化为物质层面，也就是我们常说的学以致用。

在中国，黄金投资属于新兴行业，一般在这个专业领域都要从黄金交易员做起，然后是黄金操盘手，最后是黄金分析师。但严格地说，目前的中国很难找到真正意义上的黄金操盘手，更没有真正的黄金分析师，我们只是处于学习和探索的阶段。一本"黄金分析师资格证"只能证明我们即将踏上黄金职业投资人的道路，并且我们愿意为此倾注一生的努力。

黄金投资是一个世界性的职业，只要你能精通黄金大盘，那么你就拥有了一把开启财富之门的"金钥匙"，无论你走到世界的哪个角落，这把金钥匙都会紧紧地跟随着你，并且不用担心被别人夺走，这就是黄金操盘技术的忠实属性。

然而，要想获得一种属于自己的、完美的操盘技术，途径只有一个，就是学习分析技术及操作技术，然后融会到实际的操盘实战当中，并且一定要形成一套属于自己的分析系统和操作系统，这些就是你的那把"金钥匙"。

选择了黄金操盘手这个行业，证明你是智慧的，因为这里是最公平的竞技场，没有歧视、没有贵贱，这里只有技术和心态的角逐，这里的规则公正、严谨。所以，黄金投资是世界的，技术分析是永远的，中国黄金操盘手必将是富有的。

目　录

一、历史篇

这是一张能够找到的，囊括历史最为久远的现代电脑黄金走势图（1975~2014），这给了我们一个很直观的感觉，黄金的价格走势用一个词来形容就是"大起大落"，正是这种"大起大落"交错所产生的利润空间造就了世界黄金投资的历史，如图1-1所示。

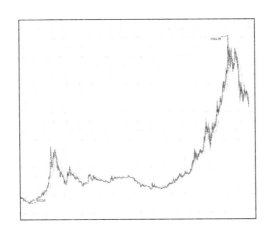

图1-1

（一）黄金的基本属性

黄金（Gold），化学元素符号 AU、被称为"金属之王"、熔点1070℃、密度 19.26g/cm³，具有极强的延伸性、抗腐蚀、传导性、反射性，种类有生金、矿金、沙金、纯金、K金。黄金计量单位有盎司、克、吨、两、司马两等，1 盎司金 = 31. 103481 克。K 金是表示黄金的纯度，24K = 99. 99%，18K = 75%，每 K 含金量为 4. 166%。

（二）黄金简史

1. 皇权垄断的时期（19 世纪以前）

19 世纪以前，黄金作为权势和财富的象征，多为皇室贵族所拥有，掠夺和赏赐成为黄金流动的主要方式，强权国家为了寻求金矿而进行新航路的开辟，大肆地抢掠和杀戮，写下了人类历史罪恶的一页，但同时也为资本的原始积累创造了条件。

2. 金本位时期（19 世纪至 20 世纪初）

进入 19 世纪以后，黄金生产力迅速扩大，黄金从帝王专有走向了社会，人类由此进入了金本位制时期。金本位制始于 1816 年的英国，19 世纪以来，世界上主要的国家大多都实行了金本位制。

金本位制大致延续到 20 世纪 20 年代，随着金本位制的形成，黄金充当着商品交换的一般等价物，成为商品交换的中间媒介，黄金的社会流动进一步增强，各国中央银行都可以按各国货币平价规定的金价无限制买卖黄金，使黄金市场得到了一定程度的发展，但此时的黄金交易受到了官方的严格控制，不能自由发展。

20 世纪初，第一次世界大战爆发，严重地冲击了金本位制，加之 30 年代世界性的经济危机，金本位制彻底崩溃，自由的黄金市场失去了存在的基础，伦敦黄金市场也被迫关停，直到 1954 年重新开张。但在国际储备中，黄金仍是最后支付手段，充当世界货币职能，黄金仍受国际的严格管制。

3. 布雷顿森林体系时期（1944～1973 年）

1944 年 5 月，英美达成共识，美国于当年邀请参加筹建联合国的 44 国政府的代表，在美国布雷顿森林举行会议，签订了《国际货币基金组织协定》，建立了金本位制崩溃后的第二个国际货币体系。

这实质是建立了一个以美元为中心的国际货币制度，建立成员国货币单价与确定固定汇率制，即美元与黄金挂钩（1 盎司 = 35 美元），其他成员国货币与美元挂钩，美元在该体系中处于中心地位，起着世界货币的作用，实际是一种新金汇兑本位制。

1973 年，国际金融市场再一次掀起了抛售美元，抢购黄金的风潮，美元再次贬值，西方国家放弃了固定汇率，实行浮动汇率。至此，布雷顿森林体系完全崩溃，开始了黄金非货币化的改革进程。

4. 黄金非货币化时期（1976 年至今）

1976 年 1 月，国际货币基金组织达成《牙买加协议》，宣布：黄金不再作为货币定值标准，废除黄金官价，会员国可以自由地在黄金市场按市价买卖黄金。

1978 年 4 月 1 日，国际货币黄金组织通过批准了修改后的《国际货币基金组织协定》，黄金迈上了非货币化的道路。

1983 ~ 1992 年，金融自由化和经济全球化，推进了国际黄金市场的进一步发展，逐渐形成了以伦敦为黄金交易中心，苏黎世为转运中心，连接东京、纽约、开普敦等地的全球市场运作模式。

国际黄金的非货币化，使黄金成为可以自由拥有和自由买卖的商品，黄金从国家金库走向了寻常百姓，黄金交易规模增加，为黄金市场发育、发展提供了现实的经济环境，各国中央银行及政府放松对黄金的管理，又为黄金市场的发展创造了政策条件。

总的来说，无论是古代还是现代，黄金一直被赋予着一种异常珍贵的属性，并且在现代的黄金非货币化时期，黄金被定性为同时具备两大属性，即商品性和金融性。黄金为我们提供了极其广阔的投资空间，中国黄金操盘手因此而诞生。

（三）国际主要黄金市场简介

1. 伦敦黄金交易所

伦敦黄金市场历史悠久，其发展历史可追溯到 300 多年前。1804 年，伦敦取代荷兰的阿姆斯特丹成为了世界黄金交易的中心，1919 年伦敦金市正式成立。每天进行上午和下午的两次黄金定价，由五大金行定出当日的黄金市场价格，该价格一直影响纽约和中国香港的交易，市场黄金的供应者主要是南非。1982 年以前，伦敦黄金市场主要经营黄金现货交易。1982 年 4 月，伦敦期货黄金市场开业，目前，伦敦仍是世界上最大的黄金现货市场。

现在伦敦市场交易所里的五大金行是：

（1）德意志银行。

（2）香港上海汇丰银行—密特兰银行（美国汇丰银行）。

（3）英国洛希尔投资银行。

（4）美国共和银行。

（5）加拿大枫叶银行。

2. 苏黎世黄金交易所

苏黎世黄金市场，由于瑞士特殊的银行体系和辅助性的黄金交易服务体系，为黄金买卖提供了一个既自由又秘密的环境，瑞士不仅是世界上新增黄金的最大中转站，也是世界上最大的私人黄金储备中心。

"二战"后发展起来的国际黄金市场，由于瑞士特殊的银行体系和辅助性的黄金交易服务体系，加上瑞士与南非也有优惠协议，获得了 80% 的南非金，以及苏联的黄金也聚集于此，使瑞士成为新增黄金最大的中转站及世界上最大的私人黄金存储中心。由瑞士三大银行：瑞士银行、瑞士信贷银行和瑞士联合银行负责清算结账。苏黎世黄金总库（Zuricl GoldPool）建立在瑞士三大银行非正式协商的基础上，不受政府管辖，作为交易商的联合体，与清算系统混合体在市场上起中介作用。

3. 纽约和芝加哥黄金交易所

纽约和芝加哥黄金市场是 20 世纪 70 年代中期发展起来的，主要原因是 1977 年后，美元贬值，美国人（主要以法人团体为主）为了套期保值和投资增值获利，使黄金期货迅速发展起来，纽约商品交易所和芝加哥商品交易所是世界最大的黄金期货交易中心，两大交易所对黄金现货市场的金价影响很大。

纽约和芝加哥没有实质的黄金市场，纽约的金市只存在于期货交易所之内。情况相同于香港恒指期货，但以纽约和芝加哥黄金交易所为代表的美国黄金市场的交易量，是目前世界上绝对的第一，并且每天都在领导着世界金价的涨跌。

4. 中国香港黄金交易所

中国香港黄金市场已有 90 多年的历史，其形成是以香港金银业贸易场的成立为标志。1974 年，香港撤销了对黄金进口的管制，以后香港金市发展极快，由于香港黄金市场在时差上刚好填补了纽约—芝加哥市场收市和伦敦开市前的空档，可以连贯亚、欧、美形成完整的世界黄金市场，其优越的地理条件引起了欧洲金商的注意，伦敦五大金商、瑞士三大银行等纷纷来港设立分公司，它们将在伦敦交收的黄金买卖活动带到香港，逐渐形成了一个无形的当地"伦敦金市场"，促使香港成为世界主要的黄金市场之一。

香港黄金市场由以下三个市场组成：

（1）香港金银业贸易场。

（2）伦敦金市场。

（3）黄金期货市场。

（四）黄金投资历史人物

在中国，"黄金操盘手"中的"人物"实在是乏善可陈，可能是历史时间太短的原因，查遍了电脑，只知道大约从 2007 年开始，才有了"中国黄金操盘手"这个叫法，但是，电脑中搜索出的几个相关投资人物，却引起了我的兴趣，如果有谁还不相信人性中固有的"贪婪"，请了解一下他们的故事。

1. 牛顿

牛顿，1642～1727年，英格兰林肯郡人，背负着"科学巨人"光环的牛顿，在金钱面前仍未能免俗，贪婪让他失去了投资成功的机会，最后闹个血本无归。

1711年，有着英国政府背景的南海公司成立，发行了最早的一批股票，当时人人都看好南海公司，其股价从1720年1月的每股128英镑迅速攀升，涨幅惊人。4月，看到如此利好消息，牛顿就用自己7000英镑左右的资金，毫不犹豫地购买了南海公司的股票。果然不出所料，牛顿买的股票涨起来了，仅过了两个月，股票价格涨了1倍，比较谨慎的牛顿把这些股票立即脱手，一下子竟然赚了7000英镑，看看每日股票的增长，比印钞机还快，使这位当过英格兰皇家造币厂厂长的牛顿心跳不止。这笔钱，是他当造币厂厂长年薪的3.5倍。但是刚刚抛掉股票，牛顿立即后悔了。因为到了7月，股票价格达到了1000英镑，几乎增值了8倍。于是，牛顿决定"杀个回马枪"，加大资金的投入力度，追涨南海公司股票。然而股市变幻莫测，这一次牛顿万万没想到的是，不久南海公司陷入了经营困境，股票的真实价值与市场价格严重脱离，直线上升的价格中含着巨大的泡沫，雪上加霜的是，英国国会通过了《反泡沫公司法》，对南海公司等进行政策限制。结果没过多久，南海股票一落千丈，到了12月，最终跌为约124英镑，从终点回到起点，许多投资人血本无归，牛顿也未及脱身，亏了2万英镑！这笔钱对于牛顿来说相当于他当英格兰皇家造币厂厂长10年的年薪。令人感叹的是，牛顿能准确地计算出天体运行的规律，却测不准股市的底部。

2. 爱因斯坦

爱因斯坦以其所取得的科学成就著称于世，但鲜为人知的是他还是一名股票市场的投资人。

爱因斯坦 1921 年因狭义相对论获得诺贝尔奖后，根据与前任妻子米列娃离婚时达成的共识，他将全部奖金存入一家瑞士银行，其利息供米列娃和两个儿子生活。然而爱因斯坦却将大多数资金转往美国投资，但因受经济大萧条打击，资金所剩无几。米列娃认为爱因斯坦违背了承诺，并向他要钱，最后，爱因斯坦向米列娃支付了比奖金还要多的钱。投资失败的经历即使是爱因斯坦也在所难免。

爱因斯坦对于金钱的立场一直十分低调，他认为金钱只会让人变得自私自利，而且一直促使他的拥有者去滥用它。但尽管如此，爱因斯坦最后的财富仍然十分可观。

3. 蒋介石

如果从中国近现代投机史上着眼，来头最大的非蒋介石莫属，说起来也颇有些趣味，后来中国政坛上的许多明星，都是当年从那个投机圈子里蹦出来的。

说起蒋介石投资，要从 1920 年 7 月 1 日说起，那天上海《申报》上登出了一个毫不起眼的小广告，内容是："上海证券物品交易所五十四号经纪人陈果夫，鄙人代客买卖证券、棉花，如承委托，竭诚欢迎"，后附事务所地址及电话。这一天，正值上海证券物品交易所正式开业。

陈果夫是蒋介石的把兄弟陈其美之侄，辛亥革命时，陈果夫因二叔陈其美的关系结识了蒋介石。1916 年，陈其美被暗杀后，上海革命党大多星散，陈果夫也无所事事了很长时间，直至 1917 年冬，陈果夫在岳父的帮助下进入上海一家钱庄学做生意，在此期间，他曾借了蒋介石 1000 两银子做本钱，做了一笔洋钿生意，不到 3 个礼拜赚了 600 多两银子，这让蒋介石对他不免有些刮目相看。

　　《申报》广告上的证券交易事务所，是蒋介石参股的"茂新号"，陈果夫是经理兼经纪人，蒋介石的老乡朱守梅为协理。"茂新号"开业并不顺利，因为当时股票交易是新事物，大家都没经验。当时交易所本所股票以 30 元开盘，3 天后即涨到 42 元，蒋介石委托朱守梅买股票时，他在低价时有所犹豫，等涨到 42 元才匆忙追涨买进，结果数日后股价回落，一下亏了几千元。为此，蒋介石在日记中抱怨道："生意不易做，而为果夫、守梅所害，"两天后，他又在日记中说："接果信，知其胆小多虑，不能做生意也。"

　　经营一段时间后，"茂新号"开始走上正轨，股本也由 1 万元增至 1.5 万元，后来又扩增到 3 万元。据陈果夫自述，每天的生意开支不到 30 元，而生意最差的一天也可以赚到佣金 30 元以上，最高时甚至可以赚到 2000 元。

　　由于生意好做，蒋介石在年底又与张静江、戴季陶、陈果夫、朱守梅等 17 人成立了"恒泰号"，新公司资本总额 3.5 万元，每股 1000 元，共分 35 股。"恒泰号"的发起协议上，分别有 17 位股东的签名，其中"蒋伟记"即蒋介石的代号，蒋还在下面签了"中正"二字。不过，蒋介石似乎没有亲自缴纳股本，而是由另一位革命大佬张静江代为认缴。后来，"恒泰号"扩大经营范围，并增加了代客买卖金银业务，资本额扩增至 4.6 万元，每股则降为 100 元，其中蒋介石名下 44 股，张静江 55 股。

　　1921 年 5 月底，蒋介石又与张静江、戴季陶等人成立了"利源号"，资本总额 3 万元，每股 1000 元，其中蒋介石 3 股，张静江和戴季陶各 1 股。两个月后，"利源号"又扩大经营范围并决定每股追加股本 200 元，而此时上海证券市场正是最火爆、最疯狂的时候，每个事务所的账上财富都在不断飙升，其中"茂新号"从开业到此时已净赚 18400 元，陈果夫还向蒋介石请示，是否加股若干？

　　从记录上看，蒋介石参与的不仅仅是"茂新"、"恒泰"和"利源"三号，另外还有"新丰"与"鼎新"两号，其资本都在1万元以上。在这段时间里，蒋介石非但要忙于上海这边的投资业务，而且还因为广东局势的变化而在南方待了不短的时间。1920年后，因为与许崇智、陈炯明等人的粤军经常有战事发生，孙中山屡次急电召蒋前去军中服务；另外，1921年6月，蒋介石的生母王采玉去世，他还回老家浙江奉化处理丧事，并守灵一段时间。在此期间，蒋介石事务繁忙，其投资是否每事亲为，不能定论。

除此之外，蒋介石在这些商号中所谓的"投资"，也颇多吊诡之处。

首先，蒋介石投资的钱从何而来？从历史上看，蒋介石从读书到投身革命后，期间没有从事过任何正常职业，家中也不富裕，其与兄长分家时不过得老宅三间，溪口镇上一间商铺，加上微薄的田租，其在各商号中动辄投入上万银圆入股，似乎难度挺大。

其次，在这些商号中，大都是蒋介石、张静江、戴季陶、陈果夫、朱守梅等人一起合作，其中张静江的作用尤为突出，特别是在资本投入方面，如在"恒泰号"，蒋介石的股本即由张静江代认；陈果夫大体上是操盘手的角色，蒋介石相当于监管；至于戴季陶，更是一介书生，他不应该有这么多钱，也似乎未参与这些投资的具体事务。

从已知的这几个商号的运作上来看，张静江似乎起到了核心作用，而张本人是孙中山革命事业的重要理财人，如孙先生在广州需要钱款时，都是通过张静江来周旋，甚至直接从陈果夫、蒋介石的账上划拨调剂。据国民党内部人士称，当时党内基金完全由张静江掌握，很多散落在各地未跟随孙中山去广东任职的人，经孙批准后就可以在张静江处领取津贴和活动费。由此似乎可以看出，张静江、蒋介石、陈果夫这些人在交易所的经营所得，很大一部分是用于公款，而其资本来源，也极有可能是公款。

由于事属首创，上海证券市场在最初两年的泡沫大得惊人，以交易所本所股票为例，由最初的 30 元涨到 80 元，1920 年底升至 120 元；1921 年初又被抬到 160 元，年底竟到了 200 元，不到两年，翻了近 7 倍，其中的投机与泡沫，可想而知。

正因为如此，早期的上海证券交易便成为投机者的乐园，各行业的商业巨子看到搞交易所来钱既快又多，于是各行各业都来搞交易所，到 1921 年 10 月，上海各类交易所竟达 140 余家。世上万物，盛极而衰、物极必反，交易所数量越来越多，质量参差不齐，风险也就逐步累积，到 1921 年 11 月，有 38 家交易所歇业；12 月后，每天至少有 1 家交易所歇业。泡沫破裂后，投机失败者比比皆是，"昨日陶朱、今日乞丐"，纸上财富，最后不过是一场空。

在市场信用崩溃后，证券交易空气日坏，即使是开办最早、规模最大的上海证券物品交易所也不能幸免，而前者正是张静江、蒋介石等人押宝坐庄的对象。据陈果夫说，上海证券物品交易所的经营情况本来不错，从开始到后来的倒闭，营业额有数亿元，仅佣金收入也有 20 多万元，但因为某些人过度的投机，甚至违规炒作本所股票，最终使交易所停止交割，并导致长时间停业。股票几乎成了废纸。

上海证券物品交易所的停业事件和导致张静江、蒋介石、戴季陶等人组织的"协进社"有很大关系，因为"协进社"拥有本所股票 3 万股，当股价炒至 120 元后，一部分交易所创办者开始撤资，而张静江、蒋介石等人却以他们的实力仍继续做大本所股票买卖，1921 年底，本所股票涨到每股 200 多元，现货与期货的差距越来越大，蒋介石等人非但未足额缴纳交易所的保证金，反而强迫常务理事郭外峰、闻兰亭等收受空头支票，这时发生买方资金不足，违约而停止交割，最终酿成大祸。

在这场风潮中，蒋介石同乡、交易所监察人周骏彦因套利失败欠债 20 万元，后来到处被人逼债而两度跳入黄浦江，张静江这时也不要什么名誉了，唯独陈果夫还算冷静，留下来清理烂摊子。交易所停业风潮后，最后由虞洽卿等上海巨商出面，将上海证券物品交易所与上海全球货币物券交易所合并，同时引进外国资本及洋员管理，这才渡过难关。

至于蒋介石，因为1922年6月陈炯明发动兵变，孙中山被困中山舰，所以他急于要前往广东。离开上海前，蒋介石找原交易所理事长虞洽卿要求给予资助（或许是因为他们持有原所股票），虞洽卿很恼火，说蒋介石等人搞垮了交易所，现在还要捣乱，开始不肯给，直到青帮头目黄金荣介入后，双方经过谈判，虞洽卿答应给蒋介石6万元，但必须是离开上海那天才给（怕他们拿了钱再捣乱）。由此，张静江、蒋介石等人鼓捣交易所的这笔烂账就此一笔勾销。

之后的蒋介石出任黄埔军校校长，训练军队，成为当时中国政坛上的风云人物，之前在上海搞股票投机生意的那些同僚，此时也都南下开创新的事业，当年的那些投机故事，逐成黄粱一梦，但不得不承认，蒋介石属于中国投资界第一批吃螃蟹的人，虽然蒋介石做得不怎么出色，但是毕竟他们为中国投资事业开了个头。

二、心态篇

炒金心态对于炒金学员来说似乎是一个模糊的概念，因为心态这个词似乎不好定义，更难掌握，就像知道与做到相距甚远。对于我自己，我始终要努力做到在炒金的过程中"输也认、赢也认"这一理念，但我知道这还不够，心态是在炒金过程中不断磨砺出来的，虽然它不会像技术分析、基本分析那样实实在在地摆在你的面前。但熟悉它之后，仍会对你的黄金投资事业有着莫大的帮助。

（一）成功的炒金心态

1. 胜不骄，败不馁

平常心是根本。黄金投资是一个长期的过程，在这个过程中，胜利和失败总是同时存在，相伴而生。黄金市场上机会很多，尤其是现货黄金市场，每天都可以经历许多次的成功和失败，在不断成功和失败的时候，保持平常心，胜利了不骄傲，失败了不气馁，是成功的交易心态里非常重要的一面。

多数开始赚钱后来亏损的投资者，往往是因为失去了平常心，尤其是面对失败的时候，平常心显得更为重要。

保持平常心是一个巨大的挑战，投资是一个长期的过程，在一个短期时间内保持平常心是远远不够的，重要的是持久。

2. 不怕错，就怕拖

及时认错很关键，普通人的自尊心不允许自己认错，错了也要坚持到底，而对于一个拥有成功交易心态的老手来讲，认错就像呼吸一样自然。杰西利默说："一个人如果不犯错，可以在一个月内拥有整个世界。"拥有整个世界的人还没有出现过，因此不犯错的人并不存在。在黄金市场上，敢于认错、及时认错的人，才能笑到最后。

有人曾经做过一个统计，在亏钱的大多数人中，实际上赚钱的次数要多于亏钱的次数，但是由于赚钱往往是赚小钱，亏钱往往是亏大钱，一次亏损就抵消了很多次赚钱的交易，也就是说，最后的亏损往往是由一两次大亏损造成的，这是大多数人亏损的主要原因。

而大亏损的主要原因，则以被套之后不及时认错、扛到底，不断地加码摊平，最后亏到无法收拾的地步这种情况最为常见。因此，不怕错，就怕拖，拖延认错才是亏损的根源，而及时认错才能使自己从被动中摆脱出来，这是成功的交易心理另一个重要方面。

3. 既敢输，更敢赢

盈亏相抵才赚钱。在黄金市场上投资，少了很多股票市场、期货市场的内幕交易，虚假信息等不利之处，交易环境更加符合公平、公正、公开的"三公"原则。盈亏更多地取决于投资者的操作水平，实在是最适合个人投资者获利的地方。

但即便是在黄金市场上，亏钱的现象并不比股票或期货市场少见，分析其原因，还是由于投资者操作水平不过关。统计表明，大多数亏损的投资者敢输不敢赢，赢小钱、亏大钱，最终相抵之后是亏损，而成功的投资者是亏小钱赢大钱，最终盈亏相抵之后是盈利。所以有人感叹道："我们不能像小鸟一样吃东西，却像大象一样拉屎。"

这是一个交易心理的问题，成功的投资者要做到敢输，更敢赢，既不能因为亏损就缩手缩脚，也不能赚点小钱就落袋为安，只有这样才能拥有成功的交易心理。

交易很简单，复杂的是人性。当一名投资者经过长期的练习，拥有了成功的交易心理，在黄金交易中赚钱就会成为轻松的旅程。

（二）炒金心态的告诫

成为盈利的交易者是一个旅程，而非目的地，世界上并不存在只赢不输的交易者，试着每天交易得更好一些，从自己的进步中得到乐趣，聚精会神学习技术分析的技艺，提高自己的交易技巧，而不是仅仅把注意力放在自己交易输赢的多少上。

只要自己按照自己的交易计划做了应当做的交易，那么就祝贺自己，对这笔交易感到心安理得，而不要去管这笔交易到底是赚了还是赔了。

赚钱了不要沾沾自喜，赔钱了也不要垂头丧气，试着保持平衡，对自己的交易能职业化地对待。

不要指望交易中一定会这样或者那样，所要寻求的是对事实的深思熟虑，而不是捕风捉影。

如果你的交易方法告诉你应该做一笔交易，而你没有执行，错过了一笔赚钱的机会，只能作壁上观，这种痛苦要远远大于你根据自己的交易计划入市做了一笔交易，但是最后赔钱所带来的痛苦。

自身的人生经验塑造你对交易的认识，如果你做的第一笔交易就赔了，那么你会很长时间内不再涉足该市场，甚至一辈子也不碰那种商品的几率是很高的，做单赔钱和失败给人带来的心理冲击要比肉体的痛苦更大，影响时间也更长，如果你不被一次失败的交易所击垮，那么做单赔钱后就不会对你产生如此消极和持久的影响。

教育经历对塑造投资者看待期货交易的方式产生重要作用，正规的商业教育能够让你在了解经济和市场的大体状况时具有优势，但是这并不能保证你在市场中赚钱。正规大学教育中所学到的绝大部分知识，并不能够提供给你成为一名成功的黄金交易者所需要的特定知识，要想在黄金交易中成为赢家，你必须学会去感知那些大多数人所视而不见的机会，你必须挖掘那些对成功交易必不可少的知识。

自大和因赚钱而产生的骄傲会让人破产。赚钱会让人情绪激昂，从而造成自己对现实的观点被扭曲，赚得越多，自我感觉就越好，也就容易受到自大心理的控制。

永远牢记，无论输赢，一人承担。不要去责怪市场或者投资顾问。赔钱为你提供一个机会，让你能够注意到交易中究竟出现了什么问题，不要针对个人进行攻击。

成功的交易者对风险进行量化和分析，真正的理解并接受风险，从情绪上和心理上接受风险，决定你在每次交易中的心态，个体的风险容忍度和交易时间的偏好，也使每个交易者各有不同之处，选择一种能够反映你的交易偏好和风险容忍度的交易方法。

永远不要仅仅因为价格低就做多或者价格高就做空，永远不要去给赔钱的单子加码。永远不要对市场失去耐心，在做任何一次交易前，都要有合适的理由，记住——市场永远是对的。

交易者需要去聆听市场，要想有效地聆听市场，交易者就需要对自己的交易方法加以注意，同样，也要像关注图表和市场一样关注自身，交易者所面临的挑战是，去了解自己究竟是什么样的人？然后坚定地、有意识地去培养那些有利于自己交易成功的品质。

作为交易者，离希望、贪婪和恐惧越远，交易成功的机会就越大，为什么会有成千上百的人分析起技术图表来头头是道，但是真正优秀的交易者却是凤毛麟角？原因在于他们需要花费更多时间在自己的心理学上，而不是分析方法上。

"工欲善其事，必先利其器"。林肯也说过，"我如果要花8小时砍倒一棵树，那么我就会花6小时把自己的斧子磨利"。在交易上，这一格言可以理解为：研究和学习非常重要。为了交易所做的准备、所花费的时间要超过下单和看盘所花的时间。

绝大多数交易者都不如市场有耐性，有句古老的格言这么说，市场会尽一切可能把大部分交易者气疯，只要有人逆势而为，市场的趋势就会一直持续。

（三）看了才会懂

1. 交易应该是自然而且轻松的

不要强求任何事情，也不要和市场或者你自己作对，完美的交易像呼吸一样，你吸气和呼气，就像进场和出场，一定要冷静和放松，寻找那些出现的机会。一定要集中精神和警觉，把自己从水深火热的市场中抽离出来，一定要做一个观察者，并且等待机会的降临，不要交易那些你无法弄懂的市场，也不要以为你必须每个波段都进行交易，总有许多的机会符合你的性格和你解读市场的能力，把握它们，忽视其他不适合你的机会，别痴心妄想可以做一个在任何市场进行交易的全能交易者。

2. 不要有对抗心理

交易并不是一场战争，市场也没有在追杀你，它甚至并没有意识到你的存在。事实上，它对此完全没有兴趣，黄金并不知道你买了它们，它们做它们该做的，你只要适应它们，市场是你的老板，遵循它，然后领取工资；或者你反抗，然后被踢出局。就像你并不和海洋作战，你只是在其中游泳一样。如果你发现自己处在某个不正确的潮流内，不要试图改变潮流方向，而是要另外寻找适当的潮流。

3. 不要猜测

不要把个人的情感强加在市场上，也别期望市场在乎你，市场既不敌对也不友善，它只是存在，仅此而已。你有选择参与或者退出的自由，交易是一种最终极的自由，黄金市场充满着无穷无尽的盈利与亏损的机会，而这都取决于你的选择。市场给你提供机会，你应该敞开胸怀去体会黄金市场的特殊语言，市场只有一种语言，那便是价格，你用来解读行情的任何工具，都是这种语言的衍生品，除了市场与你的对话外，其他杂七杂八的东西只会干扰你，让你看不清楚实际价格的运行方向。

4. 暂时忘掉你的钱正在市场的水深火热中

在交易户头里的钱只是一种用来赚钱的工具，维护你的赚钱工具，你需要这些工具赚更多的钱，止损可以避免这项工具受到严重损伤，黄金市场不存在确定性，一切都是以几率形式呈现。因此，止损是不可避免的，属于交易的一部分。如果市场显示你的预期发生错误，必须断然止损出场，如此一来，这项工具才有机会继续为你服务。一旦犯错，立即承认，偶尔市场会把你震荡出局，然后立刻反弹，但不要因此忽略止损，你永远可以重新建立仓位，然而亏损一旦发生，通常都很难扳回。每笔亏损都代表一次教训，你必须决定因为这项教训而支付多少代价，千万不要支付过高的代价。把交易看作永无止境的整体程序，不要过于强调单笔交易的重要性，任何一笔交易都只不过是整体的一部分，允许自己认赔，然后继续前进。

5. 不要因为急于报复或者急需用钱而进行交易

黄金市场并不了解你的情况，它只是所有交易者联系起来的巨大空间，它不会因为你需要回报就给予回报，你才是掌控的人，从市场里赚钱或者输给其他的市场参与者，这些都取决于你的能力。

当交易者们参与到市场行为中时，就等于是把资金放在一个大锅里，从他们开始交易那一刻起，这些钱就是无主的金钱，只要有技巧，任何人都可以从中掠取，当交易者把钱放进去的时候，就已经做好了失去它的准备，你愿意承担这种风险，就把本金摆上台面，像所有其他人一样，那么赢得这个大锅里的钱时，也不要感到罪过。

6. 必须明白，风险是交易中不可割舍的一部分

当你用一种价格浮动较少的商品（钞票）去换取价格浮动较大的另一种商品（黄金或者其他交易对象）时，你选择了承担风险，你这样做是因为这种价格浮动正是你需要用以谋利的工具，机会也伴随着风险，你不可能只承担其中之一。

7. 交易有时候会显得枯燥

这很正常，你并不是为了追求刺激才进行交易的，你可能会坐在电脑面前数小时却无所事事，这不是一个按小时来计算薪酬的职业，而是根据你的正确抉择计算薪酬，而往往正确的抉择是远离市场行为，如果你想要刺激，那么请另觅他处，试着学习寻找自我控制的乐趣，并且接受枯燥无聊也是成功交易的一部分。

8. 如果……那么……

永远不要这样说："我知道市场将来要做什么"，不，你不知道，也没有人知道。你应该想，"无论今天市场怎么变化，我都知道我该怎么做"，针对每种可能发生的情境，预先设计反应的行为。这就是你拥有的绝对自由和保障。只要设想好整组"如果……那么……"的情节，市场就拿你毫无办法，在这些情节中，"如果"是指市场行为，而"那么"则是你的回应。

9. 决定自己想交易什么

如果是趋势，那么就顺势操作，如果是区间，那么就逆势操作，在上升趋势里高买高卖，在下降趋势里低卖低补，在区间中则低买高卖。如果你想操作趋势反转，千万不要仅凭借价格资料，千万不要只因为"价格已经够便宜了"就买进，或者因为"价格已经够贵了"而放空，你还需要明确的其他根据。

10. 界定你的信号

你的系统反映出的信号，才是你执行交易的唯一有效原因，剩下的都涉及情绪，绝对不要让情绪干扰你的操作抉择。当你的交易系统发出进场信号时，要毫不犹豫地建仓。当你的交易系统发出卖出信号时，及时了结。如果你对自己的交易系统产生了怀疑，那么就先做纸上的模拟测试，如果你的交易系统仍处于测试过程中，不要进行实际交易。

11. 树立交易的积极信心

务必要了解交易中涉及的得失关系，野心勃勃的交易策略，能使你做出正确决定时的利润最大化，但也能减少你做出正确决定的次数，而相反的策略则能增加你正确的几率，但减少每笔交易的潜在利润。

12. 保持弹性

针对市场变化，修订你的交易系统，调整自己的野心，并且根据当前处理的市况形态，挑选恰当的交易架构，随时查核自己的作为是否符合当前市场条件。

13. 界定什么是失败者

失败者认为他们比市场更精明，失败者认为他们可以找到所有答案，失败者认为市场中一定有某种秘密系统和指示，失败者认为他们可以避免损失；失败者不采用止损，因为他们认为自己终究是对的。

按照这些失败者的特征，要经常自我检讨，看看是否出现类似的特征，不要让自己成为失败者。

14. 界定赢家的思考方式

写下所有成功交易者的特征，经常阅读并且衡量自己与其的距离，用这样的比较来找到你的弱点，并且分析如何改善，对自己保持绝对的诚实，任何你不对自己检讨的事，市场最后会提醒你，而且这种提醒可不会是非常美好的体验。

无论你在市场中遭遇了什么挫折，都不是它的错，不是任何造市者或者专业人士的错，更不是什么神秘的幕后操纵者或者邪恶的空头，永远都是你的错。你做出的决定，并且加以实施。你自己选择参与或者放弃，请担负起完全的、百分之百的责任，做回你自己，不要抱怨或者解释，责任感能带来控制能力，对自己掌握完全的控制力，交易正是一种对自我控制的绝对考验，刚开始，你可能觉得冷酷而不自在，觉得自己孤独地生活在堡垒里，最后，当你取得优势，体会站在最顶峰的感觉，所有这些就都有了回报。完全操控自己的行为，绝对自我控制，这就是一切努力所追求的报偿。

学习一点自嘲，不要对自己太苛刻，你不用向其他人证明任何事，不妨成为第一个嘲笑自己错误的人，不要试图追求完美无缺，有过杰出表现就已经够好了。

（四）炒金者应具备的心理素质

投资者进入黄金市场，其目的就是获取利润，谁都想成为炒金高手，这也是每个人梦寐以求的事情，能够肯定地说，这个市场必然只有少数人才能成为顶尖高手，如何才能成为其中的一员呢？

首先，要有超出常人的勤奋，吃常人不能吃的苦。黄金投资是一项众多投资者智力上相互比拼的活动，黄金分析软件无论多么先进，永远只是工具而已，你的头脑永远是最重要的，不否认，个别人具有黄金投资方面的天赋，但这只是极少数，大部分胜利人士都是靠后天的不懈努力锤炼出来的，无论做什么事，只需付出超凡的努力，付出超凡的勤奋，胜利对于你来说就是时间问题，那些不愿意下苦功，靠耍小聪明想在黄金市场淘金的人，必定要被市场淘汰。

其次，你要在心理上打败自己，炒黄金是相互博弈的零和游戏，一部分人盈利，必然是以另一部分人亏损为代价，市场永远是对的，出错的是我们本人。作为投资者，永远不要自作聪明，对于每个时点的黄金价格而言，它们是大多数人选择的结果，在市场没有转势之前，主观地推断市场的底和顶没有意义，只要行情还在涨，就说明市场中买的人多于卖的人，我们就不要轻易言顶，只要行情还在跌，就说明市场中卖的人多于买的人，我们就不要轻易言底。

在黄金市场要学会顺势而为，要和大多数人站在一起，和大多数人作对，就是和市场作对，最终就是和自己的钱作对，这显然违背了你进入黄金市场的初衷，相信很多人都吃过这方面的苦头。

最后，要克制人性中的贪婪和恐惧，与贪婪和恐惧抗争，或许要贯穿整个黄金投资过程。赚了还想赚得更多，赔了害怕赔得更多，这是正常的心理反应，但这种情绪会严重干扰你对市场的分析判断，非理性的想象开始在头脑里不断地扩张，让你的头脑变得不清醒，对市场的感觉也就麻木了。

三、风控篇

风险控制历来被投资界奉为上上之策，他们的理论是"控制了风险，就等于盈利"，我也十分赞同这个观点。所以，我尽量收集一些有关"风险控制"的精彩言论，将风险控制从理论水平上升到实战水平，让炒金学员在完全理解的条件下，让风险控制这种操作理念完完全全地融入到自己的黄金投资过程中去。

（一）风险控制中的负面心态

三分靠分析，七分靠操作，正确分析只是成功操作的第一步，成功的投资不但需要正确的市场分析，而且需要科学的风险管理，这两者之间风险管理是最重要的，其次才是分析技术，但是对99%以上的投资人来说，他们以为分析是最重要的，而根本认识不到风险管理的重要性，并且在分析方面，他们又把注意力放在如何判断进场点上，却不知道判断出场点要比判断进场点更重要，也是更难的一个操作技巧。

我们来看一组简单的数字：当你的资金从10万元亏成了9万元，亏损率是 $1 \div 10 = 10\%$，你要想从9万元恢复到10万元需要的赢利率也只是 $1 \div 9 = 11.1\%$，如果你从10万元亏成了7.5万元，亏损率是25%，你要想恢复的赢利率将需要33.3%，如果你从10万元亏成了5万元，亏损率是50%，你要想恢复的赢利率将需要100%。俗话说：

"留得青山在，不愁没柴烧。"止损的意义就是保证你能在市场中长久地生存，甚至有人说："止损等于再生。"

那么，分析和操作的关系是怎样的呢！打个比方说，在分析方面，对整个市场的趋势判断，俗称方向对了。但如果操作技巧不科学、不理性，同样可能是高点进低点出，而如果操作技巧是科学的，那么，整个盈利状况将大为改观。市场分析是操作的前提。从正确的市场分析出发，才能建立起具有科学的交易系统；理性的操作是把正确的分析发挥最大效果的一个过程，而心理控制则是这两者的基础和纽带。一个人如果心理素质不好，即便有了正确的分析，也可能因为心理因素的不完善从而直接影响操作的科学性，这样就使最后的赢利结果不是自己应得的那部分。投资市场不同于社会生活的任何其他方面，当人们从事任何其他社会职业时，人性的弱点往往还可以用某种方法掩饰起来，但是在投资市场上，每个人都必然把自己的人性弱点充分地表现出来，这是根本无法遮掩的，所谓公开竞价，其实就是公开展示人性。下面我们来谈谈心理因素里面的四个方面：

1. 懒

主要表现为不劳而获的心态。虽然人人都知道天下没有免费的午餐，但绝大多数人还是想获得免费的午餐，于是他们就不能从心里真正准确地回答下述问题：

（1）黄金投资是一项事业还是一种赌博？多数人是把它看成一种赌博，但是多数人绝不会在嘴上承认这一点。

（2）如果你把黄金投资看成是一项事业，那么你投入了多少时间和精力作为投资的准备？如果一个人想当一个数学家、物理学家、电机工程师或医生、律师等，他们第一要做的事一定是去上学，以获取最必要的基础知识，黄金投资比上述各项专业难度更高，因为潜在的高回报率吸引了大量的人。但是又有多少人付出了比做其他行业那些专家更多的时间和精力来研究投资市场的学问？从这点我们可以看出，投入任何一项事业，做好功课和学习知识是前提。

总之，不劳而获的心态有多种，甚至可以说是无所不在的。不付出艰苦的劳动，是不可能从市场上得到相应的回报的。即使短暂时间的得到，其实也并不一定牢靠。

2. 愿

愿是一厢情愿的心态。它的表现主要是：

（1）寻求对自己有利的消息。投资人从自己的利害得失出发，往往对市场走势有一种主观上的期盼，因而特别愿意得到对自己有利的小道消息，但实际上，经验丰富的投资家都知道，市场上的绝大多数所谓"新闻、消息"都是为了某个特别的利益集团的利益而散布出来的，一厢情愿的心态之所以是失败者的心态，就在于它是着眼于眼前的事物，而市场永远是只关心未来的。投资人对市场的观察如果不客观，便已经输了先手。

（2）输了不认赔，还要加码。我们常常可以看到，很多人在患了绝症之后，便很容易上一些江湖骗子的当，相信什么祖传秘方或者什么特异功能。不少投资人在明知道已经错了以后还不愿认错，而是在所谓"套牢"的借口下苦苦期盼，这些人犯的错误就是不尊重市场。当一个人输了的时候，就是市场明确告诉你已经犯了错误的时候。市场是客观的，对抗市场是绝不会有好下场的，尊重市场是每一个投资人必须要意识到的。

（3）人的本性有一种倾向，只愿意相信自己潜意识中愿意相信的事，而不是真实的事，只愿意听到自己潜意识中感到舒服的话，而不是真实的话。有经验的投资家都知道，一个成功的投资决策，往往是决策时内心感到很不舒服的决策，投资决策过程经常就是一个选择的过程，在多种可供选择的方案中，总有一个让你最难受的方案。在绝大多数情况下，这个方案往往事后证明是最成功的方案。

3. 贪

贪在投资中的表现是最明显的。人人都知道贪不是好事，可是绝大多数人却戒不了贪欲。

（1）在目前国内纸黄金市场上，由于交易规则的限制，全部是实盘，也就是说用一分钱买一分货，因为这种规则本身对投资人的贪欲是一种外在的限制，但在保证金市场上，由于是杠杆制度，投资人可以用一分钱买到十分货，因此这种贪欲就无形中被放大了，绝大多数投资人在商品现货和期货市场上失败的首要原因，往往是下手过重，他们往往存在一夜暴富的心理。在这种巨大利润的驱使下，他们会忽略相对应的巨大风险，铤而走险。要有正确的风险管理，前提是戒贪，但戒贪实在是一件很难做到的事。

（2）投资人由贪欲控制，往往患有一种华尔街称之为"市场症"的病，那就是操作欲望极强，恨不得天天有操作机会，甚至想一天做几次，如果哪天，甚至更短时间不去看盘，就会觉得坐立不安，茶不思，饭不想，这种贪欲的表现在初级投资人中十分普遍，这种观念是严重错误的，从投资领域的历史经验看，频繁的短线操作是风险很大的事，做中长线的投资者赚钱的几率更大些。

4. 怕

怕是指大多数普通投资人的怕。其实，经验丰富的投资家也怕，只是他们的怕和普通投资人正好相反，投资家怕市场，但不怕自己。他们对市场十分敬畏，但对自己却十分自信。普通投资者正好相反，普通投资者对市场毫无畏惧，因此往往在最高点买进，而在最低点卖出。但是他们也有怕，那就是怕自己，在市场一涨再涨接近最高点时，他们怕自己误了班车，而不怕市场已经十分脆弱，所以总是在高位套牢，而且是重仓。而在市场一跌再跌接近最低点时，他们怕世界末日到来而急于抽身逃跑。所以，成功的投资家的贪和怕，只不过和普通投资人正好相反，投资家是在普通投资者贪的时候怕，而在普通投资者怕的时候贪。普通投资者的怕还表现在投资决策时，既犹豫不决又容易冲动，这是同一弱点的不同表现。这就是说，普通投资者的怕是容易相互感染的，从而表现出一种强烈的群体性。当人们的情绪相互感染时，理智便不复存在。

上面所说的"懒、愿、贪、怕"，要完全克服是不可能的，因为它们是人性的表现，是与生俱来的。但是，它们的表现程度是可以控制的，成功的投资家是能够成功地把它们控制在一个适度的范围内，不使其影响理智的投资。

（二）风险控制中的良好操作——止损

下面，我们就来讨论一下成功投资家们是如何做到良好的止损的。

止损是当某一投资出现亏损达到预定数额时，及时斩仓出局，以避免形成更大的亏损，其目的就在于投资失误时，把损失限定在较小的范围内。投资与赌博的一个重要区别就在于前者可通过止损把损失限制在一定的范围之内，同时又能够最大限度地获取成功的报酬，换言之，止损让以较小代价博取较大利益成为可能。投资市场中无数血的事实表明，一次意外的投资错误足以致命，但止损能帮助投资者化险为夷。

止损既是一种理念，也是一个计划，更是一项操作。止损理念是指，投资者必须从战略高度认识止损在投资市场投资中的重要意义。因为在高风险的投资市场中，首先是要生存下去，才谈得上进一步的发展，止损的关键作用就在于能让投资者更好地生存下来，可以说，止损是投资市场投资中最关键的理念之一。止损计划是指在一项重要的投资决策实施之前，必须相应地制定如何止损的计划，止损计划中最重要的一步是，根据各种因素（如重要的技术位，或资金状况等）来决定具体的止损位。止损操作是止损计划的实施，是市场投资中具有重大意义的一个步骤，倘若止损计划不能化为实实在在的止损操作，止损仍只是纸上谈兵。

市场的不确定性和价格的波动性决定了止损常常会是错误的。事实上，在每次交易中，我们也搞不清该不该止损，如果止损对了也许会窃喜，止损错了，则不仅会有资金减少的痛苦，更会有一种被愚弄的感觉。

因此，理解止损本质上就是如何正确理解错误的止损，错误的止损我们也应坦然接受，举个简单的例子，如果在交易中你的止损都是正确的，那就意味着你的每次交易都是正确的，而你的交易如果都是正确的，那又为什么要止损呢？所以，止损是一种成本，是寻找获利机会的成本，是交易获利所必须付出的代价，这种代价只有大小之分，难有对错之分，要获利，就必须付出代价，包括错误止损所造成的代价。

坦然面对错误的止损，不要回避，更不必恐惧。只有这样，才能正常地交易下去，并且最终获利，这就是对止损的理解，包括对错误止损的理解。

1. 止损应注意的问题

（1）"凡事预则立，不预则废"，所有的止损必须在进场之前设定。做黄金投资，必须养成一种良好的习惯，就是在建仓的时候就设置好止损，而在亏损出现时再考虑使用什么标准常为时已晚。

（2）止损要与趋势相结合。趋势有三种：上涨、下跌和盘整。在盘整阶段，止损的错误性的概率要大。在实践中，盘整可视作看不懂的趋势，投资者可以休养生息。

（3）选择技术分析工具来把握止损点位。这要因人而异，可以是K线、趋势线、形态及其他，但必须是适合自己的，不要因为别人用得好你就盲目拿来用。运用技术分析工具的能力则会导致完全不同的交易结果。

2. 止损法则

（1）鳄鱼法则。关于止损的重要性，专业人士常用鳄鱼法则来说明，鳄鱼法则的原意是：假定一只鳄鱼咬住你的脚，如果你用手去试图挣脱你的脚，鳄鱼便会同时咬住你的脚与手，你越挣扎，被咬住的地方就越多，所以，万一鳄鱼咬住你的脚，你唯一的机会就是牺牲一只脚。在投资市场里，鳄鱼法则就是：当你发现自己的交易背离了市场的方向，必须立即止损，不得有任何延误，不得存有任何侥幸。鳄鱼吃人听起来太残酷，但金市其实就是一个残酷的地方，每天都有人被吞没或黯然消失。

（2）止损原因。需要止损的原因有两个方面：第一是主观的决策错误，进入金市的每一位投资者都必须承认，自己随时可能会犯错误，这是一条十分重要的理念。究其背后的原因，是因为投资市场是以随机性为主要特征，成千上万人的博弈使任何时候都不可能存在固定的规律，金市中唯一永远不变的就是变化，当然，金市在一定时期内确实存在一些非随机性的特征，例如资金流向、群体心理、自然周期等，这是投资市场高手们生存的土壤，也是不断吸引更多的人加入投资市场，从而维持投资市场运行发展的基础，但这些非随机性特征的运行也肯定不会是简单的重复，只能在概率的意义上存在，如果成功的概率是70%，那么同时就有30%的概率是失败。另外，任何规律都肯定有失效的时候，而这个时候也许就会被聪明的你碰到，当遇到失败概率变为现实，或者规律失效，这时就有必要挥刀止损了。第二是客观的情况变化，例如基本面发生意料之外突发利好或利空，宏观政策重大变动、战争、政变或恐怖事件等。

（3）散户专利。需要特别说明一点，止损是散户的专利，机构不可能止损，因为筹码太多，一般没人接得下来。机构处理决策错误，或外部事件的一个常用办法是，拿部分筹码高抛低吸做波段，然后伺机逐渐出货。所以，散户应该充分发挥自己船小好掉头的优势，该止损时坚决止损，形势好转或风头过后再回来。

（4）善于忘记。在金市里要做好止损，一定要善于两个忘记：第一是忘记"买入价"。不管是在什么价位买进的，买进后都要立即忘掉自己的买入价，只根据市场本身来决定什么时候应该止损，不要使自己的主观感觉与情绪影响对市场的客观判断。第二是忘记"止损价"，就是做出止损之后，立即就当自己没做过这笔交易，不要"一朝被蛇咬，十年怕井绳"，当发现市场有新的买进或卖空信号出现后，就毫不犹豫地再次杀进。佛说，诸行无常，诸法无我，这对投资市场很有意义。目前市场中相当比例的投资者生活在一种压抑和焦躁的状态中，就是因为有了较大的历史亏损而不能忘记，老是想扳回来，殊不知这种心态正在把你推向更大的亏损。

（5）止盈和补仓。如果理解并坚持了"永远站在零点"这个理念，那么止盈实际上也可以看作是止损了。俗话说："会买的是徒弟，会卖的才是师傅，"这里说的会卖既包括止损，也包括止盈。在现实的市场里，经常见到有些朋友熟练掌握止损技术——"割肉大法"，自豪宣称远离了套牢，但却不善止盈，经常坐电梯、过山车，或者轿子刚抬起就慌慌张张蹿下来，然后一边目送轿子上山越走越远。要做好止盈，首先，还是要忘记买入价，只根据市场本身当前的走势情况决定是否卖出，既不怕路高入云端，又不贪轿子舒适，该下地时就果断下地。其次，就是综合运用后面说到的各种止损方法，以止损的眼光来对待止盈。

补仓有两种情况：一种是被动性补仓，就是死不认错，一条路走到黑，这是扩大亏损的一条捷径；另一种是主动性补仓，一般是在判断市场发生非理性下跌或达到合理波动的下轨时采用。主动性补仓应该是在尚未达到止损点的补仓，一旦达到止损点，还是要该出手时就出手，永远不要与趋势为敌。注重资金的效率，不要动不动就死扛。

（6）减少止损情况的发生。理论上说，止损的最好方法是不需要止损，也就是提高操作决策的正确率和准确率，这方面除了掌握好进场时间的基本功之外，还可以将前面说的止损方法作为限制性条件加入买入决策过程。不管你根据什么理由和条件，选好了进场时机之后，还要看看目前是否处于按照你的辅助性止损方法进行止损的状态，通过把止损方法反过来成为买入决策的限制性条件，可以在相当程度上减少止损情况的发生。

建议投资者在每笔交易买入之前，都先预设好止损点或止损计划，把这项工作当作一个必需的决策程序或操作纪律。当你预先设立止损点，就会多一分冷静，少一分急躁，从而减少错误决策的产生。

（7）定额止损法。这是最简单的止损方法，它是指将止损额设置为一个固定的比例，一旦损失大于该比例就及时平仓，定额止损的强制作用比较明显，投资者无须过分依赖对行情的推断，止损比例的设定是定额止损的关键，定额止损的比例由两个数据构成：一是投资者能够承受的最大亏损，这一比例因投资者心态、经济承受能力等不同而不同，同时也与投资者的赢利预期有关。二是交易品种的随机波动，这是指在没有外界因素影响时，市场交易群体行为导致的价格无序波动。定额止损比例的设定是在这两个数据里寻觅一个平衡点，这是一个动态的过程，投资者应依据经验来设定这个比例，一旦止损比例设定，投资者可以避免被无谓的随机波动震荡出局。

（8）技术止损法。较为复杂一些的是技术止损法，它是将止损设置与技术分析相结合，剔掉市场的随机波动之后，在关键的技术位设定止损点，从而避免止损的进一步扩大，这一方法要求投资者具有较强的技术分析能力和自制力。技术止损法相比定额止损法对投资者的要求更高一些，很难找到一个固定的模式。一般而言，运用技术止损法无非就是以小亏博大赢。例如，在上升通道的下轨买入后，等待上升趋势的结束再平仓，并将止损位设在相对可靠移动平均线附近。

（9）无条件止损法。不计成本，夺路而逃的止损称为无条件止损，当市场的基本面发生了根本性转折时，投资者应摒弃任何幻想，不计成本地杀出，以求保存实力，择机再战，基本面的变化往往是难以扭转的，基本面恶化时，投资者应当机立断，斩仓出局。

（10）平衡点止损法。在建仓后即设立原始止损位，原始止损位可设在距离建仓价格 10%～15% 的位置，买入后价格上升，便将止损位移至建仓价，这是你的盈亏平衡点位置，即平衡点止损位，依此，投资者可以有效地建立起一个"零风险"系统，可以在任何时候套现部分盈利或全部盈利，平衡点止损系统建立好以后，下一个目的就是套现平仓。套现平仓具有很强的技术性，但是不管用什么平仓技术，随着价格上升必须相应地调整止损位置，比如投资者建 10 元仓位，原始止损位设立在 9 元，买入后金价若一路下跌，可在 9 元止损出场；若买入之后价格继续上升，平衡点止损在 10 元，如价格上升至 12 元，可将止损位调整为 11 元，价格升至 13 元，止损位也升至 12 元。

（11）时间止损法。人们普遍注意空间的止损，而不考虑时间因素，只要价格跌到某个事前设定的价格，就斩仓出局，这就是空间止损。空间止损方式的好处在于，可以通过牺牲时间而等待大行情，缺点在于经过了漫长的等待后往往不得已还要止损，既耽误了时间又损失了资金。为此，需要引入时间止损概念，时间止损是根据交易周期而设置的止损技术，譬如，我们若对某段行情的交易周期预计为 5 天，买入后在买价一线徘徊超过 5 天，那么其后第二天应坚决出仓，从空间止损来看，价格或许还没有抵达止损位，但是持筹时间已跨越了时间的界限，为了不扩大时间的损失，此时不妨先出局。

（三）移动止损

移动止损又称"追踪止损"，就是追随最新价格设置一定点数的止损，只随金价朝仓位的有利方向变动而触发，是在进入获利阶段时设置的指令。移动止损是一个非常好的交易工具，尤其在价格波动较大的情况下，可以保证你的盈利。

在仓位变得越来越有利可图时，通过提高止损触发价位，交易者可以保证在市场反向变动时，仍可实现大部分账面收益。

例如，你1721点买入多单，行情上涨到1728点了，你把止损放在1723点，追踪价格移动点数自己设置，这样你就不用担心了。移动止损其实就是保护盈利的意思，如果单子被扫了，盈利已经是肯定的，只是挣多少的问题。

设置移动止损有两种方法：

（1）系统自动移动止损。这个设置很简单，鼠标点击订单左键，然后设置追踪止损，每次追踪多少点，你自己设置。

（2）手动移动止损。在每次的走势形成新的高点或低点之后，手动调整止损点到高点或低点，这样可以产生利润最大化的效果。

初学者应谨慎运用移动止损这种交易工具，因为经验不足可能会适得其反。

（四）关于锁仓

锁仓也称锁单，是指交易者做数量相等，但方向相反的开仓交易，以便不管黄金价格向何方运动（或涨或跌），均不会使持仓盈亏再增减的一种操作方法，锁仓也可以理解为另外的一种止损。

锁仓一般是在亏损时，却不想止损的一种操作方法，锁仓操作难点在于解锁。下面我们对解锁作一下简单的介绍，解锁一般分为对仓锁、小仓锁和重仓锁。

对仓锁：这是最常用的一种锁仓操作，假如你下了10手多单，方向错了，你在相反方向下10手空单，中间亏损几个点就是几个点，不管行情再涨多少，再跌多少，都会保持你锁仓时的盈亏。然后，等到遇顶解多单，遇底解空单就可以了。

小仓锁：同样你下了10手多单，方向反了，在不想止损的情况下，你还不确定什么时候能够好转，你就锁上 5 手空单，假如行情跌了，空单可以看情况平仓，留着多单就可以。如果锁完后方向很快就开始涨了起来，你的空单也可以不用担心，因为行情越涨你的账户就越赚，到时可以根据行情分次平仓，或者一次性平多留空，或者全部平仓，保证盈利或者不亏。

重仓锁：同样你下了 10 手多单，方向突然反了，知道要跌至少 2～5 个点时，你可以用 20 手的仓位去锁空单，这样你空单获利分块平仓保持对称后，再等企稳平掉剩余空单，留住多单，保证收益。

以上是关于锁仓的一点介绍，对于锁仓的实际应用，历来有两种完全不同的声音，其中有赞同的也有反对的，反对锁仓的呼声相对较高，原因是重复点差和佣金，及对锁仓实用性的质疑等；赞同锁仓的一方也会拿出各种各样的锁仓技术，及现实战绩来说明锁仓的妙用。总之，锁仓是一项争议很大的操作技术，我们要根据自己的实际情况，及对锁仓技术的了解程度决定自己要不要采用它。

（五）仓位控制

仓位是指投资人实际投资和实有投资资金的比例，比如你用 10 万元投资于现货黄金，现用了 3 万元买多或空，你的仓位就是 30%。

一般来说，现货黄金仓位控制的分界线在 30%，激进型在 30% 以上，保守型在 30% 以下，头仓一般不超过 20% 的资金，单边仓位不超过 50% 的仓位，对冲单之外，在任何时候都不可以满仓操作。

仓位控制在现货黄金中是一个十分重要的风险防范理念，仓位决定心态，心态决定炒金的决策，决策决定具体的操作。因此，控制好自己仓位，可以避免潜在的风险。

如果没有做好资金管理，就很难赚大钱，因为市场是不断波动的，如果你的仓位过重，稍微一个大波动，就会给你造成巨大亏损。即便是金融大师索罗斯，在这方面的投资都有严格的纪律，如账户里有

100 万元，投资的仓位最多控制在 30 万元以内。

不同的投资策略应对应不同仓位策略，下面介绍三种不同的投资策略：

（1）进攻型。进攻型是一种风险性相当高的理财模式，将全部家当都拿来搏杀，完全像背水一战、破釜沉舟，这种战法一旦失手就根本没有后路可退，即使有几次成功，但只要有一次失误，就必定会以惨败收场，这种愚蠢自杀式的投资模式，我们一定要引以为戒。

（2）防守型。防守型是以稳健著称的一种战法，但防守型 10% 以下的低仓位率却很容易失去现货黄金杠杆功能的初衷。

（3）攻守兼备型。这种投资理念，既能避免较大的风险，又可以获得一定的收益，是可以提倡的投资理念。攻守兼备并不是说要进攻和防守都要各占一半，而是该进攻就进攻，该防守就防守，不可局限于固定的模式。

在实战中，用于防守的资金比例应该是最多的，而用于激战的资金比例应该是最少的。

四、理论篇

目前，有关炒金的主流理论有：波浪理论、道氏理论、江恩理论、黄金分割理论、相反理论、钟摆原理、水床原理等。其中一些理论主要应用于股票市场，但与其他的技术分析理论一样，也可以根据不同市场的不同特性，适当调整后应用于黄金投资市场。当我们理解了这些理论之后，你可能会发现，原来它们是用不同的语言在讲述同一件事情。我认为这绝对是一件好事，因为这表明你已经领略到了炒金理论层面的核心。以下讲述的各种炒金理论，不需要炒金学员们烂熟于心，重要的在于领悟。

（一）道氏理论

道氏理论的核心内容包括三大假设、三大公理、五个定理。这是每一个学习技术分析学员的信条，也为华尔街巨著《股市趋势技术分析》打下了坚实的理论基础。值得一提的是，这一理论的创始者——查尔斯·道，声称其理论并不是用于预测股市，甚至不是用于指导投资者，而是一种反映市场总体趋势的晴雨表。大多数人将道氏理论当作一种技术分析手段，这是非常遗憾的一种观点。其实，道氏理论的最伟大之处在于其宝贵的哲学思想，这是它全部的精髓。罗伯特·雷亚（Robert Rhea）在所有相关著述中都强调，道氏理论在设计上是一种提升投机者或投资者知识的配备或工具，并不是可以脱离经济基本条件与市场现况的一种全方位的严格技术理论，根据定义，道氏理论是一种技术理论，换言之，它是根据价格模式的研究，推测未来价格行为的一种方法。道氏理论的许多原理蕴含于"华尔街"和市场参与者的日常用语中，只不过一般人没有察觉而已。

1. 道氏理论简介

道氏理论是所有市场技术研究的鼻祖。尽管他经常因为"反应太迟"而受到批评，并且有时还受到那些拒不相信其判定人士的讥讽（尤其是在熊市的早期），但只要对股市稍有经历的人都对它有所耳闻，并受到大多数人的敬重。但人们从未意识到那是完全简单的、技术性的，那不是根据什么别的，是股市本身的行为（通常用指数来表达），而不是基本分析人士所依靠的商业统计材料。

道氏理论的形成经历了几十年，1902 年在查尔斯·道去世以后，威廉姆·彼得·汉密尔顿（William Peter Hamilton）和雷亚继承了道氏的理论，并在其后有关股市的评论写作过程中，加以组织与归纳而成为今天我们所见到的理论。他们所著的《股市晴雨表》、《道氏理论》成为后人研究道氏理论的经典著作。

理论起初来源于新闻记者，首位《华尔街日报》的记者和道琼斯公司的共同创立者查尔斯·道的社论，在其去世后，由汉密尔顿、查尔斯·丽尔和 E. 乔治·希弗总结出来。道本人从未使用过道氏理论这个词。

2. 道氏理论的内涵

道氏理论断言，股票会随市场的趋势同向变化，以反映市场趋势和状况。股票的变化表现为三种趋势：主要趋势、中期趋势及短期趋势。

主要趋势持续 1 年以上，大部分股票将随大市上升或下跌，幅度一般超过20%。

中期趋势是与基本趋势完全相反的方向，持续期超过 3 个星期，幅度为基本趋势的 1/3 ~ 2/3。

短期趋势只反映股票价格的短期变化，持续时间不超过 6 天。

牛市的特征表现为，主要趋势由三次主要的上升动力所组成，其中被两次下跌所打断，如疲软期。在整个活动周期中，可能比预期的下跌得低，每次都比上次更低。在整个活动周期中，通常由几次中期趋势的下跌和恢复所构成。

3. 道氏理论的基础

道氏理论有极其重要的三个假设，与人们平常所看到的技术分析理论的三大假设有相似的地方，不过在这里，道氏理论更侧重于其市场含义的理解。

假设一，人为操作。指数或证券每天、每星期的波动可能受到人为操作，次级折返走势也可能受到这方面有限的影响，比如常见的调整走势，但主要趋势不会受到人为的操作。

有人也许会说，庄家能够操作证券的主要趋势。就短期而言，他如果不操作，这种适合操作的证券的内质也会受到他人的操作，只是证券换了不同的机构投资者和不同的操作条件而已。

假设二，市场指数会反映每一条信息，每一位对于金融事务有所了解的市场人士，他所有的希望、失望与知识，都会反映在上证指数、深证指数或其他的什么指数每天的收盘价波动中，因此，市场指数永远会适当地预期未来事件的影响。如果发生地震、战争等灾难，市场指数也会迅速地加以评估。

假设三，道氏理论是客观化的分析理论，成功利用它协助投机或投资行为，需要深入研究并客观判断。当主观使用它时，就会不断犯错，不断亏损。我可以再告诉大家一个秘密：市场中 95% 的投资者运用的是主观化操作，这 95% 的投资者绝大多数属于"七赔二平一赚"中的"七赔"人士。

4. 道氏理论的五定理

定理一，道氏的三种趋势。

股票指数与任何市场都有三种趋势：短期趋势，持续数天至数个星期；中期趋势，持续数个星期至数个月；长期趋势，持续数个月至数年。任何市场中，这三种趋势必然同时存在，彼此的方向可能相反。

长期趋势最为重要，也最容易被辨认、归类与了解。它是投资者主要的考量指标，对于投机者较为次要。中期与短期趋势都蕴含于长期趋势之中，唯有明白它们在长期趋势中的位置，才可以充分了解它们，并从中获利。

中期趋势对于投资者较为次要，但却是投机者的主要考虑因素。它与长期趋势的方向可能相同，也可能相反。如果中期趋势严重背离长期趋势，则被视为是次级的折返走势或修正。次级折返走势必须谨慎评估，不可将其误认为是长期趋势的改变。

短期趋势最难预测，唯有交易者才会随时考虑它。投机者与投资者仅在少数情况下，才会关心短期趋势，在短期趋势中寻找适当的买进或卖出时机，以追求最大的获利，或尽可能减少损失。

将价格走势归类为三种趋势，并不是一种学术上的游戏。因为投资者如果了解了这三种趋势而专注于长期趋势，也可以运用逆向的中期与短期趋势提升获利。运用的方式有许多种：第一，如果长期趋势是向上，他可在次级的折返走势中卖空股票，并在修正走势的转折点附近，以空头头寸的获利追加多头头寸的规模。第二，上述操作中，也可以购买卖权选择权。第三，由于我们知道这只是次级的折返走势，而不是长期趋势的改变，所以他可以在有信心的情况下，度过这段修正走势。第四，我们也可以利用短期趋势决定买、卖的价位，提高投资的获利能力。

上述策略也适用于投机者，但他不会在次级的折返走势中持有反向头寸，他的操作目标是顺着中期趋势的方向建立头寸。投机者可以利用短期趋势的发展，观察中期趋势的变化征兆。投机者的心态虽然不同于投资者，但辨识趋势变化的基本原则相当类似。

自 20 世纪 80 年代初期以来，由于信息技术的进步，以及电脑程式交易的影响，市场中期趋势的波动程度已经明显加大。1987 年以来，一天内发生 50 点左右的波动已经是寻常可见的行情。基于这个缘故，我认为长期投资的"买进—持有"策略可能有必要调整。对我来说，在修正走势中持有多头头寸，当看着多年来的利润逐渐消失，似乎是一种无谓的浪费与折磨。当然，大多数的情况下，经过数个月或数年以后，这些获利还是会再度出现。然而，如果你专注于中期趋势，这些损失大体都是可以避免的。因此，我认为，对于金融市场的参与者而言，以中期趋势作为准则应该是较明智的选择。然而，如果希望精确掌握中期趋势，你必须了解它与长期（主要）趋势之间的关系。

定理二，道氏的主要走势（空头或多头市场）。

主要走势代表整体的基本趋势，通常称为多头或空头市场，持续时间可能在 1 年以内，甚至数年之久。正确判断主要走势的方向，是投机行为成功与否的最重要因素。没有任何已知的方法可以预测主要走势的持续期限。

了解长期趋势（主要趋势）是成功投机或投资的最起码条件。一位投机者如果对长期趋势有信心，只要在进场时机上有适当的判断，便可以赚取相当不错的获利。有关主要趋势的幅度大小与期限长度，虽然没有明确的预测方法，但可以利用历史上的价格走势资料，以统计方法归纳主要趋势与次级的折返走势。

雷亚将道琼斯指数历史上的所有价格走势，根据类型、幅度大小与期间长短分别归类，他当时仅有很少的资料可供运用。非常令人惊讶地，他当时归类的结果与目前的资料两者之间几乎没有什么差异。例如，次级折返走势的幅度与期间，不论就多头与空头市场的资料分别或综合归类，几乎与雷亚当时的资料完全相同，唯一的差别仅在于资料点的多寡。

这个现象确实值得注意，因为它告诉我们，虽然近半个世纪以来的科技与知识有了突破性的发展，但驱动市场价格走势的心理因素基本上还是相同的。这对专业投机者具有重大的意义，目前面临的价格走势，幅度与期间都非常可能落在历史对应资料平均数的有限范围内，如果某个价格走势超出对应的平均数水准，介入该走势的统计风险便与日俱增。若经过适当地权衡与应用，这项评估风险的知识，可以显著提高未来价格预测在统计上的精确性。

定理三，主要的空头市场。

主要的空头市场是长期向下的走势，其间夹杂着重要的反弹。它来自于各种不利的经济因素，唯有股票价格充分反映可能出现的最糟情况后，这种走势才会结束。

空头市场会历经三个主要的阶段：第一阶段，市场参与者不再期待股票可以维持过度膨胀的价格；第二阶段的卖压是反映经济状况与企业盈余的衰退；第三阶段是来自于健全股票的失望性卖压，不论价值如何。许多人急于求现至少一部分的股票，这项定义有几个层面需要理清。"重要的反弹"，次级的修正走势是空头市场的特定，但不论是"工业指数"或"运输指数"，都绝对不会穿越多头市场的顶部，两项指数也不会同时穿越前一个中期走势的高点。"不利的经济因素"是指（几乎毫无例外）政府行为的结果。比如干预性的立法，非常严肃的税务与贸易政策，不负责任的货币或财政政策以及重要战争。根据道氏理论，在此列举空头市场的基本特质：

（1）由前一个多头市场的高点起算，空头市场跌幅的平均数为29.4%，其中75%的跌幅介于20.4%~47.1%。

（2）空头市场持续期限的平均数是1.1年，其中75%的期间介于0.8~2.8年。

（3）空头市场开始时，随后通常会以偏低的成交量"试探"前一个多头市场的高点，接着出现大量急跌的走势。所谓"试探"是指价格接近而绝对不会穿越前一个高点。"试探"期间，成交量偏低显示信心减退，很容易演变为"不再期待股票可以维持过度膨胀的价格"。

（4）经过一段相当程度的下跌之后，突然会出现急速上涨的次级折返走势，接着便形成小幅盘整而成交量缩小的走势，但最后仍将下滑至新的低点。

（5）空头市场的确认日，是指两种市场指数都向下突破多头市场最近一个修正低点的日期。两种指数突破的时间可能有落差，这是正常的现象。

（6）空头市场的中期反弹，通常都呈现颠倒的 V 形，其中低价的成交量偏高，而高价的成交量偏低。有关空头市场的情况，雷亚的另一项观察非常值得重视。

空头行情末期，市场对于进一步的利空消息与悲观论调，已经产生了免疫力。然而，在严重挫折之后，股价也似乎丧失了反弹的能力，种种征兆都显示，市场已经达到均衡的状态，投机活动不活跃，卖出行为也不会再压低股价，但买盘的力道显然不足以推升价格，市场笼罩在悲观的气氛中，股息被取消，某些大型企业通常会出现财务困难。基于上述原因，股价会呈现狭幅盘整的走势，一旦这种狭幅走势明确向上突破，市场指数将出现一波比一波高的上升走势，其中夹杂的跌势都未跌破前一波跌势的低点。这个时候已明确显示应该建立多头的投机性头寸。

定理四，主要的多头市场。

主要的多头市场是一种整体性的上涨走势，其中夹杂着次级的折返走势，平均的持续期间长于两年。在此期间，由于经济情况好转与投机活动转盛，所以投资性与投机性的需求增加，并因此推高股票价格。多头市场有三个阶段：第一阶段，人们对于未来的景气恢复信心；第二阶段，股票对于已知的公司盈余改善产生反应；第三阶段，投机热潮转炽而股价明显膨胀,这阶段的股价上涨是基于期待与希望。

这项定义也需要理清,多头市场的特色是所有主要指数都持续联袂走高,拉回走势不会跌破前一个次级折返走势的低点,然后再继续上涨而创新高。在次级的折返走势中,指数不会同时跌破先前的重要低点。

主要多头市场的重要特质如下:

(1)由前一个空头市场的低点起算,主要多头市场的价格涨幅平均为77.5%。

(2)主要多头市场的期间长度平均数为两年又四个月(2.33年)。历史上所有的多头市场中,75%的期间长度超过657天,67%介于1.8~4.1年。

(3)多头市场的开始,以及空头市场最后一波的次级折返走势,两者之间几乎无法区别,唯有等待时间确认。

(4)多头市场中的次级折返走势,跌势通常较先前与随后的涨势剧烈。另外,折返走势开始的成交量通常相当大,但低点的成交量则偏低。

(5)多头市场的确认日,是两种指数都向上突破空头市场前一个修正走势的高点,并持续向上挺升的日子。

定理五,次级折返走势。

就此处的讨论来说,次级折返走势是多头市场中重要的下跌走势,或空头市场中重要的上涨走势,持续的时间通常在3个星期至数个月,此期间内折返的幅度为前一次级折返走势结束之后,主要走势幅度的33%~66%。次级折返走势经常被误以为是主要走势的改变,因为多头市场的初期走势,显然可能仅是空头市场的次级折返走势,相反的情况则会发生在多头市场出现顶部后。次级折返走势是一种重要的中期走势,它是逆于主要趋势的重大折返走势。判断何者是逆于主要趋势的"重要"中期走势,这是道氏理论中最微妙与困难的一环,对于信用高度扩张的投机者来说，任何的误判都可能造成严重的财务后果。

判断中期趋势是否为修正走势时，需要观察成交量的关系、修正走势及历史的统计资料，市场参与者的普遍态度、各个企业的财务状况、整体状况，以及其他许多因素。走势在归类上确实有些主观成分，但判断的精确性却关系重大。两个走势究竟属于次级折返走势，还是主要趋势的结束，我们经常很难，甚至无法判断。

大多数次级修正走势的折返幅度；约为前一个主要走势波段的1/3～2/3，持续的时间则在3个星期至3个月。对于历史上所有的修正走势来说，其中61%的折返幅度约为前一个主要走势波段的30%～70%，其中65%的折返期间介于3个星期至3个月，而其中98%介于2个星期至8个月。价格的变动速度是另一项明显的特色，相对于主要趋势而言，次级折返走势有暴涨暴跌的倾向。

次级折返走势不可与小型折返走势相互混淆，后者经常出现在主要与次要的走势中。小型折返走势是逆于中期趋势的走势，98.7%的情况下，持续的期间不超过两个星期（包括周末、假日在内），它们对于中期与长期趋势几乎完全没有影响。截至1989年10月，工业指数与运输指数在历史上共有694个中期趋势，其中仅有9个次级修正走势的期间短于两个星期。

在雷亚对于次级折返走势的定义中，有一个关键的形容词——重要。一般来说，如果任何价格走势起因于经济基本面的变化，而不是技术面的调整，而且其价格变化幅度超过前一个主要走势波段的1/3，称得上是重要。例如，如果将股票市场融资自备款的比率由50%调高为70%，这会造成市场上相当大的卖压，但这与经济基本面或企业经营状况并无明显的关系，这种价格走势属于不重要走势。另外，如果发生严重的地震而使美国的加州沉入太平洋，股市在3天之内暴跌600点，这是属于重要的走势，因为许多公司的盈余将受到极大的影响。然而，小型折返走势与次级修正走势之间的差异未必非常明显，这也是道氏理论中的主观成分之一。

19世纪20年代,《福布斯》杂志的编辑理查德·夏巴克,继承和发展了道氏的观点,研究出了如何把"股价平均指数"中出现的重要技术信号应用于各单只股票。而在1948年出版的由约翰·迈吉、罗伯特·D. 爱德华所著《股市趋势技术分析》一书,继承并发扬了查尔斯·道及理查德·夏巴克的思想,现在已被认为是有关趋势和形态识别分析的权威著作。

5. 道氏理论的缺陷

虽然,道氏理论提供了诸多的原则、守则来规范其整个体系,但是依然声称:其理论并不是用于预测市场,甚至不是用于直接指导投资者,而是一种反映市场总体趋势的晴雨表。根据雷亚在其相关著作中的解释,道氏理论的高度是基于思维上的指导(类似哲学),而非专注于单纯研究方法或行为。也就是说,道氏理论的所有要求都是为了塑造一种参照工具用以研究市场。

至此,在介绍完了道氏理论的精髓后,还要着重指出的是:一种理论,特别是一种系统性极为严密理论的出现,必然代表着一种规律的被发现。

道氏的理论体系中,目前依然存在的缺陷有以下两点:

(1)信号过于迟缓。道氏理论的优点导致了其最大缺点的产生,由于众人对于道氏趋势的判断没有严格意义上的统一,因而使得许多交易者在实际操盘过程中发现,并不能完全地把握整段行情。道氏理论的延迟判断(对于级别的出现需要事后认证),使许多交易者往往错失最佳获利良机,而当趋势已经明显时,又面临调整趋势出现,周而复始,使交易出现矛盾。

信号迟缓这一点实际上是交易与分析的大问题。因此,如何利用其他的交易工具结合分析,是一个重点。

(2)对于次级别趋势帮助很少。这种指责实际上与其理论的定性有关，从五大定理中可以知道，道氏的精要在于，交易者只需要把握市场的主要基本趋势并从中获利，无须估计和考虑次级折返及日间杂波。而对于市场的日益完善和升级，道氏理论似乎开始有点力不从心。

（二）艾略特波浪理论

道氏理论是基于股票市场趋势的考虑，而波浪理论是基于股票市场周期的考虑。波浪理论是美国学者尼尔森·艾略特发明和提出的，该理论把股票价格的上升与下降和不同时期的持续上升与下降看成波浪的上下起伏，同时认为股票价格的波动和遵循自然界基本规律的波浪是一样的。

1. 波浪理论的产生和发展

波浪理论是艾略特于 1939 年提出，该理论诞生于艾略特发表在《金融世界》上的一系列文章中，同时艾略特也是《金融世界》杂志的编辑，艾略特波浪理论是对道氏理论的继承和发展。

1939 年，艾略特共在《金融世界》杂志上发表了 12 篇文章，这些文章详细记载了艾略特关于波浪理论的观点。1946 年，艾略特完成了关于波浪理论的著作《自然法则——宇宙的奥秘》，该书记载了艾略特所有的关于波浪理论的观点，但这些研究成果并没有形成一个完整的逻辑体系，同时在艾略特逝世之前，他的波浪理论还没有得到社会各界的认可。博尔顿从 1953 年，在每期的《银行信用分析家》中发表了《艾略特波浪附刊》，对波浪理论的推广和发展做出了贡献。1960 年博尔顿发表了《艾略特波浪理论——一份中肯的评价》一文中，对波浪理论的基本体系进行了完善。20 世纪 70 年代，柯斯林以艾略特的名义编写和出版了《波浪理论》一书，波浪理论才被正式采用。

艾略特的研究大多数以一些奇妙的逻辑思维过程完成，其理论体系的准确性和完整性，适合于对股票市场中平均价格的运动进行分析和研究。20世纪40年代，美国的道琼斯工业指数才在100点左右，许多投资者认为该指数很难达到1929年的水平，但艾略特认为在未来的数十年中将有一个很大的牛市出现，并且他的这一预测也得到了证实。道氏理论的主要发展者汉密尔顿认为：当股票市场遇上一些很难预测的灾难，比如战争、经济萧条、战后重建以及经济过热等现象，波浪理论往往都能恰如其分地反映事态发展过程。

2. 波浪理论的基本思想和原理

（1）波浪理论的基本思想。波浪理论的基础在于自然界与生俱来的基本法则，就是规律性，该理论试图找到能够解释人类群体行为宏大的自然法则。艾略特在研究中注意到，在自然界中的所有周期，无论天体的运行、潮汐的起伏、日夜的交替还是生老病死等现象，都会永无止境的重复出现，同时商品的交易、社会的进步、人类的进化等发展模式也都遵循重复的模式，这就是"波浪式"的发展或重复结构，这一规律同样可以解释股票市场上的一些现象，因为市场中的行为也以相同的模式进行趋势性的运动和反转，这些模式以形态的方式在市场上不断重复。艾略特对波浪理论的论述，最初是受到了股票价格上涨和下跌现象不断重复的启发，力图找到股票市场上升和下降的规律。他认为股票市场的上升和下跌也遵循宏观经济的周期模式，但是股票市场的周期模式要比宏观经济的模式复杂得多。艾略特分离出了股票市场上的13种模式，这些模式也被称为波浪，并论述了这些模式之间如何连接在一起，以形成一个比自身更大的版本，以及更大一级的相同模式。这一过程不断地反复运转，以至于形成了结构化的价格形式向前推进，这就是艾略特所说的波浪理论。

由此可见，艾略特的波浪理论最初是以周期思想为基础的，他把大的运动周期分成时间长短不同的更小周期，每个周期都是以一定的模式不断向前推进。这个模式就是艾略特波浪理论中著名的8个过程，也叫作"8浪"，即每个周期都是由上升（或下降）的5个过程（5

浪）和下降（或上升）的 3 个过程（3 浪）组成。在这 8 个过程完成以后，我们才能说一个周期到此结束，另外一个周期从此开始，并且新的周期也是按照同样的模式进行，以上这些论述就是艾略特波浪理论的核心思想。

波浪理论是纯粹的技术分析流派，该理论认为股票市场的运行有其自身的规律，这些规律是可以进行预测的，因此波浪理论也就成为了预测市场行为的最好的工具之一。波浪理论认为股票市场的运动反映了"独立于假设的起因"，基本面不是导致股票价格运动的主要原因，股票价格的运动也不会被投资者熟悉的线性因果关系所驱动，而是以波浪运动的形式表现出来。艾略特的波浪理论主要考虑三个主要的因素，即形态、比例和实践。形态就是价格运动的波浪形态或构造，这是波浪理论中最重要的组成部分；比例是一种分析方法，指通过测算各个波浪之间的相互关系，来确定调整的回撤点和价格运动的目标；时间是指各个波浪之间在时间上的相互联系。在这三个因素中，股价的形态是最重要的，形态是指波浪的形状和构造，是波浪理论赖以生存的基础。高点和低点所处的相对位置是波浪理论中各个波浪的开始和结束位置，通过计算这些位置，可以精确地了解各个波浪之间的相互关系。在波浪理论考虑的三个主要因素中，它们的重要性依次递减。

但是，波浪理论本身不是一种预测的工具，而是对市场运行行为进行细致刻画的理论。波浪理论之所以能够对市场行为进行预测，并且能够获得较高的准确度，是因为它的确传达了市场行为在连续发展过程中所处的位置，以及以后可能处于的位置。波浪理论的最主要价值，在于它为市场分析提供了一种前后的变动关系，这为市场行为总体的位置及前景提供了展望。

（2）波浪理论的基本原理。波浪理论的基本原理，在于市场的行为产生于对信息的反应，而市场行为又产生信息，并导致多种形态的市场行为出现。市场有其自身的规律，这一运行轨迹不会被人们不规则的日常行为所驱动，市场中有规律的轨迹并不是信息的产物，也不是"有节奏的机器"，它在运动中反映了各种形态的重复，这种重复的形态独立于市场假定的因果关系。市场在前进时，伴随着波浪的不断运行，这些波浪也有自己特定的运动方向。

（3）波浪理论的基本周期态势。波浪理论的焦点在于，股票市场的运动周期遵循一种周而复始的运动节奏，即先是5浪的上涨，然后是3浪的下跌。

在图4-1中，股票价格的总体趋势是上升的，并遵循5浪的上升模式。在周期的上升阶段（以数字的标号为准），浪1、浪3和浪5是上升的浪，也被称为驱动浪，驱动浪可以细分为5浪。浪2和浪4的运动方向与上一级价格趋势的方向相反，这两个浪主要表现在对浪1和浪3的调整，也叫作调整浪，调整浪包含着一个3浪的运动及其变体。这5个浪的运动模式包括三个定律，即：浪2永远不能超过浪1的起点；浪3永远不能是最短的浪；浪4永远不能进入浪1的范围。证券市场如果处于上涨的趋势，则该市场的波动基本上在这5个浪的趋势之中，市场行情也基本处在这一趋势的某一位置。

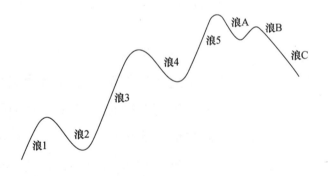

图4-1

波浪理论认为，一个完整的周期循环应该包括8个浪（8浪循环），也就是说当代表上升趋势的5个浪完成以后，出现了一次3个浪的调整（这 3 个浪用字母 A、B 和 C 表示），前 5 个浪构成了周期的驱动阶段，后 3 个浪构成了周期的调整阶段。波浪理论中的周期循环主要遵循以下的规律，即与大趋势同向的运动以 5 浪的形式展开，与大趋势逆向的运动以 3 浪的形式展开，不管该趋势是上升的还是下降的。波浪理论中驱动浪和调整浪的分解如下（8 浪分解）：

第 1 浪通常伴随着成交量的缓慢上升，在此时大多数投资者可能还是认为价格的趋势是下降的，因为市场中空方的力量要大于多方。而第 1 浪又会使空方认为市场将会是"再一次做空的反弹"，因为他们会紧密地按照第 1 浪的后半段做多，以弥补空头头寸来获利。空方的这些操作通常会是第 1 浪中不容忽视的力量。

第 2 浪表现在对第 1 浪的回调，通常能够回调掉第 1 浪的大部分趋势，从而使投资者在第 1 浪中获得的利润有一定的损失。这一浪通常给交易者带来一种恐慌的心理，他们可能相信熊市会再次来临，于是第 2 浪在结束时通常会伴随着非常低的交易量，这也表明做空交易正在逐渐消失。

第 3 浪是所有浪中最强劲的一浪，它也是信号最强的一浪。在该浪中，股票价格大幅度上升，一些来自于基本面的有利因素也同时出现。在第 3 浪中，几乎所有的股票都会参与到价格的上涨中来，使在结束的时候，成交量达到最高。在这一浪中通常会有以下现象出现，即股票价格指数不断被突破、成交量不断放大、市场持续跳空，道氏理论的主要趋势不断得到验证，第 3 浪在这 8 浪中最具强势、时间持续最长。

第 4 浪也表现为对第 3 浪的调整，同时为第 5 浪奠定基础。在第 3 浪过程中表现不佳的股票，往往在第 4 浪期间达到顶峰，并开始下跌。第 4 浪因为第 3 浪带来的繁荣过程趋于结束，市场发出了变弱的信号，但这一浪并不意味着牛市即将结束，因为这一浪的回调不会使价格低到第 1 浪的范围之中。

第 5 浪也是上涨的一浪，但上涨的力度和强度要小于第 3 浪，这一浪意味着市场的上涨态势要走到尽头。通常而言，第 5 浪也伴随着较低的成交量，但是由于市场的基本面表现良好，投资者并不会意识到第 5 浪的疲软趋势，他们仍然认为市场还会上涨，这种乐观的心理状态支撑了第 5 浪的上升态势。

在经过上述 5 浪的上涨态势以后，市场将进入调整阶段。A 浪开始呈现出市场的下降态势，这意味着前 5 浪所构成的上升态势已经结束。由于第 5 浪所形成的投资者的乐观心理还在继续，这使 A 浪通常被认为是一个短暂的调整浪，因此这一浪中多头的力量还是比较强的。

B 浪从表面上来看是 A 浪调整后的市场反弹，但它其实是一个陷阱浪。事实上，B 浪很少呈现出强劲态势，该浪只集中于一些少数的股票，在 B 浪中，市场的基本面状况也开始走弱，这一浪中的成交量没有任何规律可言，该浪注定要被 C 浪所消灭。

C 浪是一个行情大幅度下跌趋势浪，同时伴随着基本面的崩溃，下降幅度巨大，C 浪的持续时间也非常长，并且呈现出了非常大的市场深度和广度。

3. 波浪理论的局限性

（1）波浪理论最大的不足之处在于，其对市场行为的解释缺乏客观性。对于不同的市场价格形态，不同的投资者会选择不同的数浪方法，因为每个人判断概率大小的标准都不同，从而对于他们的决策结果会有很大的影响，当这些不同的投资决策结果汇集在一起时，价格形态就有可能不像波浪理论所描述的那样符合一定的规律进行变动。也就是说，所有的投资者对市场进行分析时会产生不同的结果，这会导致市场价格的波动没有按照波浪理论所描述的那样进行。

（2）现实市场中，波浪理论的识别也是非常困难的。因为波浪理论具有一个非常复杂的结构，并且不同浪级的波浪都有可能产生浪的延长和细分。对于波浪确定的难点主要表现在：一是对于波浪浪级的确定；二是对于波浪起始点的确定。

总之，波浪理论是技术分析流派中的一个特殊理论体系，该理论通过构造具有一定结构的波浪，对股票市场的行为按照趋势和规律进行了生动的刻画。虽然波浪理论并不是一个有效的预测工具，但它为准确地预测提供了一个基础性的原则，但和道氏理论一样，波浪理论在现实中的应用也有很大的难度，因为整个证券市场的运行是变幻莫测、捉摸不定的，同时波浪理论所描述的市场状况，也有着说服力不强的局限性。

（三）江恩理论

1. 江恩理论概述

江恩理论的实质就是，在看似无序的市场中建立了严格的交易秩序，也建立了江恩时间法则、江恩价格法则、江恩线等。它可以用来发现何时价格会发生回调和将回调到什么价位。

江恩线的数学表达有两个基本要素，即价格和时间。江恩通过江恩圆形、江恩螺旋四方形、江恩六边形、江恩"轮中轮"等图形，将价格与时间完美地融合起来。在江恩的理论中，"七"是一个非常重要的数字，江恩在划分市场周期循环时经常使用七或七的倍数，他认为七融合了自然、天文与宗教的理念。

江恩线是江恩理论与投资方法的重要概念，江恩在 X 轴上建立时间，在 Y 轴上建立价格，江恩线符号由"T×P"表示。江恩线的基本比率为 1:1，即一个单位时间对应一个价格单位，此时的江恩线为 45度。通过对市场的分析，江恩还分别以 3 和 8 为单位进行划分，如1/3、1/8等，这些江恩线构成了市场回调或上升的支持位和阻力位。

通过江恩理论，我们可以比较准确地预测市场价格的走势与波动，成为股市的赢家。当然，江恩理论也不是十全十美的，但是经过努力，在实践中体会江恩理论，一定会使你受益匪浅。

2. 江恩理论系统

江恩理论是以研究测市为主的，江恩通过数学、几何学、宗教、天文学的综合运用，建立起自己独特的分析方法和测市理论。由于他的分析方法具有非常高的准确性，有时达到令人不可思议的程度，因此很多江恩理论的研究者非常注重江恩的测市系统。在测市系统之外，江恩还建立了一整套操作系统，当测市系统发生失误时，操作系统将及时地对其进行补救。江恩理论之所以可以达到非常高的准确性，就是将测市系统和操作系统一同使用，相得益彰。

江恩在1949年出版了他最后一本重要著作《在华尔街45年》，此时江恩已是72岁高龄，他坦诚地披露了纵横市场数十年的取胜之道。其中江恩十二条买卖规则是江恩操作系统的重要组成部分，江恩在操作中还制定了二十一条买卖守则，江恩严格地按照十二条买卖规则和二十一条买卖守则进行操作。

江恩认为，进行交易必须根据一套既定的交易规则去操作，而不能随意地买卖，盲目地猜测市场的发展状况。随着时间的转变，市场的条件也会随着转变，投资者必须学会跟随市场的转变而转变，而不能认死理。

江恩告诫投资者：在你投资之前请先细心研究市场，因为你可能会做出与市场完全相反的错误买卖决定，同时你必须学会如何去处理这些错误。一名成功的投资者并不是不犯错误，因为在证券市场中面对千变万化、捉摸不定的行情，任何一个人都可能犯错误，甚至是严重的错误。但成败的关键是，成功者懂得如何去处理错误，不使其继续扩大；而失败者因犹豫不决、优柔寡断任错误发展，并造成更大的损失。

江恩认为，有三大原因可以造成投资者重大损失：

（1）在有限的资本上过度买卖。也就是说操作过分频繁，在市场中的短线和超短线是要求有很高的操作技巧的，在投资者没有掌握这些操作技巧之前，过分强调做短线常会导致不小的损失。

（2）投资者没有设立止损点以控制损失。很多投资者遭受巨大损失，就是因为没有设置合适的止损点，结果任其错误无限发展，损失越来越大。因此学会设置止损点以控制风险，是投资者必须学会的基本功之一。还有一些投资者，甚至是一些市场老手，虽然设了止损点，但在实际操作中并不坚决执行，结果因一念之差遭受巨大损失。

（3）缺乏市场知识，是在市场买卖中损失的最重要原因。一些投资者并不注重学习市场知识，而是想当然办事，或主观认为市场会如何如何，不会辨别消息的真伪，结果接受错误误导，遭受巨大的损失。还有一些投资者，仅凭一些书本上学来的知识来指导实践，不加区别地套用，造成损失。江恩强调的是市场的知识、实践的经验，而这往往要在市场中摸爬滚打相当长的时间，才会真正有所体会。

江恩理论的测市系统部分，很多地方抽象难懂，不易理解。但江恩的操作系统和买卖规则却清楚明确，非常容易理解。江恩的操作系统是以跟随市场买卖为主，这与他的预测系统完全不同，非常清楚地将买卖操作系统与市场预测系统分开，这使他能在一个充满动荡的年代中，从事投机事业而立于不败之地。

3. 江恩时间法则

在江恩的理论中，时间是交易的最重要的因素，江恩的时间法则用于揭示价格发生回调的规律。江恩认为，一定量的价格回调发生在特定的时间内。运用江恩时间法则，实际的价格回调是能够预测的。

江恩把时间定义为江恩交易年，它可以一分为二，即 6 个月或 26 周，也可以一分为三、一分为四，乃至更多，如将江恩交易年分为1/8 和1/16。

在江恩交易年中还有一些重要的时间间隔。例如，因为一周有 7 天，而 $7 \times 7 = 49$，因此他将 49 视为非常有意义的日子，一些重要的顶或底的间隔在 49～52 天。中级趋势的转变时间间隔为 42～45 天，而

45 天恰恰是 1 年的 1/8。

江恩还指出一些重要的时间间隔，可以预测价格反转的发生：

（1）一般市场回调发生在第 10～14 天，如果超过了这一时间间隔，随后的回调将出现在第 28～30 天。

（2）主要顶或底的 7 个月后会发生小型级回调。

（3）主要顶或底的周年日。

另外，江恩的时间法则还考虑了季节、宗教、天文学等多种因素。

4. 江恩循环理论

江恩的循环理论，是对整个江恩思想及其多年投资经验的总结。江恩把他的理论用按一定规律展开的圆形、正方形和六角形来进行推述。这些图形包括了江恩理论中的时间法则、价格法则、几何角、回调带等概念，图形化地揭示了市场价格的运行规律。

江恩认为较重要的循环周期有：

短期循环：1 小时、2 小时、4 小时……18 小时、24 小时、3 周、7 周、13 周、15 周、3 个月、7 个月；

中期循环：1 年、2 年、3 年、5 年、7 年、10 年、13 年、15 年；

长期循环：20 年、30 年、45 年、49 年、60 年、82 年或 84 年、90 年、100 年。

30 年循环周期是江恩分析的重要基础，因为 30 年共有 360 个月，这恰好是 360 度圆周循环，按江恩的价格带理论对其进行 1/8、2/8、3/8……7/8 等推述，正好可以得到江恩长期、中期和短期循环。

10 年循环周期也是江恩分析的重要基础，江恩认为，10 年周期可以再现市场的循环。例如，一个新的历史低点将出现在一个历史高点的 10 年之后；反之，一个新的历史高点将出现在一个历史低点之后。同时，江恩指出，任何一个长期的升势或跌势都不可能不做调整地持续三年以上，其间必然有 3～6 个月的调整。因此，10 年循环的升势过程，实际上是前 6 年中，每 3 年出现一个顶部，最后 4 年出现最后的顶部。

上述长短不同的循环周期之间存在着某种数量上的联系，如倍数关系或平方关系。江恩将这些关系用圆形、正方形、六角形等显示出来，为正确预测股市走势提供了有力的工具。

5. 江恩六边形

江恩螺旋四方形是将市场循环分为八等分，而江恩六边形则是把市场循环分为六等分，是介于江恩螺旋四方形与江恩轮中轮之间的一种图形。江恩六边形把360度圆周六等分，每部分为60度，按照逆时针螺旋展开直至无穷。

第一个循环：1～6，数字增加6；

第二个循环：7～18，数字增加12；

……

第九个循环：217～330，数字增加54；

第十个循环：331～396，数字增加60。

六角形中的数字代表市场的价位，当市场中的价位到达江恩六边形某一重要角度线时，就会出现支持力或阻力，如0度和180度等。我们可以利用江恩六边形发现价格将要出现的转折点，有效地掌握买卖的时机。

6. 江恩五要素

（1）知识。对于获得知识，你不可能不花费时间研究而获得知识，你必须放弃寻找在证券市场中赚钱走捷径的企图。当你事先花费时间学习得到知识后，你将会发现赚钱是容易的。在获得知识上花费的时间越多，以后赚的钱就越多。知识是不会学完的，你必须学以致用从中获益，通过应用学到的知识，在合适的时候行动和交易以获得利润。

（2）耐心。这是在股票市场中获得成功最为重要的资质之一。首先，你必须有耐心等待确切的买入或抛出点，机会到了后决定入市。

当你做交易时，你必须耐心地等待机会，并能够及时地离开市场。你必须在结束交易获得利润之前，就知晓趋势已经发生变化，这是对过去市场变化研究之后得出的结果。

（3）灵感。一个人能得到世界上最好的枪，但是他没有灵感去扣动扳机，他不能打死任何敌人。你可以获得世界上所有的知识，但是你如果没有灵感地去买或抛，你就不可能获利。知识给人灵感，使其有勇气在适当的时候采取行动。

（4）健康。除非这个人是健康的，否则不可能在任何生意中获得巨大的成功。因为一颗聪明的心不能在虚弱的身体下工作，如果你的健康受到了损害，你将不会有足够的耐心或足够的灵感。当你处在不良的健康状况之下，你会有依赖性，你失去希望，你有太多的恐惧，你不能在合适的时间采取行动。

我在那些年里从事了许多的交易，任何可能在将来交易中发生的，对我来说都已经发生了，我从经历中学到了东西。当我健康状况差时，我倦于交易，总是导致失败，但是我精力好的时候，我会在正确的时候入市，取得成功。如果你的健康状况不佳时，最重要的事是使你恢复到健康的最佳状态，健康才能致富。

（5）资金。当你获得了所有在证券交易中取得成功的资质后，你必然会有资金。但是如果你有知识或耐心，你可以用少量的资金获取大的利润。建议你使用止损位，减少亏损和避免透支交易。

记住永远不要背离趋势，在你决定市场趋势时，不要以猜测和希望来做交易。

7. 江恩实用方法

江恩投资实战技法适合于各种时间尺度的图表，包括 5 分钟图、日线图、周线图、月线图和年线图。经过观察大量的图表，可以看到以下江恩法则的内容：

（1）价格明显地在 50% 回调位反转；

（2）如果价格穿过 50% 回调价位，下一个回调将出现在 63% 价位；

（3）如果价格穿过 63% 回调价位，下一个回调将出现在 75% 价位；

（4）如果价格穿过 75% 回调价位，下一个回调将出现在 100% 价位；

（5）支持和阻力位也可能出现在 50%、63%、75% 和 100% 回调重复出现的价位水准上；

（6）有时价格的上升或下降可能会突破 100% 回调价位。

8. 江恩线

江恩线是江恩理论中价格与时间的关系。江恩理论中最重要的概念就是江恩线与价格运动的关系，江恩线在 X 轴上建立时间，在 Y 轴上建立价格，江恩线的符号是 T×P，T 为时间，P 为价格。

江恩线不仅能确定价格何时会反转，而且可以预示反转到何种价位，构成时间与价格的美妙和谐。

江恩线的基本比例为 1:1，即每单位时间内，价格运行 1 个单位。另外，还有 1/8、2/8、1/3、3/8、4/8、5/8、2/3、6/8、7/8 等，每条江恩线有其相对应的几何角。

9. 江恩螺旋四方形

江恩"轮中轮"的另一种表现形式是江恩螺旋四方形。江恩螺旋四方形就是将市场循环一周八等分，而四方形的十字线和对角线上的价格，就是极有可能发生转折的重要价位。江恩螺旋四方形的绘制方法如下：

（1）观察价格的历史走势，从中选择历史性高位或低位作为江恩螺旋四方形的中心；

（2）确定价格上升或下降的价格单位；

（3）逐步逆时针展开。

通过江恩理论，我们可以推算出四方形的中心线和对角线上的价位将可能会成为价格走势的重要支持位或阻力位。

江恩螺旋四方形之所以有着较准确的预测功能，因为它与黄金展开线有异曲同工之妙。不同的是，黄金展开线是以对数级数展开，后面一项是前一项的1.618倍，而江恩螺旋四方形是以算术级数展开，为等差数列。江恩认为：

（1）一个升势若以对角线的价位为起点，则可能在价格的二次方上结束；

（2）一个跌势若以对角线上的价位为起点，则可能在价格的平方根上结束。

（四）相反理论

相反理论的基本要点是投资买卖的决定，全部基于群众的行为。它指出不论股市及期货市场，当所有人都看好时，就是牛市开始到顶。当人人都看淡时，熊市便已经见底。只要你的观点和大众意见相反，致富机会便永远存在。

1. 相反理论的精神

（1）相反理论并非只是大部分人看好，我们就要看淡，或大众看淡时我们便要看好。相反理论会考虑这些看好、看淡比例的趋势，这是一个动态的概念。

（2）相反理论并不是说大众一定是错的。群众通常都在主要趋势上看得对，大部分人看好，市势会因这些看好情绪变成实质购买力而上升。这个现象有可能维持很久，直至所有人看好情绪趋于一致时，市场趋势便会发生质的变化——供求的失衡。培利尔说过："当每一个人都有相同想法时，每一个人都有错。"

（3）相反理论从实际市场研究中，发现赚大钱的人只占5%，95%都是输家。要做赢家，只可以和群众思想路线相背，切不可以同流。

（4）相反理论的论据就是，在市场行情即将转势，由牛市转入熊市的前一刻，每一个人都看好，都会觉得价位会再上升，无止境地上升。大家都有这个共识时，大家会尽量买入，升势消耗了买家的购买力，直到想买入的人都已经买入了，而后来的资金，却无以为继。牛市就会在所有人看好声中完结。相反，在熊市转入牛市时，就是市场一片淡风，所有看淡的人士都想沽货，直到他们全部都卖了货，市场已经再无看淡的人采取行动，市场就会在所有人都沽清货时见到了谷底。

（5）在牛市最疯狂，即行将死亡之前，大众媒介如报纸、电视、杂志等都反映了普通大众的意见，尽量宣传市场的看好情绪，人人热情高涨时，就是市场暴跌的先兆。相反，大众媒介懒得去报道市场消息，市场已经没有人去理会，报刊新闻全部都是市场坏消息时，就是市场黎明的前一刻，最沉寂、最黑暗时候，曙光就在前面。大众媒介永远都采取群众路线，所以和相反理论原则刚刚违背，这反而是相反理论借鉴的资料。大众媒介全面看好，就要看淡，大众媒介看淡，反而是入市的时机。

2. 相反理论的两个数据指标

上述只是相反理论的精神。我们凭什么而知道大家的看法是看好还是看淡呢？单凭直觉印象或者想象并不足够。运用相反理论时，真正的数据通常有两个，一个是"好友指数"；另一个是"市场情绪指标"。两个指标都是一些大经纪行、专业投资机构的期货或股票部门收集的资料。资料来源为各大经纪行、基金、专业投资通讯录，甚至报纸、杂志的评论，计算出看好和看淡情绪的比例。

就以"好友指数"为例，指数由零开始，即所有人都绝对看淡，直到100%为止，即人人看好，包括基金、大经纪行、投资机构、报纸杂志的报道。如果好友指数在50%左右，则表示看好看淡情绪参半，指数通常会在 30% ~ 80% 升沉。如果一面倒的看好看淡，显示牛市或熊市已经走到尽头，行将转角。因为好友指数由 0 ~ 100% 都有不同启示，详细的分析将会给投资者一个更清晰的概念，运用理论时也较有把握。

3. 好友指数比例指示

(1) 0 ~ 5%，一个主要的上升趋势已经在当前，为期不远。人人看淡时，淡友要沽货的已经你也沽我也沽，以致沽无可沽。大市淡无可淡，这就是转势的时机。把握时机入货，博取无穷利润，就是在这个时候。

(2) 5% ~ 20%，这是一个不明的区域，大部分人看淡，只有少部分人看好。这些看淡的人以压倒性姿态将大市推低。但因为看淡的人比例大，市势亦可以随时见底。很多时转势情形都会在这个区域产生。投资人士可以辅之以图表、成交量等去探测大市是否已经见底。

(3) 20% ~ 40%，看淡的人在比例上仍然盖过乐观情绪。从统计数字看出，继续看淡赢面机会较大。如果在这一个区域，大市不再向下，市势就会变得十分不明朗，要忍手为上。如果在这个区域，大市转势上升，通常升幅会十分凌厉，而且创出新高。因为大众看淡时，却看错了，市势一升便一发不可收拾。

(4) 40% ~ 55%，市价可以向上向下，绝对不明朗。在这个区域，投资人士一定忍手，切勿轻率入市做买卖，因为赢面和输面比例差不多。在保本为第一原则之下，不做买卖反而最安全。

(5) 55% ~ 75%，看好的人占多数，但又并非绝大多数，市势发展有很大上升余地。但如果这个比例看好的人多，大势却不升反跌，一定会是急促而且令人害怕的。通常大家看好时下跌，多数会出现近期的低点。

(6) 75% ~ 95%，未来趋势十分明朗，很多时市场都会在这个区域转势向下，但仍然有机会在看好情绪一路高涨之下，一路攀升一段时间，直到达到 100% 的人都看好为止。所以，利用图表分析作为辅助工具就会比较安全。

（7）95% ~ 100%，大市已经出现所有人看好的局面。投资的本钱已经全部投入大市。这是弹尽粮绝、强弩之末之兆，大市转势迫在眉睫。速速沽货为上，要离开市场。

4. 相反理论的启发

相反理论带给投资者的信息很有启发性。首先，这个理论并非局限于股票或期货，其实亦可以运用于地产、黄金、外汇等。它给予投资者一个时间指针，什么时候是机会？何时离市？什么时候市势未明朗而应该忍手。相反理论更加像一门处世哲学，古今多少成功的人士，都是超越了他们同辈的狭窄思维，即使面对挖苦、讽刺、奚落、遇到世俗的白眼闲言，仍然心无旁骛地向自己的目标迈进，才能成为杰出人物。人云亦云，最终会被淹没在人海，默默无闻。作为投资的借鉴，相反理论提醒投资者应该要：

（1）深思熟虑，不要被他人所影响，要自己去判断。

（2）要向传统智慧挑战，群众所想所做未必是对的。即使投资专家所说的，也要用怀疑的态度去看待处理。

（3）凡事物发展，并不一定与表面一样，你想象市升就一定市升。我们要高瞻远瞩，看得远、看得深，才会是胜利。

（4）一定要控制个人情绪，恐惧、贪婪都是成事不足、败事有余。周围环境里的人，他们的情绪会影响到你，你反而要因此而加倍冷静。其他人恐惧大市已经没得玩，这才有可能是机会的来临。别人一窝蜂地争着在市场买入期货、股票时，你要考虑市势是否很快就会见顶而转入熊市。

（5）当事实和希望并非相符时，勇于承认错误。人总难免会发生错误，只要肯认输，接受失败的现实，不自欺欺人，将自己从普通大众中提升为有独到眼光的人，方可将自己改变为成功人物。

在任何市场，相反理论都可以大派用场，因为每一个市场的人心、性格、思想、行为都十分相近。大部分人都是追随者，见好就加入，见淡就溜走，只有少部分人才是领袖人物。领袖人物之所以成为领导人，皆因他们的见解、眼光、判断能力和智慧超越了常人。也只有这些异于常人的眼光和决策，才可以在群众角力的投资市场脱颖而出，在金钱的游戏中成为胜利者。

实际运用相反理论时，一般的难题都出于搜集资料方面。好友指数并非随时可以得到，在报刊上也并非随时能够找到，投资人士可以自行将报纸杂志投资专家发表的言论去归纳分析、好淡观感的比例，以此做买卖的决策。

另外，相反理论有个很好的启示，那就是当大众媒介都争着报道好消息时，表明大市见顶已为时不远。这个说法屡经印证，屡试不破。最后一点要提醒大家，即使收集到一个可靠的好友指数，也不必等待百分之百的人看好时才决定离市，或者所有人都看淡时才入市。因为当你的数据确认有这些现象出现时，时间上已经出现了差距，其他人早比你洞悉先机，可能已经比你快一步采取行动。你有可能错失最高价沽出，或最低价买入的机会。快人一步，早过好友指数采取行动的人，将会更加稳操胜券。

（五）黄金分割理论

1. 黄金分割简介

黄金分割（菲波纳奇）是一种古老的数学方法。黄金分割的创始人是古希腊的毕达哥拉斯，他在当时十分有限的科学条件下大胆断言：一条线段的某一部分与另一部分之比，如果正好等于另一部分同整个线段的比，即 0.618，那么，这种比例会给人一种美感，如图 4 - 2 所示。后来，这一神奇的比例关系被古希腊著名哲学家、美学家柏拉图誉为"黄金分割律"。黄金分割的神奇和魔力，在数学界还没有明确定论，但它屡屡在实际中发挥着意想不到的作用。

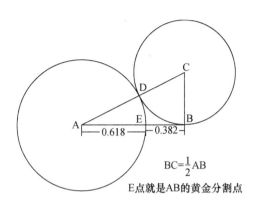

$$BC=\frac{1}{2}AB$$

E点就是AB的黄金分割点

图 4 - 2

目前，绝大多数分析软件上都有画线辅助功能，黄金分割的作图比较简单，画法如下：

（1）首先找到分析软件的"画线功能"并点击。

（2）在画线工具栏中点击"黄金分割"选项。

（3）如果股价（汇价、金价）正处于见底回升的阶段，以此低点为基点，用鼠标左键点击此低点，并按住鼠标左键不放，拖动鼠标使边线对齐相应的高点，即回溯这一下跌波段的峰顶，松开鼠标左键，系统即生成向上反弹上档压力位的黄金分割线。

例如，以2004年9月13日黄金市场以1259点低点为基点，2004年4月1783点高点为峰顶所作的黄金分割线，1259点展开的反攻恰好在黄金分割线遇阻回落。如果股价（汇价、金价）正处于见顶回落的阶段，以此高点为基点，用鼠标左键点击此高点，并按住鼠标左键不放，拖动鼠标使边线对齐相应的低点，即回溯这一上涨波段的谷底，松开鼠标左键系统即生成黄金分割线。

例如，以2003年3月1529点高点为基点，2003年1月1311点低点为谷底所作的黄金分割线，其中1311～1529点的0.382回调位为

1445 点，而大盘正好在 1447 点企稳，并展开新一轮上攻。

实际操作中还需注意，黄金分割线中最重要的两条线为 0.382、0.618，在反弹中 0.382 为弱势反弹位、0.618 为强势反弹位，在回调中 0.382 为强势回调位、0.618 为弱势回调位。

2. 黄金分割的特点

黄金分割的最基本公式是，将 1 分隔为 0.618 和 0.382，它们有如下一些特点：

（1）数列中任一数字都是由前两个数字之和构成。

（2）前一数字与后一数字之比例，趋近于一固定常数，即 0.618。

（3）后一数字与前一数字之比例，趋近于 1.618。

（4）1.618 与 0.618 互为倒数，其乘积则约等于 1。

（5）任一数字如与后两数字相比，其值趋近于 2.618；如与前两数字相比，其值则趋近于 0.382。以此类推，上列奇异数字组合，除能反映黄金分割的两个基本比值 0.618 和 0.382 以外，尚存在下列两组神秘比值。即：0.191，0.382，0.5，0.618，0.809；1，1.382，1.5，1.618，2，2.382，2.618。

3. 黄金分割在黄金投资中的应用

在金价预测中，根据该两组黄金比，有两种黄金分割分析方法。

（1）以金价近期走势中重要的峰位或底位，即重要的高点或低点为计算测量未来走势的基础。当金价上涨时，以底位金价为基数，跌幅在达到某一黄金比时较可能受到支撑；当行情接近尾声，金价发生急升或急跌后，其涨跌幅达到某一重要黄金比时，则可能发生转势。

（2）行情发生转势后，无论是止跌转升的反转抑或止升转跌的反转，以近期走势中重要的峰位和底位之间的涨额作为计量的基数，将原涨跌幅按 0.191、0.382、0.5、0.618、0.809 分割为五个黄金点。金价在转势后的走势将有可能在这些黄金点上，遇到暂时的阻力或支撑。

黄金分割线在具体操作中能发挥多大的功能,这里难以断言,但既然那么多人在使用它,说明它还是有优势的一面。对它感兴趣的炒金学员可以购买一些有关黄金分割线的书籍,深入研究。

(六) 钟摆原理

钟摆原理简单地说就是,任何一种资产的价格都不可能无限地上涨,也不可能无限地下跌,就如同钟摆一样终究会回归到平衡状态。偏离程度越大,反向调整的幅度也越大,反之亦然。

在黄金市场,金价从1976年9月开始上涨,连续上涨3年零4个月,从103.50美元/盎司上涨到850美元/盎司,然后就开始了漫长的下跌行情,时间长达19年,其中也有反弹,但最终是一浪还比一浪低。

1999年8月,金价创出历史长期低点,即251美元/盎司,然后又开始上涨,周期已长达12年,最高金价已达1920.30美元/盎司,如图4-3所示。

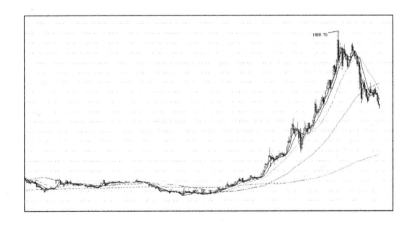

图4-3

但需要指出的是,投资者往往呆板地运用这个原理,在明显单边趋势中希望抓住趋势的转折点，而不断地进行逆市操作，因而造成亏损。价格本身不会告诉投资者何时转势，只有依靠基本面的把握，同时结合技术分析中的趋势分析，顺势而为，这样才能正确运用这一理论来把握中长线的运行走势。

（七）水床理论

水床理论的特点就是把床从一边按下去，另一边就会因为水的挤压而鼓起来。如果把水床比喻成整个金融市场，那么水床里的水就是资金流，各个金融市场之间的资金流动就表现为此消彼长的关系。

资产价格是由资金来推动的，短期内金融市场的增加和减少的资金量，相对于总存量来说可以忽略不计，通过分析把握不同子市场之间资金的流向来判断基金经理们的操作思路，从而把握市场的走势。

分析的参考指标通常包括股指、收益率曲线、CRB 指数等。

当然，不同市场有不同的特征属性，也决定了资金一般难以在不同属性的市场之间流动，这样我们可以将金融市场根据不同属性划分为不同的层次和范围，分别运用水床原理来进行分析。

（八）顺势而为

黄金市场作为一个全球性的市场，即使是拥有巨额资金的投机基金也无法决定市场价格，何况那些个人投资者？所以，最明智的方法就是跟随市场趋势，顺势而为。与市场对搏无异于螳臂当车，自不量力。人性使然，一般投资者不愿意相信价格涨或跌到某个价位，因此不敢追涨或杀跌，而在稍微出现一点回调迹象的时候，即迫不及待地入市以博取蝇头小利，如果一旦出现亏损便不肯止损，使自己泥足深陷，不可自拔。

图 4-4 显示的是 2007 年 7 月 6 日至 2008 年 3 月 17 日现货黄金的日 K 线截图。

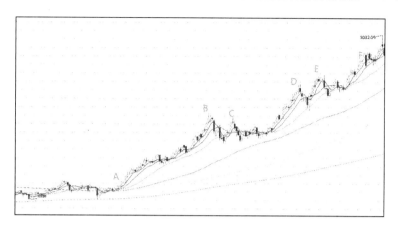

图 4 - 4

　　现货黄金的价格在 A 处突破了前期整理平台的高点，预示着新的一波上涨行情开始了。所以在这个过程中，只有顺势做多的投资者才会成为赢家。而在任何位置主动猜顶做空的投资者，也许短时间内会有赢利，但如果不能及时出局，最终都会被市场扫地出门。在这里一定要认识到趋势的力量，采取顺势而为的战略。

　　黄金价格经过一段时间的上涨之后，在 B 处，连续出现了两根有上影线的 K 线，这表明短线上方压力较重，有回调的要求。短线投资者可以减仓来控制风险，当然如果你是短线高手，也可以做点空单，但一定要提醒自己，这是短线空单，有盈利就要跑。

　　同理，在 C、D、E、F 处做空的投资者，必须能严格止损，进行短线操作，短线获利就跑，否则会损失惨重。

（九）市场永远是对的

　　投资者犯的最大错误，往往就是在市场面前不肯认输，不肯低头，固执己见。很多人总是装作百思不得其解的模样："见鬼，从任何角度都没有理由是这样的走势，它很快就会反弹的"，因此不肯亏损。越聪明的人，越容易自以为是，但是请你记住，市场价格已经包含了市场

的一切信息，市场永远不会错，错的是你自己。不要自以为是，不要
有虚荣心，按市场给你的信息来决定行动计划，一有不对即刻认错，
这才是市场的长存之道。

　　图 4–5 显示的是 2006 年 1 月 23 日至 2006 年 6 月 14 日现货黄金
的 K 线图。

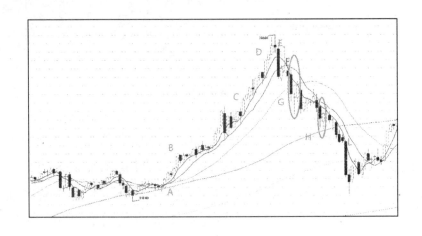

图 4–5

　　现货黄金的价格在 A 处突破了下降趋势线，这预示着价格很可能
走一波上涨行情，所以空单要及时出局，并且可以逢低进场做多。

　　但很多有空单的投资者认为，价格还没有突破前期整理平台的高
点，仍在震荡行情，价格上涨后还会再回来的，所以持有空单，保有
幻想，就是不出货。

　　随着价格的不断上涨，持有空单的投资者心中很郁闷，盼望价格
快点下跌。在 B 处，价格突破了前期整理平台的高点，部分持有空单
的投资者心中慌了，果断止损出局了。但还有一部分持有空单的投资
者认为，会不会是假突破呢？耐心再看看。

　　随后价格没有继续大幅上涨，而是震荡上行，持有空单的投资者
仍抱有幻想，不想止损，但随后价格开始拉升，他们心慌了，可还是

舍不得割肉。

在 C 处，价格再次出现了突破，他们仍不肯割肉出局，仍在坚守着自己的空单头寸，甚至有一部分投资者认为价格上涨后肯定能回来的，所以在价格上涨过程不断地加仓做空。但在 D 处，一根中阳线再度拉起，空单实在坚持不住了，特别是有杠杆的黄金投资品种，交易商要强平了。最终在 D 处及随后的价格上涨过程中，空单割肉出局了。

这时候割肉出局的部分投资者眼睛都红了，开始盲目地做多，虽然短期也出现了盈利，但却不知道保护盈利。在 E 处，一根大阴线的出现，再度把他们套在高位。

随后价格出现了反弹，但他们认为价格还会继续上涨，并再创新高，所以多单持有不动，他们哪里知道这是多单最后的逃命机会。

随后价格开始下跌，虽然在 G 处和 H 处都出现了反弹的 K 线，但好景不长，接着还是下跌。在 L 处，一根大阴线再度杀下来，多单实在受不住了，又出局了。

上述这个例子告诉投资者，当你发现自己的看法与市场走势不一致时，一定是自己错了，而不是市场错了。既然是自己错了，越早认错越好，即能果断止损，甚至反向操作，才能实现由亏损变成盈利。

（十）市场焦点的把握　纪律至上　不要相信规律

1. 市场焦点的把握

市场的走势一般都是由某一个市场焦点所决定的，同时市场也在不断寻找关注的焦点来作为炒作的材料。以 2005 年的走势为例，2 月的朝鲜和伊朗的核问题使国际局势紧张，金价在 1 个月内从 410 美元迅速上扬至 447 美元的高点。之后随着美国的退让，紧张的气氛逐渐缓和，适逢美联储议息会议强调通胀压力有恶化风险，使市场焦点立即转变为美国的息口走向，金价随之从 447 美元滑落。

3 月底到 4 月初，经过一段时间的盘整之后，一系列的美元经济指标显示，高油价及利率上升已打击制造业，并使消费信心恶化，市场对美国经济降温的忧虑逐渐占据市场主导，金价上扬至 437 美元。但 5 月初，美国贸赤、零售和非农就业数据表现强劲，经济降温的担心一扫而空，基金多头陆续止损离市，金价再度从 437 美元滑落。

5 月中旬之后，市场目光转向欧盟宪法公投，在公投失利引发欧洲政治危机的情况下，欧元下跌，同时金价亦创出 413 美元的年内第二低点。

从上述可以看出，市场在不断变换关注的焦点，使金价在相应时段确认方向性的走势。当然市场焦点的转换也是在不知不觉当中完成的，不可能有一个明显的分界线，只有通过市场舆论和某些相关信息才能做出推断，而且不能排除推断错误的可能。

2. 纪律至上

在决定入市之前，必须先认清自己能承受的风险和期望回报是否对等，以此来决定目标盈利价格和止损价格。特别是对于新手而言，往往在入市之后即把原先的计划忘得干干净净，或者即便记得也不能严格遵守，尤其是价格即将到达其止损价时便向自己妥协，临时变动既定的止损价甚至干脆取消，结果落得巨额亏损。

在瞬息万变的金融市场上，如果不遵守纪律，不严格止损，是根本没有办法生存的，因为你还远没有达到在价格面前心若止水的境界。

3. 不要相信规律

任何金融工具的走势绝对不存在所谓的规律，也没有可以绝对保证获利的公式可循，否则岂不是人人都成为了百万富翁？相信市场走势有规律存在的心理是假定了历史会重演。

许多专家经常研究以往造成涨跌的原因，而后期待只要这些原因重复出现，大势也会因此涨跌。不过在你接受任何这类说法时不妨自问，为什么成千上万的聪明人，穷数十年之精力研究，却未因此而致富？或许这样就能让自己的头脑清醒一点，不轻易相信所谓的规律。

（十一）华尔街箴言

苏黎世投机定律是早期在华尔街从事投机，并希望因此而致富的一群瑞士人所使用的术语。它包括一套实用且相关的定律，可提供任何投资者或投机者，从事金钱游戏并控制风险的法则。它是陈述有关控制风险的方法，而不是要你避免风险，因为任何投资都有风险。用这些定律检讨自己的得失并身体力行，就可以成为金市赢家。

1. 如果你对自己从事的投机不感到忧虑，那么你冒的风险肯定不够

这条定律也涵盖了两项次要原则：一是在你认为已经发掘了好的投机机会时，尽量下足额的资金；二是切勿相信所谓的"不要把所有钱放在一个篮子里"分散风险的建议，因为你不是大玩家。

总之，要学习下大赌注，不要怕赔钱，不要怕自己心理受到创伤。事实上只要控制得当，最差的状况也不过是使自己再穷一些；相反地，获利的机会也将无可限量，或许甚至可以让自己摆脱穷困。但这一条是瑞士人热爱冒险的说辞，所有的冒险必须伴随着智慧来进行，否则后果不会乐观。关于冒险，投资者必须根据自己的实际情况来实行，辨别出必须和值得的冒险机会。

2. 尽早获利了结

这个定律要求你要节制自己的贪婪心理。在操作黄金时，贪婪会表现在金价持续飘涨时的惜售，而原因是怕后悔，这也就是说，害怕在卖掉黄金之后，金价会继续上涨。的确，每个人都有这种经验，有时候它会令人懊恼得寝食难安，甚至会让有些人到了口中念念有词的地步。但是华尔街一直流行的一句话是："当黄金卖掉之后，别再过问金价的涨跌。"

3. 当船开始下沉时，不要祷告，赶紧脱身

欣然接受多次的小额损失，但是要设法伺机扳回来。华尔街交易员曾经表示，金融操作赚赔的机会都是1/2，只要能控制在赔小钱而设法赚大钱，这才是赚钱赚在刀口上的道理。这个定律告诉你，当事态转坏时，不要再心存侥幸，希望情况会好转。希望是心理创伤的治疗剂，但绝不是从事投机活动的有效工具。任何从事黄金投资的人，最好接受把停损作为必要的操作技巧。

4. 人类行为是无法预测的，绝对不能相信任何能预测未来的先知

分析师或金市名嘴经常到处谈论并预测黄金走势，但是一般投资人很少会去检验这些预测的准确度。检验准确度最好的方法就是照着他们的话去做，看看成功的次数如何？当然谁也不能否认有些预测是准确的，但这也不能保证你一定能赚得到钱。

5. 混乱并不危险，相信规律才危险

简单地说，任何金融工具的走势绝对不存在所谓的规律，也没有可以绝对保证获利的公式可循。过分相信或依赖某种公式或诀窍，长远来看也不会有效。

6. 不要让资金陷在某个投机工具上，要随时保持机动性

只要资金陷入某种投机工具上，机会成本就会很高，因为资金被卡死会让你失去其他获利更高的机会。一般经验显示，一个人越钟情于某种投机工具，就越不可能成为一名杰出的投机者。

在这方面，任何人都要克服的心理障碍是，不要因为个人的偏好，而将资金陷在已经没有希望的投机工具上。另外，只要发觉有吸引你的投机机会横在眼前，就要毫不犹豫地脱离原来的樊笼。

7. 只要是能够合理解释的直觉或预感，就可以作为投机活动的依据

这个定律相信直觉，可能会是从事投机活动时有效的指导，绝不可以因为它听起来有点愚蠢而等闲视之。当直觉或预感降临时，不妨自忖它从何而来？如果你的确在平常时间对某些投机工具曾寄予相当程度的关切或研究，甚至对它有某种程度的掌握时，就不妨相信自己的直觉，当然，它也不会是100%正确。

但是要注意的是，不要把希望和直觉混为一谈。通常人在对某件

事怀有相当程度的渴望时，就会产生希望，因此而轻易相信这件事一定会发生。比较值得参考的辨别方法是，只要你认为自己渴望的事将会发生时，这种心理就应该以怀疑的态度看待。相反地，当直觉告诉你，事态的发展会和你希望的方向相反时，这种直觉往往很可靠。

8. 迷信金融市场的涨跌受超自然力支配，这是不可能的

这个定律要你别过分相信某种具有神秘色彩的预言。从1978年开始流行用紫微斗数判断金市走势，但是到底准确性如何，似乎也没有人在意。一般投资人在这方面所犯下的偏颇都是"宁可信其有，不可信其无"。其实，你自己做预测也不见得会很离谱，如果这些预言家的预言的确有效，那他们早就发了。因此别对求神问卦的结果估计得太高，不过如果能淡然处之，你也可以从中享受一些乐趣。

《圣经》上有句话说："撒旦的归撒旦，上帝的归上帝。"最好还是把金钱世界和信仰世界分得清楚些，毕竟它不会带来太大的用处。有时候，当许多人都迷信某天金市行情会崩盘时，也确实是会有影响的，但仍不致会到不可收拾的地步。过分相信迷信会让你失去投机的警觉性，而在毫无提防的情况下让自己陷入绝境。投机最值得信赖的伙伴仍然是自己的智慧。

9. 预期最佳状况会发生就是乐观，而信心则是知道如何处理最坏的状况，绝不要因为乐观而采取投机活动

乐观的人经常受人赞美，但在金钱世界里，过分乐观不会令你有所收获。当每个人都陷于极端乐观的情绪之中时，不妨做反向思考，或许反面才是对的。当每个人都很乐观时，自己也很容易因此而丧失独立的判断力。在从事投机活动时，不妨先思考明白，当事态恶化时要如何处理？如果能找到答案，你就成了一名有信心的投机者。

10. 不要跟着群众走，他们也会犯错

持这种态度的人经常会被指为过于自负。在金钱世界里，自负并不是一个人的缺点。不过当个人的看法和群众相异时，的确会给自己

带来一定的压力。

11. 失败时别气馁，设法忘掉失败的痛苦，重新再来

用俗话说就是要有毅力，从事投机活动绝不可以心存一次成功的心理。华尔街许多杰出交易员早年都曾数度破产，但是他们却能不断地尝试、学习并且改变自己的个性，终于出类拔萃。

但是毅力不可以和顽固混为一谈。典型的顽固是不承认自己投机所犯的错误，甚至设想要逢低承接，拉低平均成本。这种做法在情势转坏时会显得特别吃力。

12. 长期计划会让人产生未来完全在掌握之中的幻觉，绝不要为自己做长期计划

事实上，你真正需要的长期计划应该以钱本身作为关切的焦点，也就是要致富的意愿。要尽量避免从事长期投资，只要有好机会就大胆投入，事态转坏就立即抽身，人要随时保持致富的雄心。

如何致富是无法事先了解或计划的，你需要知道的事只是，总之有一天你会发财。套一句英国经济学家凯恩斯的话说："长期我们都死了。"

（十二）亚当理论的十大守则

亚当理论是美国人威尔德创立的投资理论，威尔德于1978年发明了著名的强弱指数 RSI，还发明了其他分析工具如 PAR、抛物线、动力指标 MOM、摇摆指数、市价波幅等。这些分析工具在当时大行其道，受到不少投资者的欢迎。即使在今天的证券投资市场中，RSI 仍然是非常有名的分析工具。但很奇怪，威尔德后来发表文章推翻了这些分析工具的好处，而推出了另一套崭新的理论去取代这些分析工具，即亚当理论。下面，我们来具体看一下亚当理论的十大守则。

1. 赔钱的部位绝不要加码，或"摊平"

如果你操作的是赚钱的部位，那么在那个时点你是对的。如果你操作的是赔钱的部位，那么在那个时点你是错的。如果你错了的话，那么唯一的问题是"你会错多久"。唯一的答案是你会错到部位转为赚钱，或直到停损触发为止。事情就是这么简单，如果你已经错了，只有两种做法使你错得比目前更离谱，第一是在错误的部位加码，第二是移动你的停损。

2. 在开始操作或加码时，绝不能不同时设停损，以便在你万一有差错时能出场

在你开始操作之前，先决定你愿意错多久。这句话的另一种说法是："这笔操作我愿意赔多少钱？"在你进场之前，必须做这个决定，因为只有在进场之前，才能做出客观的决定。一旦你处在市场之中，就不再客观了。你已经建立了部位，期望跟你冷静而计算妥当的客观性相互缠斗。这世界上绝没有精神上的停损这回事，除非把停损放进市场中，否则停损就不算是停损。

3. 除非是朝操作所要的方向，否则绝不取消或移动停损

你会想朝操作反方向移动停损的唯一时刻，是操作部位发生亏损，而且市场对你不利时，根据定义，在这个时点你是错的。你会错得更离谱的第二种方式，即是移动停损，它会导致你赔更多钱。请记住，你最后一次真正客观的时候，是在进场之前，决定停损的时候。如果你移动停损，那么期待之情便完全压制住你冷静且算计妥当的客观性，而且你不再是名理性的操作者。恐惧可以发挥很好的效用，贪婪可以构成障碍，但期待之情一旦占上风，却会使人万劫不复。

4. 绝不让合理的小损失演变成一发不可收的大损失

情况不对，立即退场，留得青山在，不怕没柴烧。

5. 一笔操作或任何1天，不要让自己亏掉操作资金的10%以上

恪守以上四项守则，仍可能受到伤害。由于部位很多，即使停损点很接近，许多或所有部位对你不利，1天之内，你仍可能赔掉操作资金的10%以上。由于部位太多，所以这种事情很可能发生。有时

候，你买的所有东西都齐步下跌，你卖的每样东西都并肩上扬。请记住，操作应该是一件乐事，为了享受乐趣，任何时刻都不要冒亏大钱的险。

6. 别去抓头部和底部，让市场把它们抓出来

亚当理论永远抓不准头部和底部，想去抓的人也抓不准。但是头部和底部终于出现时，亚当理论只会错一次。

多数操作者都想抓头部和底部，多少操作者也都赔了钱。多少操作者之所以想抓头部和底部，理由有两个，即自负和贪婪。抓住头部和底部，准确的概率比在拉斯维加斯玩老虎机还差。每个人都知道这种事，你的敌人也知道这种事，他偶尔会让你抓准一两次头部和底部，好让你上瘾继续做下去。这是一种自负的旅程，好让你能告诉朋友："由于你敏锐地研判市场，你在低档买进了黄豆"。这全是自负心理在作祟，你曾经有多少次买到最低点？而且真的抱着那个部位直到最高点才脱手？如果你问为什么要等到反转确立呢？为什么要丢掉确立之前的所有利润呢？这全是贪婪在作祟。你有多少次因为不肯等候而赔了钱？即使你恪守前面的所有守则，但不顾这条守则，你仍然会赔钱。

7. 别挡在列车前面

如果市场往某个方向爆炸性发展时，千万别逆市操作，除非有可靠证据显示反转已经发生（是已经发生，而不是将发生或应发生）。

超买的市场绝没有不能再涨的理由，超卖的市场绝没有不能再向下的理由。这是敌人喜欢布置的陷阱，如同把一张非常具有方向性的市场图拿给五岁的小孩看，问他明天要站市场的哪一边？

别站在列车前面，坐上去才是最好的选择。

8. 保持弹性

记住，你可能会错，世界上任何事情都可能偶尔出差错。记住亚当理论所说的是概率很高的事，而不是绝对肯定的事。

做对的次数愈多就愈容易失去弹性。你连续赚六七笔成功操作之

后，这时你难免洋洋自得，使做法失去弹性。这就是你的大敌（市场）等着你这么做的时候。它会跟你要回以前所赚的钱，外加一点鲜血。永远记住，你所处理的是或然概率，而不是绝对值。

9. 操作不顺时，不妨停手休息

如果你一再发生亏损，请退场到别的地方去度假，让你的情绪冷静下来，等头脑变得清醒再说。

多数操作者之所以会赔钱，其中一个理由是，不受约束的途径走起来最轻松。当你的资金刚刚暴跌时，要放手一段时间是件相当难的事。这种时候来临时，人们往往会坚守城池，奋战到底，直到反败为胜然后才休息。你不愿承认自己最近所做的每件事都错了。你会告诉自己，战斗还没有结束，这只是一时的挫败而已。以前你也曾经迅速扭转乾坤，这次你可以再来一次。

现在就放手等于承认失败，而且从头再来时本钱会少很多，敌人喜欢跟有这种心态的操作者玩游戏。现在，操作者处于劣势，由于操作者受到很大的压力，必须迅速反败为胜，所以他比较难以保持客观的态度，他会冒平时自己不肯冒的险。现在，他非常可能舍弃十大守则中的一些原则。不管操作者自己有没有想到，他现在的心态不是真的相信自己会赢，而是希望自己能赢。在这种情况下，很难要他停手、度假、承认失败。但这是极少操作者能赢的理由之一，这也是最难走的路。

10. 问问你自己，是不是真的想从市场中赚一笔钱，并仔细听一些你自己的答案

有些人心理上渴望着赚钱，也有些人只是想找件事做做。"认清自己"，如果你在市场上操作的真正理由是想赚钱，那么迟早你会知道，一个人能不能从市场上赚钱，取决于他有没有遵守这十大守则。至于他赚多少钱，则取决于他进场和退场的时机。如果你问自己这个问题，并仔细倾听答案的话，你将了解这十大守则的价值。你将了解，你不

会只因为使用亚当理论或其他任何方法就可以成为赢家，亚当理论只是给你一个进场的理由，这个理由是：市场有很高的概率，往某个特定方向移动一段时间。

除非你所有的操作都依据这十大守则，否则亚当理论或其他任何方法都不会准到让你不断赚钱。当你懂了这一点，你就会在市场上赚不少的钱。

只要有一次不遵守这十大守则中的任何一条。万劫不复的亏损都可能发生，即只要你有一次犯规，市场就会严厉惩罚你。市场是个强敌，是在竞技场中与你搏斗的勇士，跟真正的斗士一样，你一犯错，它就会乘虚而入。只要你松懈一次，它就会攻击你脆弱的部位。许多优秀的操作者日进日出，严守这些纪律，时时保持警觉。然后突然有那么一次，他们肯定自己是对的时候，而违反其中一条守则，等来的却是市场的惩罚，短短几天内赔掉的可能比一年赚得还多。我所知道有许多操作者，包括我自己在内，只因为一次的松懈，便赔掉所有的钱。我从没有见过有人因遵守这些戒律而把裤子也赔掉的，从没有人因被小针扎一下而流血致死的，深长的伤口才会要人命。

（十三）江恩二十四条守则

江恩留给后人的著作比较多，其预测技术涵盖了数学、几何学、星相学、宗教等方面的知识，但他的交易规则来自其多年的交易经验和市场统计。他认为，投资者在市场买卖中遭受损失，原因主要有三个：

1. 在有限的资本上过度买卖，即操作过分频繁

在市场中的短线和操短线是要求有很高操作技巧的，在投资者没有掌握这些操作技巧之前，过分强调做短线常会导致不小的损失。

2. 投资者没有设立止损点来控制损失

很多投资者遭受巨大损失，就是因为没有设置合适的止损点，结

果任其错误无限发展，损失越来越大。因此，学会设置止损点以控制风险是投资者必须学会的基本功之一。还有一些投资者，甚至是一些市场老手，虽然设了止损点，但在实际操作中并不坚决执行，结果因一念之差遭受巨大损失。

3. 缺乏市场知识，是在市场买卖中损失的最重要原因

一些投资者并不注重学习市场知识，而是想当然地办事或主观认为市场应该如何如何，不会辨别消息的真伪，结果接受误导，遭受巨大的损失。还有一些投资者仅凭一些书本上学来的知识来指导实践，不加区别地套用，造成巨大损失。江恩强调的是市场的知识，实践的经验。而这种市场的知识，往往要在市场中摸爬滚打相当时间才会真正有所体会。

在晚年，江恩总结了其45年来在华尔街的投资经验，最后认为规则重于预测，其中24条买卖守则（旧译本中是21条）的作用相当大，具体如下：

（1）将你的资本分为10份，每次入市买卖，损失不应超过资本的1/10。

（2）设下止损位，减少买卖出错时可能造成的损失。

（3）不可过量买卖。

（4）不让所持仓位由盈转亏。

（5）不逆市而为，市场趋势不明显时，宁可在场外观望。

（6）入市时要坚决，犹豫不决时不要入市。

（7）只在活跃的市场买卖，买卖清淡时不宜操作。

（8）分散风险，如果资金量大，可交易四五只股票。

（9）避免限价出入市，要在市场中买卖。

（10）可用移动止损保障所得利润。

（11）在市场中接连盈利后，可将部分利润提出，以备急时之需。

（12）买股票切忌只望收息。

（13）买卖遭遇损失时，切忌加码，谋求拉低成本，可能会积小错而成大错。

（14）不要因为不耐烦而入市，也不要因为不耐烦而清仓。

（15）赔多赚少的买卖不要做。

（16）入市时设下的止损位，不宜胡乱取消。

（17）做多错多，入市要等待机会，不宜买卖过密。

（18）与趋势保持一致。

（19）不要因为价位过低而吸纳，也不要因为价位过高而看空。

（20）避免在不适当的时候做金字塔式加码。

（21）挑选小盘股加码做多，挑选大盘股做空。

（22）永不对冲。

（23）如无适当理由，避免胡乱更改所持仓位的买卖策略。

（24）避免在长期成功或赢利后增加交易。

交易者不要变成了规则的收集者，而应理解它们的本意，要灵活应用，甚至自行修改，以为己用。另外，对于交易规则，只需领会其含义，而在具体的执行和细节上，需要投资者制定自己的交易规则，来符合自己的交易习惯，并创造最大的价值。还要记住，是市场产生了规则，而不是规则产生了市场，切不可把市场当作是规则里的市场。

五、基本篇

　　基本篇就是教会广大黄金投资者如何进行基本面的分析。说实话，我向来对基本面分析不是十分的依赖，因为基本面本身不相信市场是对的。并且相对于华尔街超级大户的散户们来讲，基本面分析有一个固有的缺陷，就是它的"滞后性"，当散户们得到一个自认为很新的消息时，华尔街大户们早已经结好大网，准备捕鱼了。

　　当然，基本面不可能一无是处，并且，有时在宏观上的确能带给我们很有用的指导，它是指导黄金宏观走势的重要参考依据。黄金投资者应该掌握基本面的分析方法，并灵活运用到实际操作当中去。

（一）基本面分析概述

　　要想在黄金市场中成为赢家，必须重视黄金价格变化趋势的分析和预测。因为能否正确地分析和预测黄金价格的变化趋势，是黄金交易成败的关键。分析和预测黄金价格走势的方法很多，但主要有两种，分别是基本面分析和技术面分析。

　　1. 基本面分析

　　基本面分析是指通过分析黄金的供求状况及其影响因素，来解释和预测黄金价格变化趋势的方法。

　　基本面分析包括的内容很多，有国际政治、经济，欧美主要国家的利率和货币政策，各国央行对黄金储备的增减，黄金开采成本的升降，工业和饰品用金的增减等因素，个人投资者要想准确地把握黄金价格的短期走势，难度是很高的。

个人投资者可以参照黄金与美元、黄金与石油、黄金与股市之间的互动关系，商品市场的联动关系、黄金市场的季节性供求因素及国际基金的持仓等因素，对金价走势进行相对比较简单的判断和把握。

投资者要注意的是，由于影响黄金的基本面很多，常常会同时出现对金价影响利多和利空的基本面信息，如美元走弱和某国发现了大金矿，这时投资者该如何处理呢？此时投资者要发挥自己的逻辑判断能力，看是利多消息起主要作用，还是利空消息起主要作用。即要多观察、多分析，找出影响金价的主要矛盾。从而成功预测未来一段时间内金价的走势。

2. 技术分析

技术分析是相对于基本面分析而言的，是通过 K 线图表或技术指标的记录，研究市场过去及现在的行为反应，以推测未来黄金价格的变动趋势。

技术分析的基本观点是：黄金的实际供需量及其背后起引导作用的种种因素，包括交易市场上每个投资者对未来的希望、担心、恐惧、猜测等，都集中反映在黄金价格及交易量上了，因而研究它们是最直接、最有效的。

技术分析有很多种，重要的有 K 线、形态、趋势线、各种技术指标等。另外，要注意的是对于一种 K 线图，会有许多种解释，到底哪一种正确，则是"仁者见仁，智者见智"。

3. 技术分析与基本面分析的联系

技术分析和基本分析，都认为黄金价格由供求关系所决定。基本分析主要根据影响供需关系种种因素的分析来预测黄金未来的价格走势；而技术分析则根据价格本身的变化来预测黄金价格的未来走势。

技术分析的逻辑是：只要价格上涨，不论是什么因素，需求一定超过了供给，后市理应看好；如果价格下跌，不管是什么原因，供给一定超过了需求，后市就应该看跌。

技术分析所依赖的图表本身，并不能导致市场的涨跌，它只是简明地显示了市场投资者现行的乐观或悲观心态，而技术分析则是从中窥出价格后期变化的可能性。

大多数的投资者，要么说自己是技术分析派，要么说自己是基本面分析派，实际上很多投资者两者兼备。绝大部分基本面分析者对图表分析的基本立场有实用上的了解，同时，绝大部分技术分析者对经济形势至少有起码的了解。

但问题是，在大多数情况下，图表的预测和基本面的分析南辕北辙。当一波重大的市场运动初露端倪时，市场常常表现得颇为奇特，从基本面上找不出什么理由。恰恰是在这种趋势萌生的关键时刻，两种分析方法分歧最大。等趋势发展了一段时间后，两者对市场的理解又协调起来，可这个时候往往来得太迟，投资者已经无法下手了。

总之，市场价格是实体经济的超前指标，也是大众常识的超前指标。实体经济的新发展在被统计报告等资料揭示之前，早已在市场上实际发生了作用，已经被市场消化吸收了。所以说，一些最为剧烈的牛市或熊市在开始的时候，几乎找不到表明实体经济已改变的资料，等到好消息或坏消息纷纷出笼的时候，新趋势早已滚滚向前了。

技术分析者往往非常自信，当大众常识同市场变化驴唇不对马嘴时，也能够"众人皆醉，唯我独醒"地应对自如。他们乐于领先一步，当少数派。因为他们明白，个中原因迟早会大白于天下，不过那肯定是事后诸葛亮了，他们既不愿意也没必要坐等，从而失去良机。

（二）世界黄金市场

下面来讲解一下六个主要的世界黄金市场、世界黄金市场提供的交易服务模式和黄金市场的参与者。

1. 六个主要的世界黄金市场

（1）伦敦黄金市场。历史悠久，其发展历史可追溯到300多年前。1804年，伦敦取代荷兰阿姆斯特丹成为世界黄金交易的中心，1919年伦敦金市正式成立，每天进行上午和下午的两次黄金定价，由五大金行定出当日的黄金市场价格，该价格一直影响纽约和香港的交易。市场黄金的供应者主要是南非，1982年以前，伦敦黄金市场主要经营黄金现货交易，1982年4月，伦敦期货黄金市场开业。目前，伦敦仍是世界上最大的黄金市场。

伦敦黄金市场的特点之一是交易制度比较特别，因为伦敦没有实际的交易场所，其交易是通过无形方式——各大金商的销售联络网完成的。交易会员由最具权威性的五大金商及一些公认的有资格向五大金商购买黄金的公司或商店所组成。然后再由各个加工制造商、中小商店和公司等连锁组成。交易时由金商根据各自的买盘和卖盘，报出买价和卖价。

伦敦黄金交易市场的另一特点是灵活性强，黄金的纯度、重量等都可以选择，若客户要求在较远的地区交售，金商也会报出运费及保费等，也可按客户要求报出期货价格。最通行的买卖伦敦金的方式是，客户无须现金交收，即可买入黄金现货，到期只需按约定利率支付即可，但此时客户不能获取实物黄金。这种黄金买卖方式，只是在会计账上进行数字游戏，直到客户进行了相反的操作平仓为止。

伦敦黄金市场特殊的交易体系也有若干不足：首先，由于各个金商报的价格都是实价，有时市场黄金价格比较混乱，连金商也不知道哪个价位的金价是合理的，只好停止报价，伦敦黄金的买卖便会随时停止；其次，伦敦市场的客户绝对保密，因此缺乏有效的黄金交易头寸的统计。

（2）苏黎世黄金市场。苏黎世黄金市场是第二次世界大战后发展起来的国际黄金市场。由于瑞士特殊的银行体系和辅助性的黄金交易服务体系，为黄金买卖提供了一个既自由又保密的环境，加上瑞士与南非也有优惠协议，获得了 80% 的南非金，使瑞士不仅是世界上新增黄金的最大中转站，也是世界上最大的私人黄金的存储中心。苏黎世黄金市场在国际黄金市场的地位仅次于伦敦。

苏黎世黄金市场没有正式组织结构，而是由瑞士三大银行：瑞士银行、瑞士信贷银行和瑞士联合银行负责清算结账，三大银行不仅可以为客户代行交易，而且黄金交易也是这三家银行本身的主要业务。苏黎世黄金总库建立在瑞士三大银行非正式协商的基础上，不受政府管辖，作为交易商的联合体与清算系统混合体，在市场上起中介作用。

苏黎世黄金市场无金价定盘制度，在每个交易日的任一特定时间，根据供需状况议定当日交易金价，这一价格为苏黎世黄金官价。全日金价在此基础上波动，不受涨停板限制。

（3）美国黄金市场。纽约和芝加哥黄金市场是 20 世纪 70 年代中期发展起来的，主要原因是 1977 年后，美元贬值，美国人（主要是以法人团体为主）为了套期保值和投资增值获利，使黄金期货迅速发展起来。目前纽约商品交易所（COMEX）和芝加哥商品交易所（IMM）是世界最大的黄金期货交易中心，两大交易所对黄金现货市场的金价影响很大。

以纽约商品交易所为例，该交易所本身不参加期货的买卖，仅提供一个场所和设施，并制定一些法规，保证交易双方在公平合理的前提下进行交易。其对现货和期货交易的黄金的重量、成色、形状，价格波动的上下限、交易日期、交易时间等都有极为详尽和复杂的描述。

（4）中国香港黄金市场。已有 90 多年的历史，其形成以香港金银业贸易场的成立为标志。1974 年，香港撤销了对黄金进出口的管制，此后香港金市发展极快。香港黄金市场在时差上刚好填补了纽约、芝加哥市场收市和伦敦开市前的空档，可以连贯亚、欧、美，形成完整的世界黄金市场。其优越的地理条件引起了欧洲金商的注意，伦敦五大金商、瑞士三大银行等纷纷来港设立分公司，他们将在伦敦交收的黄金买卖活动带到香港，逐渐形成了一个无形的当地"伦敦金市场"，促使香港成为世界主要的黄金市场之一。

目前，香港有三个黄金市场：①香港金银业贸易场，以华人金商占优势，有固定买卖场所，主要交易的黄金规格为99标准金条，交易方式是公开喊价现货交易。②伦敦金市场，以国外资金为主体，没有固定交易场所。③黄金期货市场，是一个正规的市场。其性质与美国的纽约和芝加哥的商品期货交易所的黄金期货性质是一样的。交投正规，制度也较健全，可弥补金银业贸易场的不足。

（5）东京黄金市场。于1982年成立，是日本政府正式批准的唯一黄金期货市场，其会员绝大多数为日本的公司。黄金市场以每克日元叫价，交收标准金成色为99.99%，重量为1公斤，每宗交易合约为1000克。

（6）新加坡黄金交易所。成立于1978年11月，目前时常经营黄金现货，以及2、4、6、8、10个月的五种期货合约，标准金为100盎司的99.99%纯金。

2. 伦敦黄金交易所黄金定盘

1919年9月12日上午11点，产生了第一笔黄金定盘，当时金价定在每盎司4镑8先令9便士。开头几天的报价是用电话进行的，后来就决定在斯威辛街的洛希尔银行的办公室里举行正式会议。如今金价一天定盘两次，上午10:30和下午3:00。

伦敦黄金定盘价是独一无二的，与其他黄金市场不同，它为市场的交易者买入或卖出黄金，只提供单一的报价。它提供的标准价格，被广泛地应用于生产商、消费者和中央银行。有5个银行成员参加定盘，每次定价时，他们各派1个代表出席，在定盘过程中，这些人用电话与其自身的交易员保持联系。

在每次定盘开始时，主席（1919年开始以来，就由洛希尔银行的代表担任）向其他 4 位代表宣布一个开盘价，他们分别向本身的交易厅汇报，然后再将这个价格转告给他们的客户。各银行根据他们收到的订单，指示他们的代表宣布他们在该价位上是买进还是卖出，只要在该价格上既有买入又有卖出的，就会询问他们所需交易的金砖数量。

如果在该价位上只有买入或只有卖出的，或者买卖金砖的金砖数量不平衡，价格就会上下浮动，于是将上面的程序重新进行一遍，直到平衡为止，于是主席宣布定盘。如果买卖的金砖数量在 25 块以内就宣布定盘，必要时定价过程将持续，直到令买卖双方都满意为止。通常这只需要 15 分钟或更少的时间，但有时也会超过 1 小时。

客户可以在定价前预先留下订单，也可以在定价的全过程中了解价格的变化，并随时更改订单，直到定盘为止。为保证任何订单的变化迅速地让主席知道，每个代表的桌上都有一面小旗，当听到从他的交易厅内传来变更要求时立刻把它举起，只要还有旗被举着，主席就不会宣布价格定盘了。

现在伦敦交易所里的 5 个定价代表是：德意志银行、香港上海汇丰银行—密特兰银行、洛希尔银行、美国共和银行、加拿大枫叶银行。

3. 世界黄金市场提供的交易服务模式

在各个成功的黄金市场中，为黄金交易提供服务的机构和场所其实各不相同，具体划分起来，又可分为没有固定交易场所的无形市场，以伦敦黄金市场和苏黎世黄金市场为代表，可称为欧式；还有在商品交易所内进行黄金买卖业务的，以美国的纽约商品交易所和芝加哥商品交易所为代表，可称为美式；有的黄金市场在专门的黄金交易所里进行交易，以香港金银业贸易场和新加坡黄金交易所为代表，可称为亚式。

（1）欧式黄金交易。这类黄金市场里的黄金交易没有一个固定的场所。在伦敦黄金市场，整个市场是由各大金商、下属公司之间的相互联系组成，通过金商与客户之间的电话、电传等进行交易；在苏黎世黄金市场，则由三大银行为客户代为买卖，并负责结账清算。伦敦和苏黎世市场上的买家和卖家都是较为保密的，交易量也都难以真实估计。

（2）美式黄金交易。这类黄金市场实际上建立在典型的期货市场基础上，其交易类似于在该市场上进行交易的其他商品。期货交易所本身不参加交易，只是为交易提供场地、设备，同时制定有关法规，确保交易公平、公正地进行，并对交易进行严格的监控。

（3）亚式黄金交易。这类黄金交易一般有专门的黄金交易场所，同时进行黄金的现货和期货交易。交易实行会员制，只有达到一定要求的公司和银行才可以成为会员，并对会员的数量配额有极为严格的控制。虽然进入交易场内的会员数量较少，但是信誉极高。以香港金银业贸易场为例，其场内会员交易采用公开叫价、口头拍板的形式来进行。由于场内的金商严守信用，鲜有违规之事发生。

实际上，以上各种交易所与金商、银行自行买卖或代客交易，只是在具体的形式和操作上有所不同，其运作的实质都是一样的，都是尽量满足世界不同黄金交易者的需要，为黄金交易提供便利。

4. 黄金市场的参与者

目前，国际黄金市场的参与者可分为五种。

（1）国际金商。最典型的国际金商就是伦敦黄金市场上的五大金行，其自身就是黄金交易商，由于其与世界上各大金矿及黄金商有着广泛的联系，而且其下属的各个公司又与许多商店和黄金顾客联系，因此，五大金商会根据自身掌握的情况，不断报出黄金的买价和卖价。当然，金商要负责金价波动的风险。

（2）银行。黄金市场中的银行可分为两种：一种是仅仅为客户代行买卖和结算，本身并不参加黄金买卖，他们充当生产者和投资者之间的经纪人，在市场上起到中介作用；另一种是做自营业务的，如在新加坡黄金交易所里，就有多家自营商会员是银行的。

（3）对冲基金。近年来，国际对冲基金，尤其是美国的对冲基金，活跃在国际金融市场的各个角落。在黄金市场上，几乎每次大的下跌都与基金公司借入短期黄金，在即期黄金市场抛售和在纽约商品交易所黄金期货交易所构筑大量的空仓有关。一些规模庞大的对冲基金利用与各国政治、工商和金融界千丝万缕的联系，往往较先捕捉到经济基本面的变化，利用管理的庞大资金，进行买空和卖空，从而加速黄金市场价格的变化，从中渔利。

（4）各种法人机构和个人投资者。包括专门出售黄金的公司，如各大金矿、黄金生产商、黄金制品商、首饰行以及私人购进收藏者等，种类多样，数量众多。但是，从对市场风险的喜好程度分，又可以分为风险厌恶者和风险喜好者，前者是希望回避风险，将市场价格波动的风险降到最低，包括黄金生产商、黄金消费者等；后者就是各种对冲基金等投资公司，希望从价格涨跌中获得利益。前者希望对黄金保值而转嫁风险；后者希望获利而愿意承担市场风险。

（5）经纪公司。经纪公司是专门从事代理非交易所会员进行黄金交易，并收取佣金的经纪组织。有的交易所把经纪公司称为经纪行。在纽约、芝加哥、中国香港等黄金市场里，活跃着许多经纪公司，它们本身并不拥有黄金，只是派场内代表在交易厅里为客户代理黄金买卖，收取客户的佣金。

虽然世界黄金总量的很大一部分储备在各国政府手中，它们的买进或卖出会影响到金价的走势，但不会改变金价的大趋势。黄金市场的重要参与力量是民间力量，即各投资基金、国际财团、银行、保险公司、世界各地的散户黄金投资者，世界黄金交易量的95%来源于民间力量。所以，民间力量决定了世界黄金的价格。

（三）中国的黄金历史与现状

从中国历史来看，一直是一个黄金贫乏的国家。虽然与世界其他民族一样，黄金在我国历史上也是财富的计量单位和拥有财富的象征，黄金在人类社会中的地位非同一般。但事实上由于中国黄金总量的缺乏，使黄金很难成为财富流通中介的主角，在中国近代历史上承担流通货币功能主角的是白银。中国"贫金"的现实一直延续到21世纪的今天。而产生中国贫金现象的原因有以下几点：

1. 近现代的战乱因素

近代中国历史上的诸多事件，造成了中国大陆贫金的现实。自1840年鸦片战争以来，中国遭受西方列强近100年的鸦片贸易巧取和武装抢夺盘剥，大量的白银和黄金被当作鸦片货款和战争赔款流出中国，造成了中国黄金与白银等贵金属硬通货的严重匮乏。自此以后，中国境内的连年内战和日本侵略中国，更是造成了我国黄金与白银的大量外流，一部分黄金与白银用作了军械物资的购买，另一部分被大量达官显贵外逃携带出国。

2. 国民党内战时期的"金圆券"事件

抗战胜利后，国共内战时期国民党政府炮制的"金圆券"事件，就是一个有代表性的黄金外流事件。国民党政府财政连年出现巨额赤字，就大量发行法币，法币猛增，物价随之飞涨。为了挽救经济崩溃，1948年8月19日，国民党政府实行所谓的"币制改革"和限价政策。其中国民党政府颁发的《金圆券发行办法》规定，金圆券每元含黄金0.22217克，发行额以20亿元为限。按1金圆券折合法币300万元的比率收兑法币，同时规定黄金1两等于金圆券200元。白银1两等于金圆券3元，美元1元等于金圆券4元。

当时国民党政府使用高压和诱骗等手段，强制推行这个法令，命令国统区的人民必须在1948年9月30日前，将所持黄金和白银全部兑换成金圆券，过期不交者，一律强制没收。不到两个月，国民党政府就从人民手中榨取金银外币总值达2亿美元。

1948年10月初，由上海开始的抢购风潮波及国民党统治区各大城市，物价更进一步飞涨。11 月 10 日，国民党政府被迫宣布取消限价政策。12 日又公布《修正金圆券发行办法》法令，规定 1 金圆券的含金量减为 0.044434 克。公开宣布金圆券贬价 4/5，撤销金圆券发行 20 亿元的限额。之后金圆券无限量发行，至 1949 年 5 月，金圆券发行额为 67 万多亿元，金圆券也像法币一样成为废纸。

这些用"金圆券"兑换来的黄金、白银，以及国民党政府中央银行历年的黄金、白银储备等，在 1949 年由军舰押送至台湾。

3. 当代中国仍然黄金匮乏

1949 年中华人民共和国成立，就是在这样一个几乎"无金"的国土上，开始了经济建设和金融体系建设。中国政府的黄金储备只能从新生产黄金中获得，而没有历史存留的积累。在新中国成立很长一段时间，我国在黄金问题上一直是实行严格管制阶段，黄金开采企业必须将所生产出来的黄金，交售给中国人民银行，而后由中国人民银行将黄金配售给用金单位。那时新生产出来的黄金，主要用于我国紧急国际支付和国家储备。到 1982 年，社会大众才重新开始有权利合法拥有黄金，拥有黄金的渠道还只能是通过商场购买到黄金首饰而已。

4. 中国央行黄金储备

截至 2012 年 1 月，中国中央银行公布的黄金储备为 1054.1 吨，仅占外汇储备的 1.8%。而美国的黄金储备为 8133.5 吨，占其外汇储备高达 76.9%。

5. 民间储备金量较低，黄金投资意识匮乏

1982 年，在国内恢复出售黄金饰品，以中国人民银行开始发行熊猫金币为标志，中国开放金银市场迈出了第一步。1999 年 11 月，中国放开白银市场，封闭了半个世纪的白银自由交易开禁，上海华通有色金属现货中心批发市场，成为我国唯一的白银现货交易市场。白银的放开，被视为黄金市场开放的预演。2001 年 4 月，中国人民银行行长戴相龙宣布取消黄金"统购统配"的计划管理体制，在上海组建黄

金交易所。同年6月,中央银行启动黄金价格周报价制度,根据国际市场价格变动对国内金价进行调整。随后,足金饰品、金精矿、金块矿和金银产品价格全部放开。

2002年10月30日,以上海黄金交易所正式开业为标志,中国黄金市场走向全面开放,黄金投资逐步走进社会大众,黄金投资在中国迎来了全新开端。

目前,中国国内的黄金总存量为4000~5000吨。这包括中央银行的黄金储备和民间大众拥有的黄金制品。

中国国内的黄金需求,一直是以首饰性消费需求为主,每年中国市场销售的黄金绝大部分都成为了黄金饰品,工业、医疗、科研等行业占消费需求的比重较小,而黄金的金融投资需求目前还只是刚刚起步,所占的比重更小。中国民众对黄金的理解和认识更多停留在首饰品上,对黄金的金融投资功能知之甚少,黄金金融投资的参与度极低。

由于种种历史原因和金融体制的原因,造成中国人均黄金制品占有只有3.5克左右的现状。目前,中国人均黄金年消费量只有0.2克,消费数量集中在黄金饰品上,与港台地区和西方国家的水平差距悬殊(阿联酋人均年消费黄金最多,达30克),离印度人均约1克的水平也有很大距离。预计今后几年,中国的黄金消费将从以往每年200吨左右增加到400~500吨,这对国际黄金市场的价格将会产生非常重大的影响。

综观中国国内现状,国家缺乏长远的黄金储备规划,普通民众对黄金的投资意识、保值增值、应对金融危机、通货膨胀的功能远未了解。但目前国内大众投资黄金的意识正被唤醒,从投资需求来看,中国黄金市场在彻底开放之后,将令世界再度吃惊,中国民众在黄金金融市场上的投资能力不可低估。

（四）黄金供求关系

金价是基于供求关系基础之上的，如果黄金的产量大幅增加，金价会受到影响而回落；但如果出现矿工长时间的罢工等原因，使产量停止增加，金价就会在求过于供的情况下升值。此外，新采金技术的应用、新矿的发现，均可令黄金的供给增加，表现在价格上当然会令金价下跌。一个地方也可能出现投资黄金的浪潮。例如在日本出现的黄金投资热潮，使黄金的需求大为增加，同时也导致了价格的节节攀升。

对于黄金走势的基本分析有许多方面，当我们在利用这些因素时，就应当考虑到它们各自作用的强度到底有多大。找到每个因素的主次地位和影响时间段，来进行最佳的投资决策。

黄金的基本分析在时间段上分为短期（通常是3个月）因素和长期因素。我们对于其影响作用要分别对待。

长期基本面分析因素有：储备成本、政府扶持政策、预期生产成本和利润、新开采技术、新矿藏的发现、工业用金消费趋势、电子及化工业情况、珠宝业情况、政府铸币用金、年龄分布、收入水平、社会习惯、通胀率走势。

短期基本面分析因素有：中央银行买卖行为、劳工纠纷、回收情况、生产国外汇情况、外汇汇率、国际储备需求、政治事件和局势、代用金属的价格、价格水平、利率水平。

（五）黄金与美元的关系

在国际市场上，黄金和美元是直接对价的商品，所用的单位是美元/盎司，因此美元走势的每一个微弱的动作都会直接影响黄金市场的行情。美元与黄金一般呈负相关关系，即美元涨，则黄金跌；美元跌，则黄金涨。

分析黄金价格走势的基本面因素有很多，但影响黄金价格最为关键的是美元指数的走势，即美元的波动对黄金价格的影响最大。黄金和美元高联动的负相关系约为0.8，因此，投资黄金不得不注重美元。

（六）黄金与石油的关系

在进行黄金投资时，还要关注被称为工业的血液的"黑金"——原油。在国际大宗商品市场上，原油是最重要的商品之一，自西方工业革命后，原油一直充当着现代工业社会运行的重要战略物资，它在国际政治、经济、金融领域占有举足轻重的地位，"石油美元"的出现，足以说明原油在当今世界经济中的重要性。

油价波动将直接影响世界经济的发展，这是不争的事实。美国的经济发展与原油市场的关联度尤其紧密，因为美国的经济总量和原油消费量均列世界第一位。美国经济的强弱走势直接影响美国资产质量的变化，从而引起美元涨跌，进一步影响黄金价格的变化。

当油价连续狂涨时，国际货币基金组织随即调低未来经济增长的预期。油价已经成为衡量全球经济是否健康成长的"晴雨表"，高油价也就意味着经济增长不确定性的增加以及通胀预期的逐步升温。

1. 黄金与原油价格呈正相关关系

黄金与原油之间存在着正相关的关系，也就是说，黄金价格和原油价格总体上是同向变动的。在过去的30多年里，黄金与原油按美元计算的价格波动相对平稳。黄金的平均价格约为300美元/盎司，原油的平均价格为20美元/桶左右。黄金与原油的关系为平均1盎司黄金兑换约15桶原油，油价与金价呈80%左右的正相关关系。

2. 黄金与原油价格的背离

原油与黄金之间的传统比价关系，在2008年9月金融危机爆发之后就被打破，即造成黄金涨、原油跌的反向局面。随着原油价格的快速跳水，黄金与原油的比价关系出现了新的动向，黄金与原油的比率最高达到 28，这是最高的比价关系，直到 2009 年 3 月才开始回落。

黄金与原油价格的背离有两种原因：

（1）金融危机的发生促使资金撤离原油市场，与此同时，避险资金介入黄金市场。2008 年 9 月中旬，国际金融危机的爆发引发了国际大宗商品价格的深幅回落，油价跌幅位于前列。与原油市场相反，作为全球最大的黄金 ETF 基金 SPDR 的黄金持有量却一直在增加，显示出资金借道黄金 ETF 进入黄金市场避险。资金撤离原油市场加重了油价的跌势，而避险资金进入黄金市场却支撑了金价。

（2）原油商品属性增强，黄金金融属性凸显。金融危机爆发后，各国实体经济受到严重影响，美国、欧盟等均已陷入经济衰退中，在经济下滑过程中，原油的商品属性渐渐胜过投资属性，此时，需求的严重不足直接导致其价格的持续回落。尽管 OPEC 持续大幅减产，但都未能阻止油价持续下跌。

与之相应的是，黄金的金融属性在经济动荡时开始呈现，特别是在美国经济持续恶化的背景下，大部分投资者认为，与其持有美元不如持有更具保值功能的硬通货——黄金。因而，黄金的金融属性吸引了投资者的青睐，从而推高了金价。

（七）金价与战乱、政局动荡的关系

战乱和政局动荡时期，经济的发展会受到很大的限制和负面影响，这样会造成通货膨胀，这时，黄金的货币性就表现出来了，即人们会把目标投向黄金，对黄金的抢购造成金价的大幅上涨。

2011 年爆发的利比亚战争，使金价从 1308 美元反弹至 1574.4 美元。

2001 年 9 月 11 日，恐怖组织袭击美国世贸大厦事件，使金价从 264.5 元飙升到当年的最高价 294.15 元。

当然，一些小国家发生的战乱和政局动荡，可能对金价的影响就会很小，并且在其他因素的作用下可以忽略不计。如 1989 ~ 1992 年，世界上出现了很多战乱和政局动荡，但金价没有因此而上涨，反而因为美元和其他原因，造成金价的下跌。

（八）金价与美国非农就业数据的关系

美国非农就业数据在每月第一周的周五，美国东部时间早上 8：30，北京时间的晚上 8：30 或 9：30 发布，非农就业数据是用来衡量劳动力市场强弱的。

为什么要关注非农就业数据呢？因为在美国，就业机会 + 就业率 = 经济实力。其中，就业机会代表着经济增长，就业率代表着经济的可持续增长。

非农就业数据反映了美国的制造行业和服务行业的发展及其增长情况。数字减少代表企业降低生产，经济步入萧条，对美元不利；如果数值大幅增加，则代表经济状况良好，这样对美元有利。

非农就业数据的好坏直接影响美元的价值，进而影响黄金的价格走势。所以，投资者一定要关注美国非农就业数据。

如何看待美国非农就业数据对黄金的影响呢？关键是看非农就业数据的预期值与所开出的实际值的比较，如果实际值高于预期值，就利好美元，从而打压黄金；反之，如果实际值低于预期值，则会利空美元，从而推高黄金。

所以，每月第一周的周五，投资操作黄金一定要谨慎，不论是利多还是利空，黄金上下波动都会比较大。

2009 年 12 月 4 日，美国非农就业数据公布之前，黄金一直是单边上涨行情，并且上涨幅度越来越大。但在非农数据公布之后，黄金价格出现了重大逆转，即出现了暴跌，日内最大跌幅一度达到 65 美元/盎司，而这个走势正是因为非农就业数据所触发的。虽然这一波大回调蓄谋已久，但非农就业数据起到了举足轻重的催化剂作用。

为什么这次非农就业数据公布会有这么大的影响呢？在 2009 年，美国经济虽然出现了反弹，但就业情况迟迟不见好转。在这种情况下，市场认为，在就业数据没有好转之前，美联储都会维持超低的利率，而超低利率将促使美元下跌，这就是 2009 年黄金一直保持强劲上涨的原因。

2009 年 12 月 4 日，美国公布了 11 月的就业形势报告，数据显示，美国 11 月非农就业人数减少 1.1 万人，降幅远远小于市场预期的 13 万人。这个数据令市场意外，由于就业数据远远好于预期，市场对美联储加息的预期明显加强，所以美元获得了巨量买盘，造成美元大幅上涨，而黄金则从升势转为跌势。

（九）金价与各国中央银行的关系

各国中央银行目前是世界上最大的黄金持有者，如果央行开始抛售黄金，那么短期内黄金价格就要下跌。1999 年 7 月 6 日，英伦银行周二以每盎司 261.2 美元售出 25 吨黄金，筹集 20980 万美元，这是英伦银行近 20 年的首次拍卖，也是该行五次拍卖的第一次。自英国公布计划在未来 3~5 年出售其 715 吨黄金储备的 415 吨以来，金价已跌逾一成。

如果央行要增加黄金储备，则黄金价格就会慢慢上涨。

（十）金价与季节性供求的关系

黄金本身属于商品，所以具有季节性特性，金价通常较弱的月份在夏季的 4、5、6 月，而 7 月和 10 月是买入黄金较好的时间，每年的第四季度，黄金一般都会有不错的上涨行情。

具体的原因是，每年的 9 月至次年 2 月，印度的排灯节、中东地区的开斋节、西方的圣诞节、中国的春节，而珠宝商也在旺季来临前 1~2 个月提前购入黄金进行加工，因此每年的 8 月至次年的 1 月是珠宝制造业的需求旺季。

再看供给方面，夏季是开采金矿的季节，矿产商为了提前锁定利润，一般会在期货市场中提前卖出，从而压制金价，造成金价上涨压力大。

（十一）金价与美元利率的关系

在对黄金走势进行分析时，美元利率通常被忽视，但据统计，美元利率一直影响着黄金的走势，特别是在黄金关键高低点形成时，美元利率尤其能发挥市场指针的效用。

原因在于，在黄金市场中，交易美元兑黄金需要考虑到息差。如果美元处于高息周期，买入黄金需要付出较高成本。另外，美元利率与美元相关产品的收益率挂钩，从而影响美元走势，并对黄金走势形成影响。

从历史走势来看，1999～2001年这段时间，黄金触底反转，可以说这是黄金由熊市转为牛市的关键点。我们发现，在这个节点上，出现了两件影响美元与黄金的大事。

（1）1999年欧元诞生，2001年正式流通。欧元出现的关键意义在于，从布雷顿森林体系以来，美元一直作为货币霸主的地位开始动摇。在此之前，美元无论在货币信用、结算认同度、利息收益上均处于无可匹敌的优势地位。但欧元诞生后，欧元区国家之间的贸易货币直接从美元变成欧元，而相当一部分国家更是把单一的美元储备变成加入欧元、黄金的多元化储备。因此来说，美元的需求大幅减少了。

（2）2000年5月，正是美元利率的转折点，当时美元利率从最高位6.5%开始进入降息周期，这个转折点刚好与黄金的熊牛转折重合了。

（十二）金价与世界金融危机的关系

当发生世界金融危机时，人们都会意识到危机来了，钱存在银行不安全而需要去购买黄金了。

当美国等西方大国的金融体系出现不稳定的现象时，世界资金会投向黄金，黄金的需求增加，从而会造成金价上涨。

2007 年发生的世界金融危机，就造成金价一波大的上涨。

六、技术篇

　　我们现在应该具体怎么做？这是炒金学员们经常的迷惑。假如我们仅仅想做一名成功的职业黄金操盘手，那么我们应该从哪里入手？我们最应该掌握的东西是什么？我想，答案只有一个，那就是技术分析。说到技术分析，我甚至能够赋予它一种感情色彩，因为在金市操盘的过程中，什么也帮助不了我，只有它如影随形，不离不弃地始终指引着我未来的方向。

　　学习技术分析，不需要依靠任何一个人，也不需要大量的财力，有个好老师指点固然很好，但靠自己学习的知识会更加可靠。

　　技术分析最终是一个系统、一个程序，是一个专属于你的东西。理论主导宏观，技术主导微观，在宏观理论指导下的技术分析，是你最终制胜的依靠。

　　以下我们就对炒金技术手段分类进行描述，如形态、趋势线、K线、均线、次高低、新高低等，这些技术可以联合应用，也可以单独应用，但最终都可以达到一个目的，即炒金获利。

　　本篇分为分析技术和操作技术两大类，详尽地描述了炒金分析与操作，但这两个方面仅仅是炒金学习的两大基础，在此基础上，炒金学员们还要经过实践和再学习，实战才是我们最好的老师。

（一）分析技术

分析技术包括形态、K线、趋势线、均线、次高低、菲波纳奇、成交量、技术指标等；操作技术包括方向、仓位、止损、止盈、锁仓、移动止损、挂单等。分析技术与操作技术在实战中是相互支持、相得益彰的关系。

1. 形态

（1）形态概述。金价的运行总是伴随着上涨和下跌，如果在某一时期趋势向上，虽然有时出现下跌，但却不影响升势，即金价不断创出新高，使投资者看好后市；如果在某一时期趋势向下，虽然有时出现上涨，但却不影响跌势，即金价不断创出新低，使投资者看淡后市。从一种趋势向另一种趋势转换，通常需要一段酝酿时间，在这段时间内，趋势如果转换成功，就是反转形态；如果转换不成功，即还按原来的趋势运行，就是持续形态。

反转形态：

反转形态意味着趋势正在发生重大反转，金价运行方向就会改变，由原来的上升趋势转换为下降趋势；或由原来的下降趋势转换为上升趋势。

反转形态的形成，起因于多空双方力量对比失去平衡。变化的趋势中一方的能量逐渐被耗尽，另一方转为相对优势，它预示着趋势方向的反转。金价在多空双方力量平衡被打破之后，还会探寻新的平衡。在金市中，反转形态是重要的买入或卖出信号，所以投资者要掌握并灵活运用反转形态，如图6-1所示。

反转形态有很多，如头肩顶（底）、双顶（底）、尖顶（V形底）等，但这些反转形态都有一些共同的特征，具体如下。

事先存在趋势的必要性：市场上确有趋势存在，这是反转形态存在的先决条件。市场必须先有明确的趋势，然后才谈得上反转。

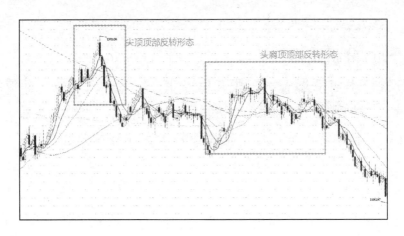

图 6 - 1

在 K 线图上，偶尔会出现一些与反转形态相像的图形，但是，如果事前并无趋势存在，那么它便无从可反，因而意义有限。我们在辨识形态的过程中，正确把握趋势的总体结构，有的放矢地对最可能出现一定形态的阶段提高警惕，是成功的关键。

正因为反转形态事先必须有趋势才可反，所以它才具备了测算意义。绝大多数测算技术仅仅给出最小价格目标。那么，反转的最大目标是多少呢？就是事前趋势的起点，它的终点就是回到它的起点。如果市场发生过一轮主要的牛市，并且主要反转形态已经完成，就预示着价格向下运动的最大余地便是100%地回撤整个牛市。

重要趋势线的突破：即将降临的反转过程，经常以突破重要的趋势线为其前兆。不过我们要记住，主要趋势线被突破，并不一定意味着趋势的反转。这个信号本身的意义是，原趋势正有所改变。

主要向上趋势线被突破，或许表示横向延伸的价格形态开始出场，以后，随着事态的进一步发展，我们才能把该形态确认为反转形或连续形。在有些情况下，主要趋势线被突破同价格形态的完成恰好同步实现。

形态的规模越大，则随之而来的市场动作越大：这里所谓的规模大小，是就价格形态的高度和宽度而言。高度标志着形态波动的强弱，宽度则代表着该形态从发展到完成所花费的时间。

形态的规模越大，即价格在形态内摆动的范围越大、经历的时间越长，那么该形态就越重要，随之而来的价格运动余地也就越大。

顶部和底部的差别：顶部形态与底部形态相比，"顶"的持续时间短，但波动性更强。在顶部形态中，价格波动不但幅度更大，而且更剧烈，它的形成时间也较短。底部形态通常具有较小的价格波动，但耗费的时间较长。正因如此，辨别和捕捉市场底部比捕捉其顶部通常来得容易些，损失也相应少些。

对喜欢"猜顶"的朋友来说，一定要注意价格通常倾向于跌快而升慢，因而顶部形态尽管难以对付，却也自有其吸引人之处。通常，投资者捕捉熊市的卖出机会的时候，比抓住牛市的买入机会的时候盈利快得多。事实上，一切都是风险与回报之间的平衡。较高的风险从较高的回报中获得补偿，反之亦然。顶部形态虽然很难捕捉，却也更具盈利的潜力。

成交量在验证向上突破信号时更具重要性：成交量一般应顺着市场趋势的方向相应增长，这是验证所有价格形态完成与否的重要线索。任何形态在完成时，均应伴随着成交量的显著增长。但是，在趋势的顶部反转过程的早期，成交量并不如此重要。一旦熊市潜入，市场惯于"因自重而下降"。技术分析者当然希望看到在价格下跌的同时，交易活动也更为活跃，不过在顶部反转过程中这不是关键。然而，在底部反转过程中，成交量的相应扩张却是绝对必需的。如果价格向上突破时，成交量形态并未呈现出显著增长的态势，那么，整个价格形态的可靠性就值得怀疑了。

持续形态：

持续形态是指价格维持原有的运动轨迹，市场事先确有趋势存在，是持续形态成立的前提。

市场经过一段趋势运动后，积累了大量的获利筹码，随着获利盘纷纷套现，价格出现回落，但同时对后市继续看好的投资者大量入场，对市场价格构成支撑，因而价格在高价区小幅震荡，市场采用横向运动的方式消化获利筹码，重新积聚了能量，然后又恢复原先的趋势。持续形态表现为市场的横向运动，它是市场原有趋势的暂时休止。

持续形态的完成过程往往不会超过 3 个月，而且多数出现在日 K 线图上，周 K 线图上很少出现，在月 K 线图中几乎没有出现过。整理时间不长的原因是，整理经不起太多的时间消耗，士气一旦疲软，则继续原有趋势就会产生较大的阻力。

对于持续形态，如果你是中长线投资者，在整个持续形态中可以不进行操作，只有形势明朗后才去具体操作。但对于短线投资者来说，不可以长达 3 个月不进行操作，而会以 K 线的逐日观察为主。也就是说，当价格在这些形态中来回折返的时候，也会产生很多次短线交易机会。因此，短线投资者对长期价格形态并不在意。持续形态，如图 6 - 2 所示。

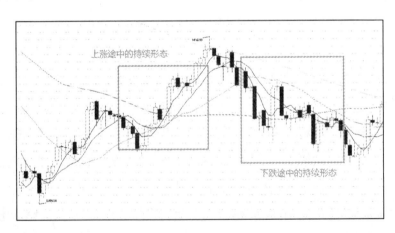

图 6 - 2

（2）底部反转形态应用。底部反转形态，是可靠的做多信号，即趋势开始由下跌趋势转为上升趋势，下面来详细讲解一下各种底部反转形态。

头肩底应用：

头肩底是常见的、经典的底部反转形态，如图 6-3 所示。

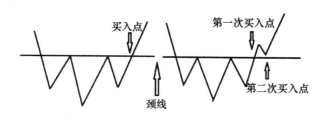

图 6-3

头肩底的特征具体如下：

急速下跌，随后止跌反弹，形成第一个波谷，这就是通常所说的"左肩"。

从左肩底部回升受阻，金价再次下跌，并跌破了左肩低点，随后止跌反弹，这就是通常说的"头部"。

从头部底部回升，并在左肩顶受阻，然后第三次回落，并在左肩底相同或相近的位置止跌回升，这就是通常所说的"右肩"。

左肩高点和右肩高点用直线连起来，就是一根阻碍金价上涨的颈线，但右肩反弹时，会在成交量放大的同时，冲破该颈线，并且金价站上颈线上方。

投资者要明白，前面讲解的头肩底是一个标准图形，而在实战中标准的头肩底图形几乎是不存在的，在具体操作中，投资者要注意技术含义的相似，而不能死套图形。

图 6-4 显示的是 2009 年 10 月 8 日至 2010 年 6 月 18 日现货黄金（AU）的日 K 线图。

现货黄金经过一大波上涨，创出 1225 点高点后，步入了较长时间的震荡，在震荡过程中形成了头肩底的形态。

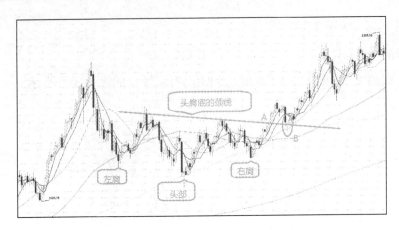

图 6－4

　　现货黄金跌破 5 日和 10 日均线后，开始大幅下跌，并且是沿着 5 日和 10 日均线下跌的。金价连续下跌 14 天后，创出了左肩低点，即 1074.1 点，随后开始反弹，经过两波反弹，再次选择下行。

　　形成头肩底头部的这一波下跌用了 19 天，最低点为 1044.2 点。在这里需要注意的是，一根大阴线跌破左肩低点后，价格没有继续下跌，而呈现了一根带有长长下影线的小阳线，这表明下方有买盘介入，后市不能再过分看跌。随后价格不断震荡上升，并且站上了 5 日均线，这表明下跌结束，开始反弹。可以沿着 5 日均线做反弹。

　　金价反弹 19 天后，再次下行。在这里需要注意，这一波下行在"左肩"低点附近止跌，所以在这里可以轻仓做多。随后一根中阳线向上突破，站上 5 日和 10 日均线，这样就可以沿着 5 日均线清仓做多了。

　　价格沿着 5 日均线上涨，在 A 处，价格突破了头肩底的颈线，这是一个相当好的信号，即价格有可能实现新的波段上涨。所以在突破 A 处时，投资者可以继续加仓做多，另外前面低位建的多单，可以变成趋势多单，实现盈利最大化。

　　价格突破头肩底的颈线后，又连续上涨 3 天，随后跌破了 5 日的均线，短线多单减仓或清仓出局，等回调企稳后再介入，中线多单可以继续持有。

价格再次回调到头肩底的颈线附近，并且仍在 30 日均线上方，即 B 处，这是一个最佳的中线做多位置，千万不要错过这个机会。

双底应用：

双底，因其形状像英文字母 W，所以又称 W 底，它是很多投资者所熟知的底部反转形态之一。但投资者由于对双底了解尚浅，往往一见到 W 形态的都认为是双底，而按照双底的操作方法入场，最终的结果可想而知。双底如图 6 - 5 所示。

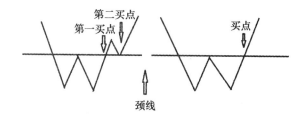

图 6 - 5

双底在构成前后有 4 个显著要素，可以作为投资者判断黄金在某阶段走势是否为双底的依据：

原有趋势为下跌趋势：有两个显著的低点，并且价位基本接近；有跨度，即两个点要相互呼应；第二次探底的节奏和力度要有放缓迹象，并有效向上突破颈线确认。

在实际判断中，很多投资者最容易遗漏的是第一点，其实也是最关键的一点，即原有趋势为下跌趋势。

如果价格已经过大幅下跌，然后在底部震荡盘整，在这个过程中出现双底形态，这时及时跟进做多，则会有"不错的收益"。

图 6 - 6 显示的是 2008 年 2 月 12 日至 2009 年 2 月 20 日现货黄金（AU）的日 K 线图。在 2008 年创出新高后，开始长时间的下跌调整。

用了 7 个多月的时间调整，最低下跌到 680.8 点，然后开始在低位震荡，在震荡过程中形成了双底形态。

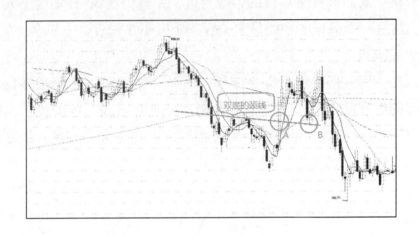

图 6-6

在 A 处，一根大阳线突破了双底的颈线，可以顺势做多，但双底一般会回抽颈线，所以出现不好的信号时，多单要获利了结。

价格突破双底颈线后，仅上涨了 1 天就又开始回调，回调到颈线附近，同时也是 30 日均线附近的支撑，即 B 处，所以在这里要敢于做多。

如果价格处在明显的上涨行情中，出现了中线回调，在回调的末期出现了双底形态，一旦价格突破了双底的颈线，也是不错的入场点。

图 6-7 显示的是 2010 年 6 月 2 日至 2011 年 8 月 22 日现货黄金（AU）的日 K 线图。

现货黄金经过一波大涨之后，开始进行震荡调整，调整时间为 2 个月。在整个调整过程中，价格始终在上升趋势线之上，最后形成了一个双底形态。

在整个大双底形态中，还包括一个小双底，当价格突破小双底的颈线之后，开始强势上涨，即沿着 5 日均线上涨。

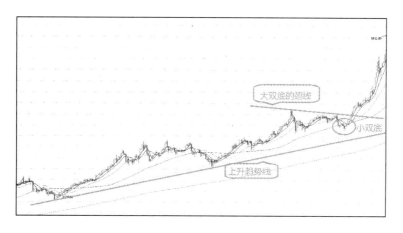

图 6 - 7

注意：当价格突破大双底的颈线后，价格没有回调就一路上攻，所以在价格突破大双底颈线时，要敢于跟进做多，但要注意保护好利益。

圆底应用：

圆底，又称浅蝶形，当黄金价格中出现了这种 K 线形态时，上涨的概率很大。圆底如图 6 - 8 所示。

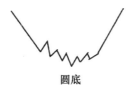

圆底

图 6 - 8

圆底的特征是，金价先是在成交量逐渐减少的情况下，下跌速度越来越缓慢，直到成交量出现极度萎缩，金价才停止下跌，然后在多方主力有计划的推动下，成交量温和放大，金价由缓慢上升逐渐转为加速上升，从而形成圆底形态。

圆底形成时间比较漫长，这样在底部换手极为充分。所以一旦突破，常常会有一轮可观的上涨行情。但圆底没有明显的买入信号，入市过早，则陷入漫长的筑底行情中，这时金价不涨反而略有下挫，几个星期甚至几个月都看不到希望，投资者很可能受不了这种时间折磨，在金价向上攻击之前一抛了之，这样就错过了一段好的行情。投资者在具体操作时，要多观察成交量，因为他们都是圆弧形，当金价上冲时，成交量也在放大，要敢于买进。如果成交量萎缩，即使金价上冲也不能参与。

判断圆底形态是否完成的标准是看金价是否带量突破右边的碗沿，从而与碗柄彻底脱离。通常圆底形成的时间越长，其后金价上涨的空间越大。

圆底的判断是从形成的时间和前面的趋势大小，来判断金价未来的上涨空间，但没有什么其他的度量方法可以用来测量其最终价格目标。

图6-9显示的是2008年3月7日至2011年8月19日现货黄金（AU）的周K线图。

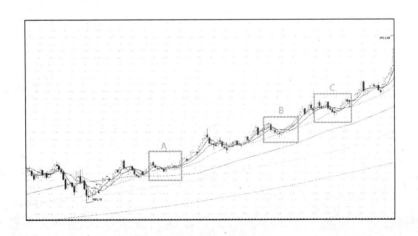

图6-9

在A处，价格形成了圆底，突破了圆底的上边沿后，没有继续上涨，而是横向震荡。震荡满 4 周后，价格就开始大幅上涨，连续上涨了 9 周，最高上涨到 1226.65 点。

在 B 处，价格也形成了圆底，突破了圆底的上边沿后，开始大幅上涨。

在 C 处，价格又形成了圆底，突破了圆底的上边沿后没有继续上涨，而是横向震荡。震荡 4 周后，价格就开始大幅上涨，连续上涨了 4 周，最高上涨到 1877.20 点。

V 形底应用：

V 形底的特征是，价格在下跌趋势中，下挫的速度越来越快，最后在价格下跌最猛烈的时候出现了戏剧性的变化，价格触底反弹，然后一路上扬。其走势像英文字母 V，故命名为 V 形底，如图 6 - 10 所示。

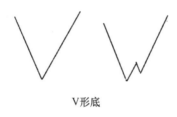

V形底

图 6 - 10

V 形底要满足 3 点，即呈现加速下跌状态；突然出现戏剧性化，拉出了大阳线；转势时成交量特别大。

如果价格已经过较长时间的下跌，并且幅度较大，这时再出现急跌，投资者一定要小心，因为有可能形成 V 形底，即价格会有大幅反弹，甚至反转上行，所以空单一定要注意保护盈利，如图 6 - 11 所示。

如果价格处在明显的上升趋势中，出现了快速回调，形成了 V 形底，要敢于逢低做多，并且这种操作风险较小，收益较大，如图6 - 12 所示。

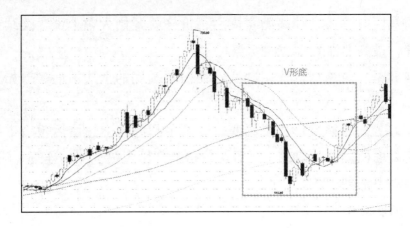

图 6 – 11

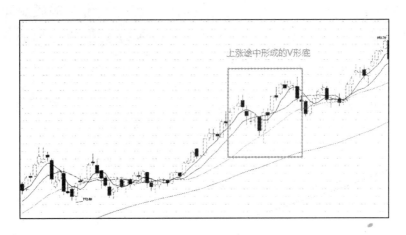

图 6 – 12

注意：如果价格处在明显的下跌趋势中，即便出现反弹，形成了V形底，也不要盲目进场做多，而应逢高做空，因为在下跌趋势中应以逢高做空为主，如图 6 – 13 所示。

（3）顶部反转形态应用。顶部反转形态，是可靠的做空信号，即趋势开始由上升趋势转为下降趋势，下面来详细讲解一下各种顶部反转形态。

头肩顶应用：

头肩顶是常见的，经典的顶部反转信号，如图 6 – 14 所示。

图 6 – 13

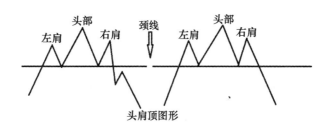

图 6 – 14

　　头肩顶的特征是，在上升趋势中出现了 3 个峰顶，这 3 个峰顶分别是左肩、头部和右肩，左肩和右肩的最高点基本相同，而头部最高点比左右两个肩的最高点要高。另外金价在上冲失败后，向下回落时形成的两个低点，又基本上处在同一水平线上，这个水平线就叫颈线。当金价第三次上冲失败回落后，颈线被有效突破，这时就正式宣告头肩顶成立。

　　在实战操作中，还要注意头肩顶的颈线的倾斜方向，一般情况下，颈线是接近于水平的，但很多情况下，颈线可能从左至右向上或向下倾斜。向下倾斜的颈线往往意味着行情更加的疲软，处于颈线的价格反抽不一定会发生。

图6-15显示的是2010年9月7日至2011年1月27日现货黄金（AU）的日K线图。现货黄金从1236.55点开始上涨，经过一段时间的上涨之后，上涨到1400点附近，开始在高位震荡，在震荡过程中出现了头肩顶形态。

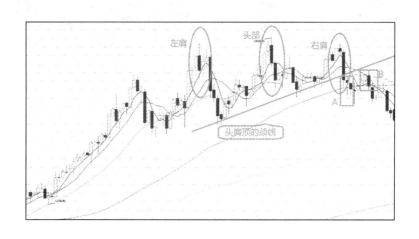

图6-15

在A处，一根大阴线跌破了头肩顶的颈线，这样后市下跌空间就会打开，所以如果你手中还有多单，一定要及时获利出局。

价格跌破头肩顶的颈线后，又连续下跌了3天，然后又出现反弹，但反弹了3天，正好反弹到头肩顶的颈线附近，即B处。这时又出现了一根带有上影线的中阳线，这表明头肩顶形态成立，此时投资者要敢于逢高建立空单，并且耐心持有。

双顶应用：

双顶，因其形状像英文字母M，所以又称M头，是很多投资者所熟悉的顶部反转形态之一。但由于投资者对其了解尚浅，往往一见到M形状的都认为是双顶，从而按照双顶的操作方法出逃，结果可想而知，如图6-16所示。

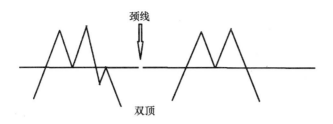

颈线

双顶

图 6 – 16

双顶的特征是，在上升趋势中出现了两个比较明显的峰，并且两个峰顶的价位也大致相同，当金价在第二次碰顶回落时跌破前次回落的低位，即颈线突破有效，有可能跌破颈线后回抽，但回抽时成交量明显萎缩并受阻于颈线，这时就正式宣告双顶成立。

如果金价已经过长时间的大幅上涨，然后在高位宽幅震荡，在震荡过程中形成了双顶形态，这是相当可怕的，投资者要及时认清形势，清仓观望为妙。

图 6 – 17 显示的是 2011 年 1 月 19 日至 2011 年 9 月 28 日现货黄金（AU）的日 K 线图。现货黄金从 1308 点开始上涨，先上涨到 1574.4 点，然后进行调整，接着上涨，一路上涨到 1900 点附近，然后在高位震荡，在震荡过程中出现了双顶形态。

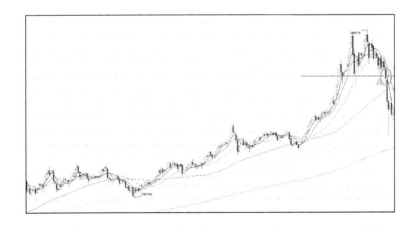

图 6 – 17

在 A 处，价格跌破了双顶的颈线，这表明双顶形态成立，如果投资者手中还有高位空单，可以耐心持有，并可顺势加仓。

如果价格处在下跌过程中，出现了反弹，在反弹末端出现了双顶，当价格跌破了双顶颈线后，多单要及时出局，并且可以顺势做空。当价格再次反弹到双顶颈线位时，也是不错的做空机会。

图 6-18 显示的是 2011 年 9 月 16 日至 2012 年 1 月 19 日现货黄金（AU）的日 K 线图。

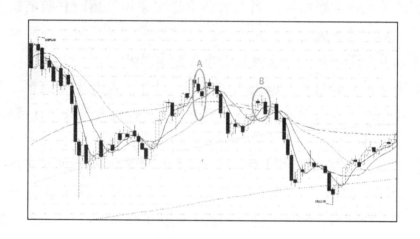

图 6-18

现货黄金从 1920.3 点开始下跌，一路下跌到 1544.79 点，然后开始震荡盘整。震荡盘整后开始反弹，经过 12 天的上涨，上涨到 1798.09 点，接着就开始在高位震荡，这时形成了双顶。在 A 处，价格收盘跌破了 5 日和 10 日均线，这表明多方已无力了，多单要及时出局。接着价格再次大幅下跌，跌破了双顶的颈线，这时如果多单还没有出局，会被套牢，要在第一时间解套。

价格连续下跌几天后，再次反弹，反弹到双顶的颈线位附近时，在 B 处，价格又涨不动了，所以在 B 处多单要逢高出局，并可以逢高做空。

圆顶应用：

圆顶的特征是，价格经过了一段时间的上涨后，虽然升势仍然维持，但上升势头已经放慢，直至处于停滞状态，后来在不知不觉中，价格又呈缓慢的下滑态势，当发现势头不对时，头部就出现一个明显的圆弧状，这就是圆顶。如图6-19所示。

圆顶

图6-19

在形成圆顶的过程中，成交量可以是圆顶状，但大多数情况下无明显特征。圆顶是一个明显的见顶信号，其形成的时间越长，则下跌力度就越大。投资者见到圆顶成立后，多单要第一时间清仓出逃，并且要敢于逢高做空。

图6-20显示的是2004年8月17日至2005年7月14日现货黄金（AU）的日K线图。

图6-20

现货黄金从394.53点开始上涨，经过了60个交易日的上涨，上涨到456.75点，然后开始高位震荡，在震荡过程中形成了圆顶。在圆顶形成的过程中，即A处，多单一定要注意减仓、平仓、保护盈利，一旦圆顶形成，多单要果断出局，并且可以反手做空。

价格如果在反弹过程中的末端出现圆顶，投资者也一定要注意，即B处和C处出现的圆顶，这里多单要及时出局，空单可以逢高进场。

尖顶应用：

尖顶，又称倒V形，其特征是，先是价格快速上扬，随后价格快速下跌，头部成为尖顶，就像倒置的英文字母V。如图6-21所示。

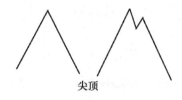
尖顶

图6-21

尖顶的走势十分尖锐，常在几个交易日之内形成，而且在转势时有较大的成交量。投资者见此形态，多单一定要果断出局，可以轻仓逢高做空，快速进出。

图6-22显示的是2009年8月21日至2010年2月5日现货黄金（AU）的日K线图。现货黄金从937.6点开始上涨，用了75个交易日，上涨到1226.65点，并且在最后一波上涨过程中，上涨速度很快。涨得高，跌得狠，所以当价格上涨速度越来越快时，投资者的多单就要保持警惕，以防价格突然反转向下。

价格在创出1226.65点高点那一天，收了一根带有长长上影线的阴线，这表明上方抛压较重，多单要小心了。第二天，价格大幅下跌，一根大阴线跌破了5日和10日的均线，这表明上涨行情结束，后市将进行调整，所以多单要及时出局，可以沿着5日均线逢高做空。

图 6 - 22

（4）持续形态的应用。与反转形态相反，持续形态形成的时间较短，这可能是市场惯性的作用，保持原有趋势比扭转趋势更容易。持续形态形成的过程中，价格震荡幅度应当逐步收敛，同时成交量也应逐步萎缩，最后在价格顺着原趋势方向突破时，应当伴随放大的成交量。

收敛三角形的应用：

收敛三角形既可以持续在跌势中，也可以持续在涨势中。每次上涨的高点连线与每次回落的低点连线相交于右方，呈收敛状，其形态像一把三角形尖刀，如图 6 - 23 所示。

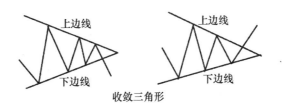

图 6 - 23

收敛三角形整理后可能向上，也可能向下，是一个观望信号。在涨势中，如果放量收于压力线上方，可加仓做多；如果向下突破，要看空做空。

图6-24显示的是2007年7月10日至2008年3月18日现货黄金（AU）的日K线图。

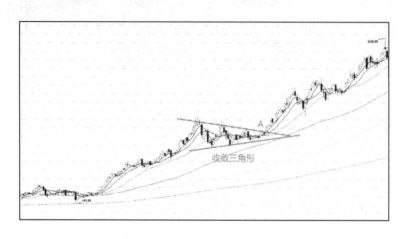

图6-24

现货黄金从641.1点开始上涨，经过60个交易日的上涨，上涨到845.5点，然后进行了回调，这次回调历经了30多个交易日，出现了收敛三角形。当价格突破收敛三角形的上边线时，即A处，表明震荡调整行情结束，后市将迎来新的趋势，即上涨行情。所以在A处，要敢于看多做多。

图6-25显示的是2011年12月30日现货黄金（AU）的日K线图。

现货黄金从1920.3点开始下跌，一路下跌到1544.79点，然后开始反弹，从而形成收敛三角形。在A处，一根中阴线跌破了收敛三角形的下边线，这表明震荡行情结束。后市将迎来一波下跌行情。所以在A处，多单一定要果断出局，然后顺势做空。

上升三角形应用：

上升三角形出现在涨势中，每次上涨的高点基本处于同一水平位置，回落的低点却不断上移，将每次上涨的高点和回落低点分别用直线连接起来，就构成一个向上倾斜的三角形，即上升三角形，如图6-26所示。

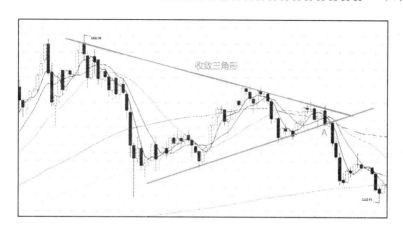

图 6 – 25

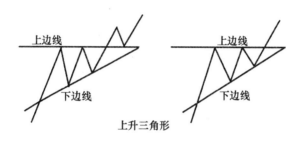

图 6 – 26

在上升三角形的形成过程中，成交量不断萎缩，向上突破压力线时要放大量，并且突破后一般会有回抽，在原来交点连接处止跌回升，从而确认突破有效。上升三角形是买进做多信号，为了安全，最好在价格突破压力线后，小幅回调再创新高时买进。

上升三角形一般都会向上突破，但少数情况下也有向下突破的。

图 6 – 27 显示的是 2011 年 1 月 10 日至 2011 年 4 月 29 日现货黄金（AU）的日 K 线图。

现货黄金探明最低点 1308 点后，开始震荡上行，在震荡上行的初期，出现了一个上升三角形。在 A 处，一根中阳线突破了上升三角形的上边线，这表明整理行情结束，后市将迎来趋势上涨行情，所以在 A 处可以加仓做多。

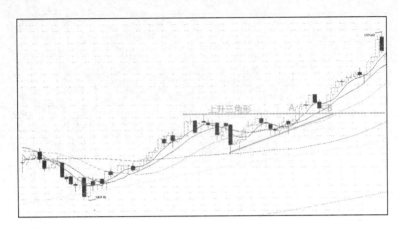

图 6 – 27

价格突破上升三角形上边线后，先上涨了 3 天，然后出现回调，回调到上升三角形的上边线附近，即 B 处，价格企稳开始上涨，所以 B 处是最佳的进场做多点。

下降三角形应用：

下降三角形一般出现在跌势中，每次上涨的高点不断下移，但回落的低点基本处于同一水平位置，将每次上涨的高点和回落低点分别用直线连接起来，就构成一个向下倾斜的三角形，即下降三角形，如图 6 – 28 所示。

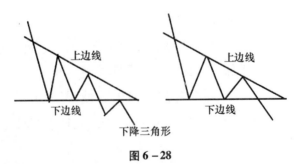

图 6 – 28

在下降三角形的形成过程中，成交量不断放大，向下突破支撑线时可以放量也可以不放量，并且突破后一般会有回抽，在原来支撑线附近受阻，从而确定向下突破有效。下降三角形是卖出做空信号，投资者可以在突破支撑线后，多单果断离场，并顺势做空。

图 6 - 29 显示的是 1997 年 2 月 25 日至 1997 年 7 月 15 日现货黄金（AU）的日 K 线图。

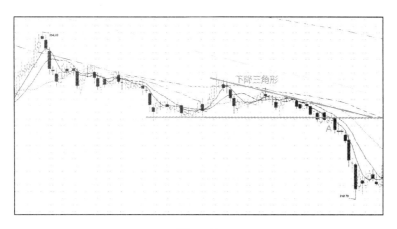

图 6 - 29

现货黄金从 364 点开始震荡下跌，用了 33 个交易日，下跌到 337.8 点，然后开始了震荡盘整。在震荡盘整过程中形成了下降三角形，在 A 处，一根中阴线完全跌破了下降三角形的下边线，表明震荡行情结束，新的一波下跌开始。这里多单不能再抱有幻想，果断出局为好，并且可以顺势做空。

扩散三角形应用：

扩散三角形出现在上涨趋势中，上升的高点越来越高，而下跌的低点越来越低，如果将两个高点连成直线，再将两个低点连成直线，就像一个喇叭，如图 6 - 30 所示。

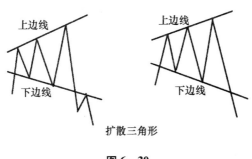

图 6 - 30

当价格上涨时，投资者受到市场中炽热的投机气氛或流言的感染，疯狂地追涨，成交量急剧放大；而下跌时，则盲目地杀跌，所以造成价格大起大落。扩散三角形也是下跌形态，所以投资者见到此形态后，特别是价格跌破扩散三角形的下边线时，多单要及时止损出局，否则损失惨重。

图 6–31 显示的是 2008 年 7 月 7 日至 2008 年 10 月 24 日现货黄金（AU）的日 K 线图。

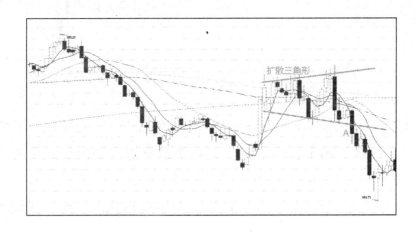

图 6–31

现货黄金从 988.2 点开始下跌，经过两波的下跌之后，出现了快速反弹，然后开始震荡，在震荡过程中出现了扩散三角形。该形态是一个下跌形态，特别是在 A 处，一根中阴线跌破了扩散三角形的下边线，这表明新的下跌行情开始，高位空单可以持有，并且还可以顺势加仓。如果你手里还有多单，一定要及时出局，否则就会损失惨重。

上升旗形应用：

上升旗形出现在涨势中，每次上涨的高点连线平行于每次回落低点的连线，并且向下倾斜，看上去就像迎面飘扬的一面旗子，如图 6–32 所示。

上升旗形在向上突破压力线时要放大量，并且突破后一般会有回抽，在原来高点的连线处止跌回升，从而确认向上突破有效。上升旗形是诱空陷阱，是一个买进信号，为了安全，最好在金价突破压力线后，小幅回调再创新高时买进。注意，投资者不要被价格下移所迷惑，要警惕主力的诱空行为。

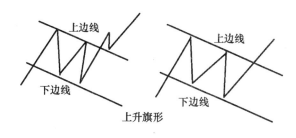

图 6 - 32

上升旗形一般都会向上突破，但少数情况下也有向下突破的。

图 6 - 33 显示的是 2010 年 8 月 23 日至 2011 年 4 月 29 日现货黄金（AU）的日 K 线图。

图 6 - 33

现货黄金经过一波上涨之后，开始震荡，然后又出现了回调，这一波回调出现了上升旗形。在 A 处，价格突破了上升旗形的上边线，表明调整结束，后市再度出现趋势性行情，所以 A 处就是一个不错的加仓做多点。

下降旗形应用：

下降旗形一般出现在跌势中，每次反弹的高点连线平行于每次下跌低点的连线，并且向上倾斜，看上去就像迎风飘扬的一面旗子，如图6－34所示。

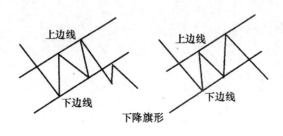

图6－34

在下降旗形形成过程中，价格突破支撑线后一般会有回抽，受阻于支撑线，从而确认突破有效。下降旗形是诱多陷阱，应该是一个卖出做空信号，多单应果断止损离场。应注意的是，投资者不要被价位上移所迷惑，要警惕主力的诱多行为。

下降旗形一般都会向下突破，但少数情况下也有向上突破的。

图6－35显示的是1997年5月23日至1998年1月29日现货黄金（AU）的日K线图。

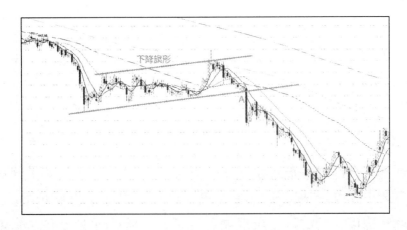

图6－35

现货黄金从 347.8 点开始震荡下跌，用了 27 个交易日，下跌到 313.5 点，然后开始震荡盘整。在震荡盘整过程中，形成了下降旗形，在 A 处，一根大阴线完全跌破了下降旗形的下边线，表明震荡行情结束，新的一波下跌开始。这里多单不能再抱有幻想，果断出局为好，并且可以顺势做空。

上升楔形应用：

上升楔形出现在跌势中，反弹高点的连线与下跌低点的连线相交于右上方，其形状构成一个向上倾斜的楔形图，最后价格跌破支撑线向下滑落，如图 6 - 36 所示。

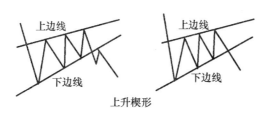

图 6 - 36

在上升楔形的形成过程中，成交量不断减少，呈价升量减的反弹态势。而下降楔形是诱多陷阱，表示升势已尽，是一个卖出信号。投资者不要被低点上移所迷惑，要保持警惕。

上升楔形一般情况都会向下突破，但少数情况下也有向上突破的。

图 6 - 37 显示的是 1997 年 10 月 1 日至 1998 年 8 月 28 日现货黄金（AU）的日 K 线图。

现货黄金从 339.8 点开始震荡下跌，用了 73 个交易日，下跌到 276.7 点，然后开始震荡盘整。在震荡盘整过程中，形成了上升楔形。在 A 处，价格跌破了上升楔形的下边线，表明震荡行情结束，新的一波下跌开始。如果你手中已有空单，可以耐心持有，如果没有，可以逢高建立空单。

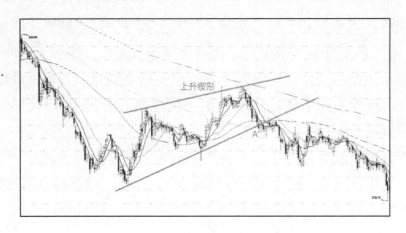

图 6 – 37

下降楔形应用：

下降楔形出现在涨势中，每次上涨的高点连线与每次回落低点的连线相交于右下方，其形状构成一个向下倾斜的楔形图，最后价格突破压力线，并收于其上方，如图 6 – 38 所示。

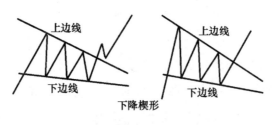

图 6 – 38

下降楔形在形成的过程中，成交量不断减少，向上突破压力线时会放大量，并且突破后一般会有回抽，在原来高点连接处止跌回升，从而确认突破有效。下降楔形是诱空陷阱，是一个买进信号。为了安全，最好在价格突破压力线后，小幅回调再创新高的时候买进。

下降楔形一般都会向上突破，但少数情况下也有向下突破的。

图 6 – 39 显示的是 2010 年 2 月 5 日至 2010 年 10 月 4 日现货黄金（AU）的日 K 线图。

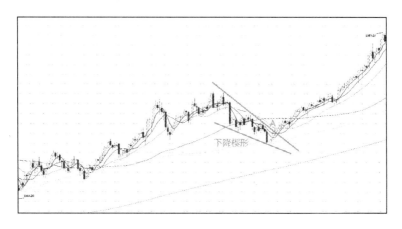

图 6 - 39

现货黄金经过一段时间的上涨后，开始震荡，然后又出现了回调，这一波回调出现了下降楔形。在 A 处，价格突破了下降楔形的上边线，表明调整结束，后市再度出现趋势性行情。所以，A 处就是一个不错的加仓做多点。

关于形态的描述在这里就告一段落了，总的来说，炒金学员学习形态的时候，要将形态与趋势线紧密地结合，因为，形态是趋势线的进一步细化，它在方方面面都与趋势线密不可分。关于趋势线的学习，在后面会更详细地介绍。

学习形态的重点在于：一是形态是一种宏观上的预测，也就是说，形态是对长期金价的一种预测；二是形态存在于趋势之中，也就是说，看形态首先要看这种形态存在于什么趋势之中，或者说，它存在于怎样的价位；三是形态所表述的信号不是绝对的，它能说明的金价未来运行的方向，只是一个高概率的预测，在实际操作中不可生搬硬套；四是形态分析的关键在于，它突破颈线（也是一种趋势线）的时刻，包括接下来的小幅回调确认，这一条是判定金价运行方向最终的依据，是形态分析中的重中之重。

2. K 线

（1）K 线概述：K 线起源于日本，最初是在大米市场，用于计算米价每日涨跌所使用的图示方法，后来被引用到黄金、股票等金融投资市场，因使用效果明显就逐渐流行起来。现在，K线已经成为最权威、最古老、最通用的技术分析工具。从K线图中，投资者可以捕捉买卖双方力量对比的变化，并可以进一步分析预测金价的未来趋势，从而把握买进和卖出的最佳时机。

K线的组成：K线，又称阴阳线、阴阳柱或蜡烛图，是由金价的开盘价、收盘价、最低价和最高价组成。

图6-40显示的是2012年1月12日至2012年6月15日，现货黄金（AU）的每个交易日的K线图，由图中可以看出，K线是一条柱状的线条，由实体和影线组成。在实体上方的影线叫上影线；在实体下方的影线叫下影线。实体分阳线和阴线，当收盘价高于开盘价时，实体部分一般是红色或白色，称为阳线；当收盘价低于开盘价时，实体部分一般是绿色或黑色，称为阴线，如图6-41所示。

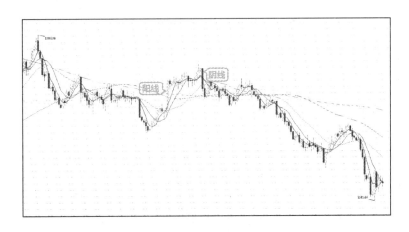

图6-40

利用K线，投资者可以对变化多端的市场行情一目了然。K线最大的优点是简单易懂，并且运用起来十分灵活；最大的特点在于忽略了金价在变化过程中的各种纷繁复杂的因素，而将其基本特征显示在投资者面前。

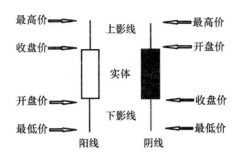

图 6－41

K 线的意义：

K 线包含的信息是相当丰富的，一般来说，上影线和阴线的实体表示金价的下跌力量，如果上影线和阴线的实体比较长，就说明金价的下跌动力比较强；下影线和阳线的实体表示金价的上升力量，如果下影线和阳线的实体比较长，就说明金价的上升动力比较强。

如果将多根 K 线按不同规则组合在一起，就会形成不同的 K 线组合，这样的 K 线形态就更加丰富。例如在升势中出现乌云盖顶 K 线组合，表示升势已结束，投资者要尽快离场；在跌势中出现旭日东升 K 线组合，表示金价可能见底回升，投资者就不要再减仓，而是要不失时机地逢低建仓或多单加仓。

总之，K 线包含了买进和卖出黄金的信息，投资者要认真识别和分析，从而看清黄金的价格走势。

K 线运用的注意事项：

初学 K 线，不能只看表面现象。K 线不同的位置、不同的时间所表达的信息是不同的，在运用 K 线时要注意具体问题具体分析。

第一，市场中没有百试百灵的方法，利用 K 线分析市场也仅仅是经验性的方法，不能迷信。

第二，分析 K 线必须结合关键位置上的表现，即要看金价在支撑位、压力位、成交密集区、有意义的整数区、绝对高位、相对高位、绝对低位、相对低位等关键位置的表现形式。

第三，K线分析方法必须与其他方法相结合，用其他分析方法已经做出了买卖决策后，再用K线选择具体的出入市时机。

第四，注意对关键K线的分析，即对大阳线、大阴线及重要的K线组合的分析，另外还要关注重要K线的成交量。

第五，分析K线，要看一系列K线的重心走向，也就是K线均价的走向。

第六，根据自己的实战经验，加深认识和理解K线组合内在和外在的意义，并在此基础上不断修改、创造和完善一些K线组合，做到举一反三、触类旁通。

总之，对于K线，首先是观察它的相对位置，不同的位置意味着不同的价格区间；其次需要观察它是什么模样，即是带影线还是不带影线，影线和实体有多长、多短等；最后才是观察它的颜色，是阴线还是阳线。千万不要因为仅仅是大阳线或大阴线就匆忙下结论。

有时，对于连续出现的几根K线，也许不容易识别其意义，我们不妨做些简化或压缩工作，通过将几根K线简化成一根K线的形式，能更直观地了解价格运动的本质，如图6-42所示。

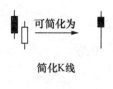

简化K线

图6-42

简化K线的具体方法如下：

第一，取第一根K线的开盘价作为简化后的开盘价。

第二，取所有K线中的最高价作为简化后的最高价。

第三，取所有K线中的最低价作为简化后的最低价。

第四，取最后一根 K 线的收盘价作为简化后的收盘价。

简化 K 线是为了让我们更直观、更清楚地认识 K 线，从而了解 K 线的本质。但要注意，并不是所有的 K 线都可以简化，如图 6－43 所示。

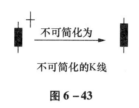

不可简化的K线

图 6－43

随着炒金时间的增长，你一旦明白了 K 线的本质，就没有必要做简化动作了。

（2）单根 K 线的应用：在 K 线图中，有 6 种重要的单根 K 线，分别是大阳线、大阴线、吊颈线（锤头线）、射击之星（倒锤头线）、长十字线，下面通过具体实例来讲解一下。

大阳线的应用：

大阳线可以出现在任何情况下，阳线实体较长，可略带上下影线，如图 6－44 所示。

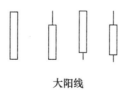

大阳线

图 6－44

大阳线表示买盘相当强劲，后市看涨，但不同位置应区别对待。在低价区突然出现大阳线，应该逢低买进。图 6－45 显示的是 2008 年 6 月 11 日至 2009 年 2 月 20 日现货黄金（AU）的日 K 线图。

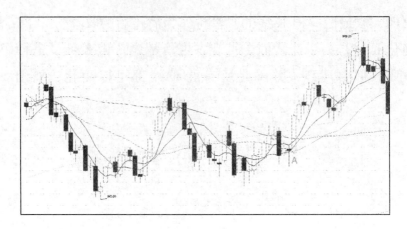

图 6-45

现货黄金在 2008 年 3 月 17 日创出了 1032.9 点高点，然后开始较长时间地调整，经过 7 个月的调整，创出了 680.8 点的低点，然后开始震荡上行。在这里可以看出，价格的低点不断抬高，形成了明显的上升趋势线。在 A 处出现大阳线，投资者可以逢低做多。

在相对低位盘整之后出现大阳线，投资者可以大胆买进。图 6-46 显示的是 2005 年 6 月 24 日至 2005 年 12 月 9 日现货黄金（AU）的日 K 线图。

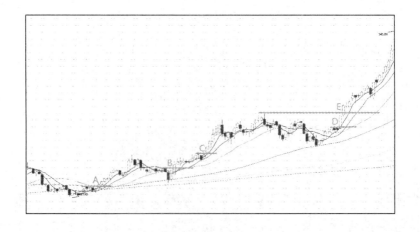

图 6-46

现货黄金在 2005 年 7 月 15 日创出 417.9 点低点，然后开始震荡上行。在 A 处，价格经过 4 天震荡后，一根大阴线突破了横盘整理的高点；新的一波上涨行情开始，所以在 A 处，是不错的做多买入点。

价格上涨到 449.25 点后，又开始调整，调整结束后，在 B 处，价格突破了前期的整理平台，所以在 B 处可以逢低做多。同理，在 C 处，也是不错的做多买入点。

价格上涨到 480.25 点后，又开始调整，经过一个月左右的调整后，又开始震荡上行，在 D 处，价格突破了 4 天横盘整理的平台，所以在 D 处要敢于买进做多。在 E 处，价格突破了 480.25 点高点，这表明新的上涨行情开始，此时要敢于再加仓做多。

黄金价格经过连续提升后，又拉大阳线，应谨慎对待，多单要以保护盈利为主。

图 6 - 47 显示的是 2011 年 6 月 15 日至 2011 年 10 月 4 日现货黄金（AU）的日 K 线图。

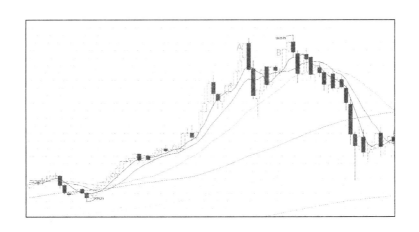

图 6 - 47

现货黄金在 2011 年 7 月 1 日创出了 1478 点低点，然后开始强势上行。先是连续拉出 11 根连阳，然后开始强势横盘整理，整理后，价格又开始强势上涨，最后一波上涨，又是连续6连阳，并且其中5根是大阳线，所以在这里多单要注意保护盈利。

如图6-47的A处，大阳线出现后，第二天就收了一根大阴线，所以多单在这里要及时盈利平仓。

价格经过快速回调后，再次上涨，并且在B处又拉出大阳线，在这里多单一定要小心，以防止主力最后拉高出货，并且形成双顶结构。从其后的走势看，价格虽然创出了新高，但在创出新高的那天，价格就收了一根阴线，随后价格就开始不断下跌。

高位区出现大阳线时应警惕，最好持币观望，不要硬去做多，这样很容易被套牢。图6-48显示的是2010年5月20日至2011年1月27日现货黄金（AU）的日K线图。

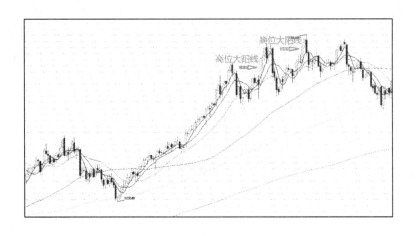

图6-48

现货黄金从1156.9点开始上涨，经过近3个月的上涨，上涨到1380点附近，然后开始在高位震荡，在高位震荡过程中，价格不断拉出大阳线，这时投资者最好不要操作或进行短线操作，有利就跑，如图6-49所示。

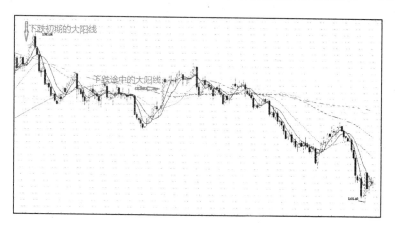

图 6 – 49

大阴线的应用：

大阴线可以出现在任何情况下，阴线实体较长，可略带上下影线，如图 6 – 50 所示。

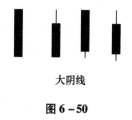

大阴线

图 6 – 50

大阴线表示卖盘相当强劲，后市看跌，但在不同的位置应区别对待。在高价区出现大阴线时，是金价反转之兆，多单应当果断减仓或清仓观望，并且可以逢高轻仓试空。图 6 – 51 显示的是 2006 年 2 月 24 日至 2006 年 6 月 24 日现货黄金（AU）的日 K 线图。

现货黄金从 533.6 点开始上涨，经过 45 个交易日的上涨，创出了 730 点高点。在创出高点之前，价格连续 3 天收阳上涨，在创出高点那一天，价格收了一根带有上下影线的小阴线，随后价格开始大幅下跌，即在 A 处收了一根大阴线。

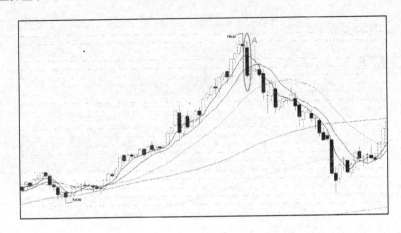

图 6 – 51

　　大阴线的出现，表明上涨行情暂告一段落，后市应由前期的逢低做多思维改为逢高做空。

　　如图 6 – 51 所示，在后半部分的下跌途中，金价经过反复盘整后又出现大阴线，表明多数投资者看淡后市，如果投资者手中还有抄底多单，就应高点清仓，并且要敢于顺势做空。图 6 – 52 显示的是 2004年 8 月 25 日至 2005 年 2 月 9 日现货黄金（AU）的日 K 线图。

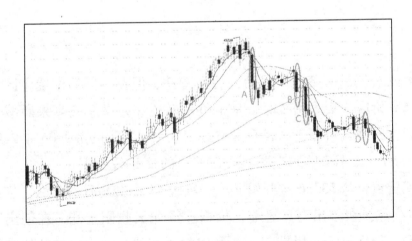

图 6 – 52

现货黄金从394.53点开始上涨，经过60多个交易日的上涨，创出了456.75点高点，然后价格开始在高位震荡。在A处出现了大阴线，表明上涨行情结束，随后我们应当采取逢高做空的策略。

在B处，价格经过12天反弹后，又出现了一根大阴线。所以在B处，抄底多单要及时出局，并且要敢于顺势做空。

B处的大阴线出现后，价格又反弹了两天，但反弹的力度很小，随后又在C处出现了大阴线，所以在C处要敢于顺势跟进空单。

同理，在D处，大阴线的出现，又是一个不错的做空位置。

金价经过连续下跌后，又出现大阴线，但成交量并不大，表明市场卖压并不大，投资者心里要明白，很可能金价快见底了，持筹者不要再盲目杀跌了，持币者可以利用少量资金准备搏反弹了，如图6-53所示。

图 6 - 53

如果在上涨初期和上涨途中出现大阴线，投资者不要恐慌，这是做多主力在洗盘，即清除短线获利筹码，中长线投资者可以不理会这种阴线，如图6-54所示。

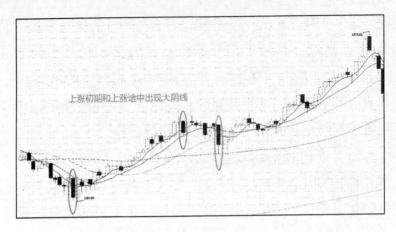

图 6 - 54

吊颈线（锤头线）应用：

吊颈线的特征是，在上涨行情的末端，阳线或阴线的实体很小，下影线大于或等于实体的两倍，一般没有上影线，即使有，也短得可以忽略不计，如图 6 - 55 所示。

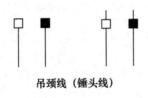

吊颈线（锤头线）

图 6 - 55

一般来说，在价格大幅上涨后出现吊颈线，是明显的见顶信号。投资者见到此 K 线，应引起高度警惕，不管后市如何，多单都应先做减仓，后市一旦发现价格掉头向下，应及时清仓出局，并且可以顺势做空。

如果吊颈线出现在下跌趋势的末端，则有止跌回升的意义，这里习惯称为锤头线。激进型投资者见到下跌行情中的锤头线，可以试探性做多；稳健型的投资者可以多观察几天，如果价格放量上升，可以适量做多。

图 6－56 显示的是 2009 年 7 月 7 日至 2009 年 12 月 22 日现货黄金（AU）的日 K 线图。

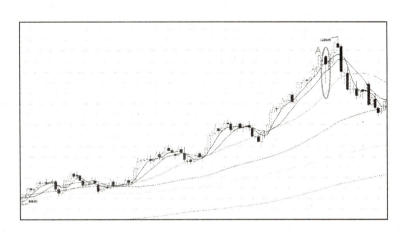

图 6－56

现货黄金从 904.7 点开始启动上涨，先是震荡上涨，最后一波是沿着 10 日均线的快速拉升。经过一波上涨之后，出现了短暂的回调，在 A 处，价格快速回调，收盘时收了一根带有长长下影线的吊颈线。吊颈线的出现。表明多方主力有出货的意图了，多单要小心，可以减仓，也可以设好止损，随时准备清仓出局。

虽然在 A 处出现了吊颈线，但由于均线系统良好，并且价格收盘仍在 10 日均线之上，因而多单仍可持有。

随后价格继续上涨，先是两连阳，第二天价格收了一根带有上影线的阴线，这表明上方压力很重。接着就是一根大阴线，跌破了 5 日和 10 日均线，这表明这一波上涨行情结束。此时多单要果断离场，并且可以顺势做空。

图 6－57 显示的是 2009 年 11 月 24 日至 2010 年 5 月 12 日现货黄金（AU）的日 K 线图。

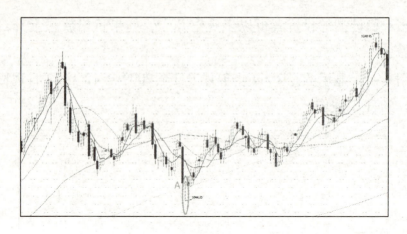

图 6 - 57

现货黄金在2009年12月3日创出1226.65点高点后，开始了较长时间的调整，探明1044.2点低点后，开始震荡上行。

在创出新低的前一天，价格收了一根大阴线，这根大阴线的出现，把前期抄底的多单都套上了，即逼迫抄底多单止损出局。大阴线之后，价格继续下跌，进一步逼迫抄底多单止损。但有意思的是，当多单止损后，价格开始上涨，收盘收了一根带有长长下影线的锤头线，即A处。无论从时间上来看，还是从空间上看，这里出现锤头线都是一个明显的见底信号，投资者手中如果还有多单，就可以耐心持有了，并且还可以逢低轻仓做多，当价格冲上5日均线后，可继续沿着5日均线做多。

射击之星（倒锤头线）应用：

射击之星的特征是，在上涨的行情中，且已有一段升幅，阳线或阴线的实体很小，上影线大于或等于实体的两倍，一般没有下影线，即使有，也短得可以忽略不计，如图6-58所示。

射击之星是一种明显的见顶信号，暗示着价格可能由升转为跌，多单投资者见到此K线应及时出逃，否则会损失惨重。

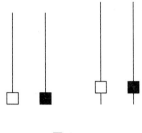

图 6 – 58

如果射击之星出现在下跌趋势的末端，则具有止跌回升的意义，这里习惯称为倒锤头线。如果它与早晨之星同时出现，则行情反转向上的可能性就更大，投资者可以适量参与做多。

在高价区突然出现射击之星，是价格反转之兆，多单应果断减仓、清仓观望。图 6 – 59 显示的是 2005 年 7 月 5 日至 2005 年 12 月 20 日现货黄金（AU）的日 K 线图。

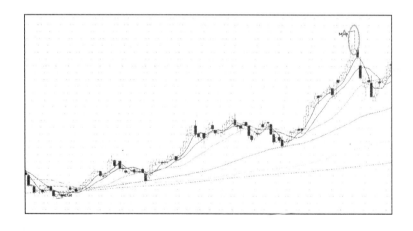

图 6 – 59

现货黄金从 417.9 点开始上涨，先是震荡上涨，然后是加速上涨，特别是上涨的末期，价格连续拉出中阳线，并且连续 5 天收阳线。第 6 天，在 A 处，价格收了一根带有长长上影线的小阴线，即射击之星。

这是一个非常明显的见顶 K 线，多单要及时获利出局，并且可以逢高建立空单。

在下跌反弹过程中突然出现射击之星，表明价格反弹已结束，抄底多单要及时出局，并且要敢于做空，如图 6 - 60 所示。

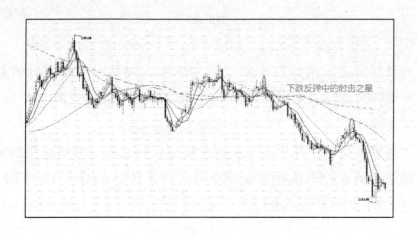

图 6 - 60

如果价格经过一段时间的回调，在回调的末期出现倒锤头线，就不要盲目杀跌了，相反，应该逢低做多单，如图 6 - 61 所示。

图 6 - 61

如果在上涨初期，或上涨途中出现射击之星，投资者也不要太恐慌，但需要警惕，以防出现短期或中期头部，这时可以利用其他技术（趋势、均线、形态、指标等）进行综合分析，同时还要考虑上涨幅度和上涨时间，如图 6-62 所示。

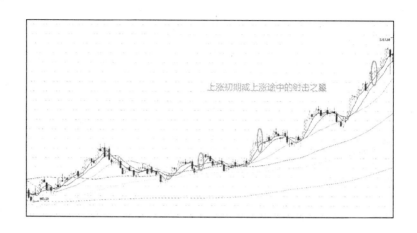

图 6-62

长十字线应用：

长十字线的开盘价和收盘价相同或几乎相同，但有很长的上下影线，这表明当日多空双方进行了一场大激战。前期低位买入的人在向外卖，而看好后市的投资者在拼命地买，这样在开盘价上方就出现抛压，所以价格上不去，而在开盘价下方又有人在买进，价格下不来，于是就打成一个平手。长十字线的图形，如图 6-63 所示。

长十字线是一种不同凡响的趋势反转信号，特别是当市场处在一个重要的转折点，或当时已有其他技术信号出现警告，这时要认真对待，因为遇上一个虚假的警告信号，总比漏过一个真正的危险信号强得多。

在涨势中出现长十字线，特别是价格有了一段较大涨幅之后出现，暗示价格见顶回落的可能性大。在跌势中出现长十字线，尤其是价格有了一段较大跌幅之后，暗示价格见底回升的可能性大。

长十字线

图 6 - 63

　　如果价格已经过大幅拉升，特别是价格在快速拉升中出现了长十字线，表明价格随时都可能见顶，主力正在拉高出货，一旦主力完成预定的出货任务，价格就会快速回落，投资者要万分警惕，见势不好，多单要马上就跑，如图 6 - 64 所示。

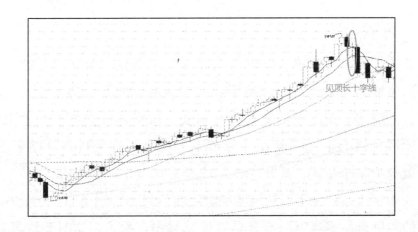

图 6 - 64

　　如果价格经过大幅下跌，即下跌末期出现长十字线，就不要再盲目杀跌了，相反可以用少量资金做多，如图 6 - 65 所示。

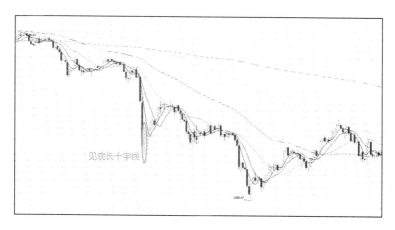

见底长十字线

图 6－65

（3）K 线组合应用：K 线组合是由两根或两根以上的 K 线组合形成的某种形态，该形态通过 K 线之间的对比，预示着黄金价格的运动轨迹。

从统计数据上看，K 线或 K 线组合可以预测价格一周内的未来趋势。

早晨之星应用：

早晨之星，又称为启明星，经常出现在下降趋势中，第一个交易日出现一根大阴线；第二个交易日出现一根小阳或小阴线；第三个交易日出现一根阳线，它将市场推进到第一个交易日阴线的价格变动范围之内。在理想形态中，第二个交易日与第一个交易日的图形之间形成向下的跳空缺口。早晨之星的图形，如图 6－66 所示。

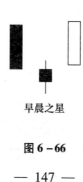

早晨之星

图 6－66

早晨之星形成的心理分析：市场原本在已经确定的下降趋势中运行，一根大阴线的出现支持了这种趋势，这样市场将在这一行为的带动下继续走熊；但第二个交易日市场跳空开盘，全天价格波动不大，这表明市场主力对未来的发展趋势犹豫不决；第三个交易日市场高开，并且买盘踊跃，继续向上推高价格，市场趋势反转信号出现。

图6－67显示的是2010年4月29日至2010年10月14日现货黄金（AU）的日K线图。6月21日，现货黄金创下1264.8点高点后，就开始震荡下跌，经过一个月的下跌，跌到1156.9点，即A处。

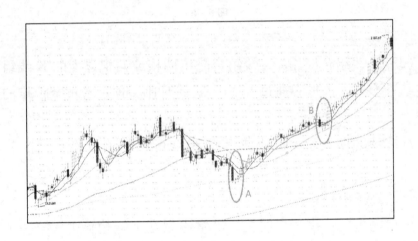

图6－67

在A处，出现了见底信号早晨之星，所以在这里不能再盲目看空做空了，要及时转变思维，空单及时获利出局，然后逢低轻仓做多。

出现早晨之星后，第二天价格就站上了5日均线，这样随后就可以沿着5日均线，不断逢低做多。

随后价格不断震荡上行，并且是沿着10日均线上行的，所以每次回调到10日均线附近时，都是不错的做多点位。

经过1个多月的上涨之后，现货黄金出现了震荡，但很快又出现了一个变形的早晨之星，即B处，并且突破了前期整理平台的高点，所以在 B 处要敢于追多。

如果在明显的震荡下跌行情中出现了早晨之星见底信号，只能轻仓抄底做多，并且要注意一有不好信号就要及时出局，否则很容易被套。

图 6－68 显示的是 2006 年 4 月 20 日至 2006 年 10 月 4 日的现货黄金（AU）的日 K 线图。

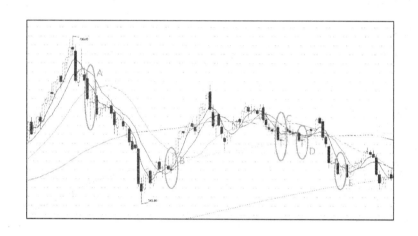

图 6－68

在 2006 年 5 月 12 日创出 730 点高点后，就开始大幅下跌，在下跌到 30 日均线附近，价格出现了反弹，先出现一根长长的十字线，接着出现一根中阳线，即在 A 处出现了早晨之星见底信号。在这里，如果你是在 30 日均线附近抄底做的多单，那么可以保本持有，因为虽然出现了 K 线见底信号，但 5 日均线与 10 日均线已经死叉，并且价格仍然在 5 日均线之下。

早晨之星出现后的第二个交易日，价格没有继续上涨，而是低开低走，这表明这里的早晨之星见底信号是诱多，多单要及时出局，并且可以逢高做空。

价格经过连续大幅下跌之后，创出 541.85 点新低，然后开始震荡反弹。在 B 处，5 日和 10 日均线开始走好，并且出现了变形的早晨之星见底信号。由于价格已有大幅下跌，并且短期均线走好，所以在 B 处可以逢低做多，止损点可以设在 5 日均线附近。

随后价格出现了反弹，反弹到 676 点后，再次震荡下跌。在 C 处，又出现了早晨之星，在这里要明白，价格虽然没有站上 5 日均线，但 10 日均线仍在下行，并且价格没有站上 10 日均线，如果想做多，只能是轻仓并且要能严格止损，从其后走势来看，价格没有上涨，而是不断震荡下跌。

在 D 处，再次出现早晨之星，但价格处在 5 日和 10 日均线之下，如果想做多，只能是轻仓并严格止损。从其后走势来看，价格出现了小幅反弹，但反弹高度有限，随后再次下跌。

同理，在 E 处也出现了早晨之星，最好的策略是多观察几天，因为从均线上看，价格处在明显的下跌行情中。

平底和塔形底应用：

平底又称钳子底，出现在下跌趋势中，由两根或两根以上的 K 线组成，但这些 K 线的最低价在同一水平位置上，如图 6 – 69 所示。

平底是见底回升信号，如果出现在较大的跌势之后，所提示的价格反转的可能性就很大。投资者见到此 K 线形态，可考虑适量买进。平底的变化，如图 6 – 70 所示。

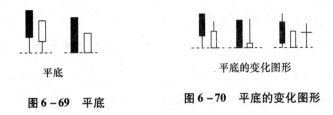

平底

图 6 – 69　平底

平底的变化图形

图 6 – 70　平底的变化图形

塔形底，因其形状像一个倒扣的塔形顶而命名，其特征是，在一个下跌行情中，价格在拉出长阴线后，跌势开始趋缓，出现了一连串的小阴小阳，随后蹿出一根大阳线，这时升势确立。塔形底的图形，如图6－71所示。

塔形底

图6－71

一般来说，价格在低位形成塔形底后，并且有成交量的配合，往往会有一般较好的涨势出现，投资者见此K线组合后，应抓准机会，跟进做多。

图6－72显示的是2011年6月7日至2011年8月11日现货黄金（AU）的日K线图。现货黄金从1478点开始上涨，沿着5日均线连续强势上涨，一路上涨到1607点，然后开始强势横盘整理，均线系统保持良好，并且连10日均线都没有跌破，所以1580点附近形成平底时，要敢于做多。

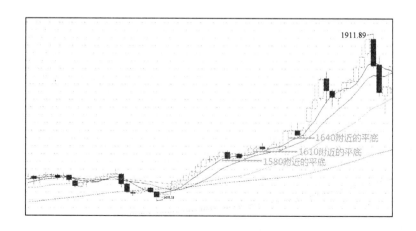

图6－72

随着价格的上涨，在 1610 点和 1640 点附近都形成了平底，这时均线系统良好，并且价格没有跌破 10 日均线，所以要敢于加仓做多。

图 6-73 显示的是 2009 年 6 月 10 日至 2009 年 11 月 25 日现货黄金（AU）的日 K 线图。现货黄金从 904.7 点开始震荡上行，在这个过程中 30 日均线一直是向上的。

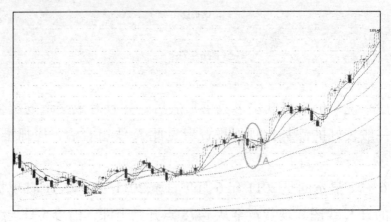

图 6-73

在 A 处，出现了塔形底见底信号，即价格回调到 905 点附近就不再下跌了，而是震荡了 3 天，接着拉出一根中阳线，这表明下跌波段完成。接下来就是新一波上涨行情的开始，所以在这里可以逢低做多。

红三兵应用：

红三兵的特征是，市场处于上升趋势中，出现了 3 根连续创新高的小阳线。特别是价格见底回升或横盘后出现红三兵，表明多方已在积蓄力量，准备发力上攻，如果成交量能同时放大，说明已有主力加入，后面上涨的可能性极大。投资者见此 K 线组合，应大胆买进。红三兵的图形，如图 6-74 所示。

红三兵

图 6-74

如果价格已经过大幅下跌，探底成功后震荡上升，这时出现红三兵K线组合，则上涨的概率很大，投资者可以逢低做多。

图6-75显示的是2010年5月27日至2010年11月11日现货黄金（AU）的日K线图。现货黄金从1264.8点开始下跌，下跌到1156.9点，下跌幅度为8.6%，然后开始上涨，并且收了一个红三兵K线组合。这表明下跌行情已结束，上涨行情刚刚开始，这时要敢于沿着5日和10日均线顺势做多。

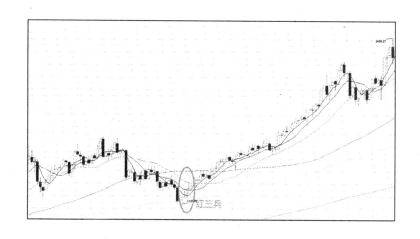

图6-75

如果价格已经大幅上涨，并且在高位震荡盘整时出现了红三兵K线组合，这时投资者就要警惕了，因为这很可能是主力在诱多，如图6-76所示。

在明显的下跌趋势中，特别是在下跌初期或下跌途中，出现红三兵K线组合，投资者不要盲目乐观，想当然地认为价格开始反弹或反转了，如果在这里做多，很可能被套，因为很可能是主力在诱多，如图6-77所示。

好友反攻、曙光初现和旭日东升应用：

好友反攻的特征是，市场开始处于下降趋势中，第一天是根大阴线，支持下降趋势，但第二天是根中阳线或大阳线，并且收在前一根大阴线的收盘价附近或相同的位置上，这表明市场趋势反转信号的出现。好友反攻的图形，如图 6-78 所示。

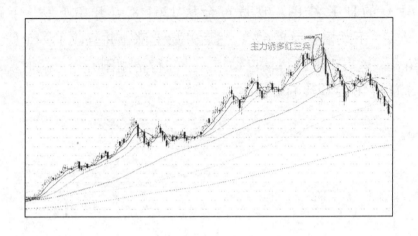

图 6-76

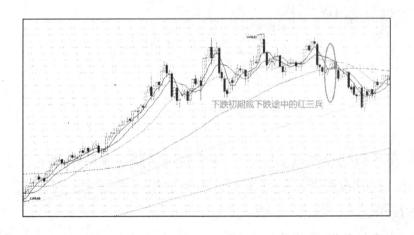

图 6-77

曙光初现的特征是，市场开始处于下降趋势中，第一天是根大阴线，支持下降趋势，但第二天是根中阳线或大阳线，并且阳线的实体深入到阴线实体的 1/2 以上位置，这表明市场趋势反转信号出现。曙光初现的图形如图 6-78 所示。

旭日东升的特征是，市场开始处于下降趋势中，第一天是根大阴线，支持下降趋势，但第二天是根中阳线或大阳线，并且阳线的收盘价已高于前一根阴线的开盘价。旭日东升的图形如图6-78所示。

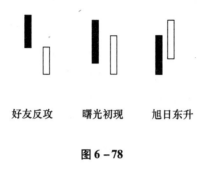

好友反攻　　　曙光初现　　　旭日东升

图6-78

以上三种K线组合，阳线实体深入阴线实体的部分越多，则转势信号越强。曙光初现的见底信号比好友反攻强，但比旭日东升弱。

图6-79显示的是2007年3月19日至2007年7月20日现货黄金（AU）的日K线图。现货黄金从693.6点开始震荡下跌，经过近50天的下跌，下跌到638.9点，这时出现了一个好友反攻见底信号，即A处。

图6-79

　　在出现好友反攻见底信号后，第二天，价格继续上涨，并且收盘站上5日均线，这表明调整很可能结束，可以加仓，回调不创新低可以重仓做多。

　　图6－80显示的是2006年3月14日至2006年7月14日现货黄金（AU）的日K线图。现货黄金创出730点高点后，开始快速下跌，经过24个交易日的下跌，下跌到541.85点，开始反弹。先是两根中阳线反弹，站上5日均线，但接着又开始下跌，仅下跌1天，价格又开始上涨，即在A处出现了曙光初现见底信号，所以在这里可以逢低做多。

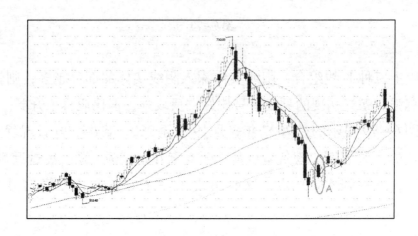

图6－80

　　图6－81显示的是2008年6月30日至2008年9月29日现货黄金（AU）的日K线图。现货黄金在2008年3月18日创出988.20点的新高，然后就开始逐步下跌。在大幅下跌后期，出现加速下跌行情，这时出现了旭日东升K线组合，即A处。这是一个见底信号，投资者不要再盲目杀跌了，也可以适量做多。

　　投资者在利用K线图进行投资时，特别是在下跌趋势中，只能做短线或超短线投资，看准了杀进去，不行就卖出。其实投资是一个综合技术分析的过程，在利用K线技术时，还要结合其他技术，如均线技术、MACD 指标、KDJ 指标、趋势线等，在综合分析之后，再利用 K 线技术进行短期分析，就可以有不错的收益。

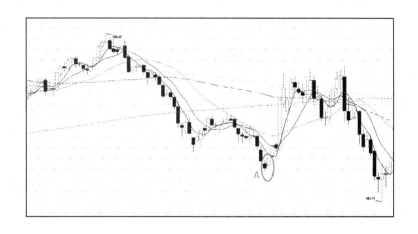

图 6－81

所有技术只能给投资者提供参考，只能说收益的概率会加大，但也可能判断失误，所以投资者应设置好止损位，这样就可以有亏损小钱而赢大钱的机会。

下探上涨形应用：

下探上涨形的特征是，在上涨行情中，某日价格突然大幅低开，但当日却引出一根大阳线，从而在图中拉出一根低开高走的大阳线。这就构成了先下跌后上涨的 K 线形态，故命名为下探上涨形，如图 6－82所示。

下探上涨形

图 6－82

下探上涨形是一个强烈的做多信号，特别是市场价格刚刚启动时出现。出现该K线组合，价格十有九涨，因此有人把下探上涨形中的那根从底部崛起的长阳线形象地称为"擎天柱"。其一旦出现，后市的前景就相当光明了。实战高手相当看重该K线组合，因为价格从低位开盘拉起，最后拉到高位收盘，这样的力度很大，说明拉升主力的实力肯定不小。

图6－83显示的是2002年10月1日至2003年2月4日现货黄金（AU）的日K线图。现货黄金从308.5点开始反弹，首先站上了所有均线，然后出现了回调，但价格没有跌破30日均线，然后又开始震荡上涨。在上涨的初期，在A处出现了下探上涨形，这是一个明显的看涨信号，并且后市上涨的概率很大，所以要敢于逢低建立多单。

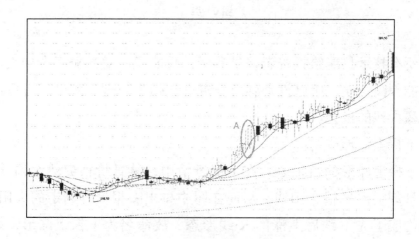

图6－83

多方尖兵应用：

多方尖兵是指多方在发动大规模攻击前，曾做过一次试探性的进攻，在K线上留下一根较长的上影线，有人把它叫作深入空方腹地的尖兵。

所以，多方尖兵的特征是，价格在上升过程中遇到空方打击，出现了一根上影线，价格随之回落整理，但多方很快又发动了一次攻势，价格穿越了前面的上影线，如图 6 - 84 所示。

多方尖兵

图 6 - 84

图 6 - 85 显示的是 2010 年 6 月 10 日至 2010 年 10 月 14 日现货黄金（AU）的日 K 线图。现货黄金从 1264.8 点开始下跌，经过 27 个交易日的下跌，下跌到 1156.9 点，下跌幅度 8.6% ，并且最后一波下跌是三连阴。然后价格见底开始反弹上涨，连续 6 天收阳，随后开始震荡，在震荡中出现了多方尖兵，这是一个明显的看多信号。看到该信号后，投资者就可以继续逢低做多，即沿着 5 日和 10 日均线看多做多。

图 6 - 85

上升三步曲应用：

上升三步曲，又称升势三鸦，常常出现在上升途中，由 5 根 K 线组成，首先拉出 1 根大阳线，接着连续出现 3 根小阴线，但没有跌破前面阳线的开盘价，最后出现了一根大阳线或中阳线，其走势有点类似英文字母 N，如图 6-86 所示。

上升三步曲

图 6-86

在上升三步曲的 K 线组合中，出现了三连阴，投资者不要认为趋势会转弱，就开始做空。投资者看到该 K 线组合后，可以认定它是一个买入信号，要敢于买进。显然，如果投资者把上升三步曲中的连阴看成卖出信号，就大错特错了。

上升三步曲的变形图很多，投资者只要明确该 K 线组合的实战意义就行了，碰到变形图形不要太在意形状，更多的是要关注它的含义。上升三步曲的真正含义是主力在发动行情前，先拉出一根大阳线进行试盘，接着拉小阴线或以阴多阳少的方式进行压盘，从而清除短线获利的筹码，或持筹不坚定者，正当短线客看淡之际，突然发力，再度拉出一根大阳线，宣告回调结束。

图 6-87 显示的是 2007 年 8 月 8 日至 2007 年 11 月 7 日现货黄金（AU）的日 K 线图。现货黄金探明 641.1 点低点后，开始震荡上行，先是慢慢地站上了所有均线，然后开始沿着 5 日均线上行。在上涨初期，出现了上升三步曲，这是一个看涨信号，前期多单应继续持有，并且可以逢低做多。

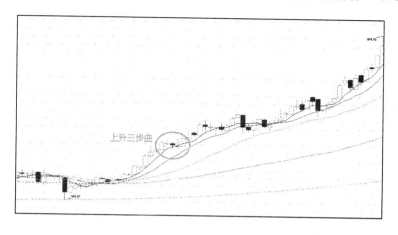

图 6-87

黄昏之星应用：

黄昏之星的特征是，市场开始处于上升趋势中，第一天是一根大阳线；第二天是实体较短的阳线或阴线；第三天是根大阴线，它将市场推进到第一天大阳线的价格变动范围之内。在理想形态中，第二天与第一天的图形之间形成向上的跳空缺口，而第三天的阳线与第二天的阳线或阴线之间出现一个向下的跳空缺口，如图 6-88 所示。

黄昏之星

图 6-88

黄昏之星是价格见顶回落信号，预测价格下跌可能性较高，有人统计，在80%以上。所以投资者见到该 K 线组合，不能再继续买进，多单应考虑及时减仓，并随时做好获利出局的准备，当然在设好止损的前提下，可以逢高做空。

如果价格经过大幅上涨，并且在快速拉升后出现了黄昏之星 K 线组合，则预示着价格明显已见顶或即将见顶，多单这时要果断逢高出局为妙。图 6－89 显示的是 2008 年 11 月 28 日至 2009 年 4 月 6 日现货黄金（AU）的日 K 线图。

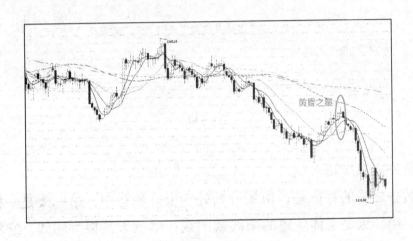

图 6－89

现货黄金从 740.5 点开始启动上涨，经过 55 个交易日，上涨到 1006.2 点，上涨幅度 35.9%。从时间和空间上来说，都有大幅回调的可能，并且创出 1006.2 点高点后，价格没有继续上涨，而是收下了一根小阴线，这表明上涨动力已不足。

小阴线的出现，并不意味着价格就要开始大幅调整了，在小阴线之后出现了一根大阴线，即出现了黄昏之星见顶信号，并且跌破了 5 日均线，这表明这一波上涨行情已结束，接下来就进入了较大幅度的调整行情。

所以，黄昏之星出现后，前期多单要及时获利出局，并且可以沿着 5 日均线做空。黄昏之星后，价格连续下跌 5 天，并且是沿着 5 日均线下跌的，只要价格不站上 5 日均线，空单都可以持有，但当价格冲上 5 日均线后，空单要及时获利出局。

如果价格见顶后快速下跌，然后再反弹，在反弹中出现黄昏之星K线组合，抄底多单要果断出局，并且可以逢高做空。图6-90显示的是2008年2月15日至2008年10月24日现货黄金（AU）的日K线图。

图6-90

现货黄金创出1032.09点高点后，开始快速下跌，连续三根大阴线后，价格出现了反弹，但仅反弹两天，就在A处出现了黄昏之星。这表明反弹结束，抄底多单应出局，并且可以逢高建立空单。

在B处，价格经过11个交易日的反弹后，再次出现黄昏之星见顶信号，所以多单要及时出局，空单逢高进场。

同理，在C和D处，也是在反弹的末端出现了黄昏之星见顶信号，这都是不错的做空时机。

淡友反攻、乌云盖顶、倾盆大雨应用：

淡友反攻的特征是，在上升行情中，在出现中阳线或大阳线的次日，价格跳空高开，但上攻无力，继而下跌，其收盘价与前一根阳线的收盘价相同或相近，形成一根大阴线或中阴线，如图6-91所示。

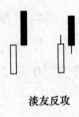

淡友反攻

图 6-91

淡友反攻是见顶信号，它提示投资者不要再盲目看多了。淡友反攻与乌云盖顶的区别是，阴线实体未深入阳线实体，其预示的下跌可靠性不如乌云盖顶。但上升行情中出现淡友反攻，并伴随着成交量急剧放大，其领跌作用甚至超过乌云盖顶，这一点投资者不可忽视。所以，见到该 K 线组合，投资者的多单要及时获利了结，并可以轻仓试空。

乌云盖顶的特征是，在上升行情中，出现一根中阳线或大阳线后，第二天价格跳空高开，但没有高走，反而高开低走，收了一根中阴线或大阴线，阴线的实体已经深入到第一根阳线实体的 1/2 以下处，如图 6-92 所示。

乌云盖顶

图 6-92

乌云盖顶是一种见顶信号，表示价格上升势头已尽，一轮跌势即将开始。投资者见此 K 线组合，应警觉起来，多单要及时出局，并可以轻仓试空。

倾盆大雨的特征是，在价格有了一段升幅之后，先出现一根大阳线或中阳线，接着出现了一根低开低收的大阴线或中阴线，其收盘价比前一根阳线的开盘价要低，如图 6-93 所示。

倾盆大雨

图 6 – 93

倾盆大雨常见的变化，如图 6 – 94 所示。

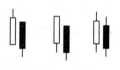

倾盆大雨常见的变化图形

图 6 – 94

图 6 – 95 显示的是 2007 年 5 月 17 日至 2007 年 8 月 16 日现货黄金（AU）的日 K 线图。现货黄金在 638.9 点见到短期底部后，开始反弹，连续反弹 18 个交易日，然后出现了淡友反攻见顶信号，这时多单要保护好盈利，即减仓或清仓出局观望。

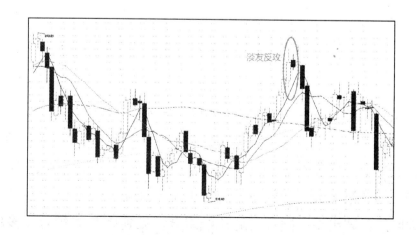

图 6 – 95

从其后走势上看，价格虽然又创出了新高，但创出新高的那天，价格收了一根带有长长上影线的中阳线，说明上方压力较重，进一步验证价格见顶了。所以多单要及时出局，并且要敢于逢高建立空单。

图 6-96 显示的是 2010 年 5 月 20 日至 2011 年 1 月 28 日现货黄金（AU）的日 K 线图。现货黄金从 1156.9 点开始启动上涨，经过 56 个交易日的上涨，上涨到 1386.95 点，上涨幅度为 19.9%，然后就开始在高位震荡，在震荡过程中形成了三个顶。在形成第三个顶时，价格先是上涨 6 天，上涨到前期高点附近，然后跳空高开，但没有高走，而是不断震荡走低，从而形成乌云盖顶 K 线组合。见到乌云盖顶信号后，多单应及时止盈出局为好，可以逢高布局空单，在有效跌破 5 日和 10 日均线后，可以沿着 5 日均线做空。

图 6-96

图 6-97 显示的是 2011 年 4 月 1 日至 2011 年 7 月 1 日现货黄金（AU）的日 K 线图。现货黄金经过一波上涨之后，开始在高位震荡。在震荡的后期，价格先是连续 4 天小阳线上涨，上涨到前期整理平台的高点，但在第 5 天，价格不是继续上涨，而是低开低走，并且收了一根大阴线，即出现了倾盆大雨 K 线组合。见到该 K 线组合，多单要及时出局，并且可以逢高介入空单。

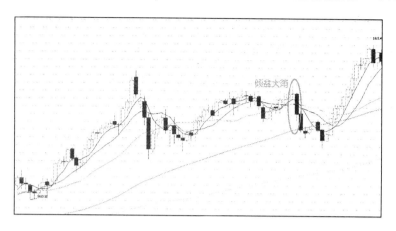

图6-97

平顶和塔形顶应用：

平顶，又称钳子顶，出现在涨势行情中，由两根或两根以上的K线组成，但这些K线的最高价在同一水平位置上，如图6-98所示。

平顶

图6-98

平顶是见顶回落的信号，它预示价格下跌的可能性大，特别是与吊颈线、射击之星、长十字线等其他见顶K线同时出现时。投资者见到此K线组合，只有"三十六计，走为上策"，即快快躲开这个是非之地，如图6-99所示。

平顶的变化图形

图6-99

塔形顶的特征是，在一个上涨行情中，首先拉出一根较有力度的大阳线或中阳线，然后出现一连串向上攀升的小阳线或小阴线，之后上升速度减缓，接着出现一连串向下倾斜的小阴线或小阳线，最后出现一根较有力度的大阴线或中阴线，这样塔形顶就形成了，如图 6–100 所示。

塔形顶

图 6–100

当价格在上涨时出现塔形顶 K 线形态，投资者就要警惕了，要及时抛空出局。

图 6–101 显示的是 2004 年 8 月 24 日至 2005 年 2 月 28 日现货黄金（AU）的日 K 线图。

图 6–101

现货黄金从 394.53 点开始上涨，经过 60 多个交易日的上涨，涨到 450 点附近，价格没有继续上涨，而是在这个高位震荡，从而形成了平顶。接着一根大阴线杀下来，表明这一波上涨行情结束。

图 6–102 显示的是 2011 年 12 月 2 日至 2012 年 3 月 22 日现货黄

金（AU）的日 K 线图。现货黄金从 1521.94 点开始上涨，经过 40 个交易日的上涨，涨到 1780 点附近，上涨幅度为 17%。在上涨到 1780 点附近后，价格没有继续上涨，而是在这个高位震荡，连续震荡 5 天后，一根大阴线杀下来，从而形成了塔形顶，表明这一波上涨行情结束，多单要果断获利了结，然后可以沿着 5 日均线做空。

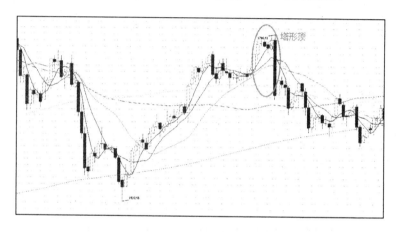

图 6 - 102

黑三兵应用：

黑三兵是由三根实体短小的阴线组成，并且最低价一根比一根低，如图 6 - 103 所示。黑三兵如果在上升行情中出现，特别是价格有了较大升幅之后出现，暗示着行情要转为跌势；如果在下跌行情后期出现，特别是价格已有一段较大的跌幅或连续急跌后出现，暗示探底行情短期内即将结束，并可能转为一轮升势。所以投资者见到该 K 线组合，可根据其所在位置，决定投资策略。

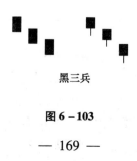

黑三兵

图 6 - 103

如果价格已经过大幅上涨，并且在高位震荡盘整时出现黑三兵K
线组合，这时投资者就要警惕了，因为价格很可能要开始大幅下跌，
如图6－104所示。

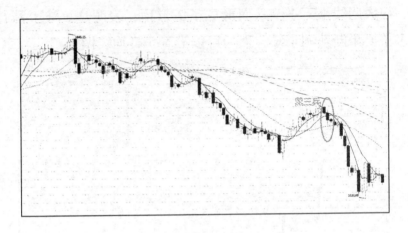

图6－104

如果价格经过较长时间的下跌，在下跌的后期出现黑三兵，这很
可能是见底信号，这时不要盲目地看空做空，如图6－105所示。

图6－105

空方尖兵应用：

空方尖兵出现在下跌趋势中，价格在下跌过程中遇到多方反抗，

出现了一根下影线，价格随之反弹，但空方很快又发动了一次攻势，价格就穿越了前面的下影线，如图 6－106 所示。

空方尖兵

图 6－106

空方尖兵的特征是，空方在杀跌前曾做过一次试探性进攻，在 K 线上留下了一根较长的下影线，有人把它视作深入多方阵地的尖兵，这就是空方尖兵的由来。空方尖兵的出现，预示价格还会下跌。投资者见到该 K 线组合，要及时做空。

图 6－107 显示的是 2008 年 2 月 26 日至 2008 年 5 月 1 日现货黄金（AU）的日 K 线图。现货黄金创出 1032.09 点高点后，开始出现较长时间的下跌调整。在 A 处，出现了空方尖兵，这表明价格还会继续下跌，前期空单可以持有，并且仍可以逢高建立空单。

图 6－107

下降三步曲应用：

下降三步曲出现在下跌趋势中，价格在下跌时出现了一根实体较长的阴线，随后连拉出 3 根向上攀升的实体较为短小的阳线，但最后一根阳线的收盘价仍比前一根大阴线的开盘价要低，之后又出现了 1 根长阴线，把前面 3 根小阳线全部或大部分都吞吃了，如图 6 - 108 所示。

下降三步曲

图 6 - 108

下降三步曲的出现，表明多方虽然想反抗，但最终在空方的打击下显得不堪一击，这暗示着价格还会进一步向下滑落。投资者见此 K 线组合，要顺势而为，快速减持手中的多单，并逢高建立空单。

图 6 - 109 显示的是 2008 年 2 月 29 日至 2008 年 8 月 15 日现货黄金（AU）的日 K 线图。现货黄金创出 1032.09 点高点后，开始出现较长时间的下跌调整。在 A 处，出现了下降三步曲，这表明价格还会继续下跌，前期空单可以持有，并且仍可以逢高建立空单。

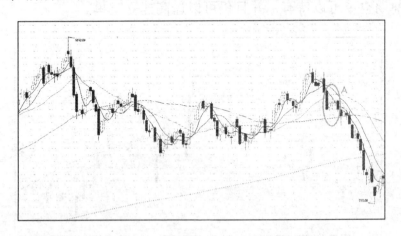

图 6 - 109

关于 K 线的描述在这里就告一段落了，总的来说，K 线及组合所发出的信号分为转折和持续两大类，并且信号在大盘上的执行一般会在1周之内。预示和应验之间有时会需要一段时间，在实际操作中，炒金学员要在时间和空间上给K线的信号留有余地。

学习K线的重点在于，一是K线分析适合短线操作，它可以提供具体的出入市时机，K线信号预测的时间范围一般在1周左右；二是K线应与其他分析手段，如均线、趋势线等一起使用，虽然单纯依靠K线也可能获利，但不会有多种技术综合分析来得可靠；三是K线的"压缩"分析非常实用，尤其在炒金学员对K线组合感到迷惑不解的时候，这一招也许会发挥意想不到的作用；四是在实际应用中，K线图往往会有"变形"，炒金学员要灵活看待；五是K线及其他任何技术，都只是一个高概率的预测，不可能百分之百准确，炒金学员要客观对待；六是最重要的一条，即分析K线必须结合它当前所处的位置，因为，处在不同的位置，K线所表达的信号会有所不同，甚至相反。

3. 趋势线

（1）趋势线概述。随着时间的推移，黄金价格会在K线图上留下运动的轨迹，这一轨迹显示出一定的方向性，体现着价格整体向上或向下，或水平运动的特征。即趋势就是价格波动的方向，也是黄金市场运动的方向。

在市场中，如果出现了一段上升或下降的趋势，则价格的波动必然朝着这个方向运动，直到有外力来改变它的方向为止。价格上升的行情中，虽然会出现一些短暂的下降行情，但不影响价格上升的大方向；价格下降的行情中，虽然会出现一些短暂的反弹运动，但不会改变价格最终的下降趋势。

趋势的方向有三种，分别是上升趋势、横向整理趋势和下降趋势。

上升趋势：

如果随着时间的推移，K线图中的每个价格高点依次上升，每个价格低点也依次上升，那么这种价格运动趋势就是上升趋势。

即每当价格回调时，还没有等跌到前一次的低点时，买家就迫不及待地涌入，推动价格继续上涨；而当价格临近前一次高位时，买家又毫不犹豫地持续买入，使价格再创新高。如此来回几次，便形成一系列依次上升的波峰和波谷，这是牛市特征。

注意，当这种波峰和波谷不断抬高的现象中断时，往往意味着上升趋势即将结束。上升趋势，如图6－110所示。

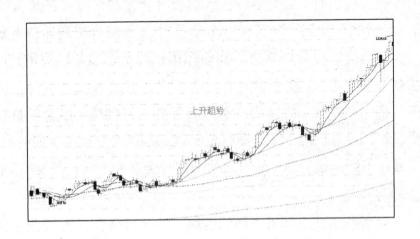

图6－110

横向整理趋势：

横向整理趋势，又称水平趋势，即随着时间的推移，K线图中的价格没有创出新高，也没有创出明显的新低，基本上就是在两条水平线之间作折返运动。

这种趋势不适合判断未来的价格运行方向，价格只有突破上面的水平压力线或下面的水平支撑线时，才能使我们看到市场真正的运动方向，这就是"牛皮市特征"。横向整理趋势，如图6－111所示。

下降趋势：

同上升趋势相反，如果随着时间的推移，K线图中的每个价格高点依次下降，每个价格低点也依次下降，那么这种价格运动趋势就是下降趋势。

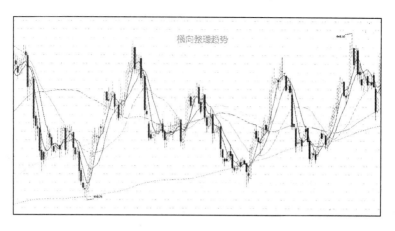

图 6 - 111

即每当价格反弹时，还没有等涨到前一次的高点时，卖家就迫不及待地抛售，促使价格回落；而当价格临近前一次低点时，卖家又毫不犹豫地卖出，使价格再创新低。如此来回几次，便形成一系列依次下降的波峰和波谷，这是熊市特征。

注意，当这种波峰和波谷不断降低的现象中断时，往往意味着下降趋势即将结束。下降趋势，如图 6 - 112 所示。

图 6 - 112

（2）趋势线应用。在分析趋势时，常常通过绘制趋势线来进行分析。绘制趋势线是衡量趋势发展的手段，并且通过趋势线一系列的方向，可以明确地看到价格的发展方向。

趋势线的绘制：

趋势线的绘制方法很简单，在上升趋势中，将两个明显的反转低点连成一条直线，就可以得到上升趋势线，上升趋势线起支撑作用；在下降趋势中，将两个明显的反转高点连成一条直线，就可以得到下降趋势线，下降趋势线起阻力作用。图6-113显示了现货黄金（AU）的上升趋势线和下降趋势线。

图6-113

趋势线的作用：

趋势线简单、易学，但它对黄金的中长期走势却有着相当重要的作用。投资市场有句名言"不要与趋势抗衡"，就是说，要顺应潮流，跟着趋势走。所以在市场中，只有看清大势（长期趋势），分清中级趋势，不为短期趋势的反向波动所迷惑，才能成为真正的赢家。

趋势线对后市的价格起约束作用，上升趋势线可以支撑价格的上涨；下降趋势线对价格起压制作用。当趋势线被突破后，价格下一步的走势将沿新的趋势线运行，原有趋势线的作用会转换。上升趋势线的作用，如图 6 - 114 所示。

图 6 - 114

下降趋势线的作用，如图 6 - 115 所示。

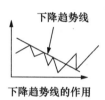

图 6 - 115

影响趋势线的可靠性一般有：趋势线被价格触及的次数、趋势线的倾斜角度、趋势线形成的时间跨度。一般来说，趋势线被价格触及的次数越多，倾斜的角度越小，形成的时间跨度越长，则其预测价格波动的可靠性越大。

上升支撑线和下降压力线：

上升支撑线，又称上升趋势线，其特征是，价格回落的低点呈现明显的上移态势，此时，如果将最先出现或最具有代表意义的两个低点连接，就会形成一条向上的斜线。上升支撑线，如图 6 - 116 所示。

从技术上来讲，上升支撑线的出现，表示空方的气势越来越弱，而多方的气势越来越强，投资者可以逢低吸筹，在转向之前持筹待涨，这样可以获得不错的收益。

下降压力线，又称下降趋势线，其特征是，价格回落的高点呈现明显的下移态势，此时，如果将最先出现或最具有代表意义的两个高点连接，就会形成一条向下的斜线。下降压力线，如图 6 - 117 所示。

上升支撑线

图 6 - 116

下降压力线

图 6 - 117

从技术上来讲，下降压力线的出现，表示多方的气势越来越弱，而空方的气势越来越强，投资者可以看空、做空。

图 6 - 118 显示的是 2008 年 1 月 18 日至 2012 年 4 月 11 日现货黄金（AU）的周 K 线图。2008 年爆发金融危机后，现货黄金从 1032.09 点一路下跌到 680.8 点，然后开始新的上升之路。在整个上涨过程中，走势非常规则，每次回调到上升趋势线附近，价格都会得到企稳，然后开始新一波的上涨。

在 A 处，价格从 2009 年 12 月的 1226.65 点开始下跌，用了 3 个月的时间，下跌到 1044.2 点，即下跌到上升趋势线附近，价格得到了企稳，这里应该是一个不错的中线做多机会，中线投资者要敢于逢低做多。

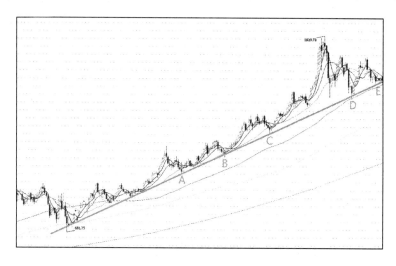

图 6 – 118

　　在 B 处，价格从 2010 年 6 月的 1264.8 点开始下跌，用了一个多月的时间，下跌到 1156.9 点，即下跌到上升趋势线附近，价格得到了企稳，这里应该是一个不错的中线做多机会，中线投资者要敢于逢低做多。

　　在 C 处，价格从 2010 年 12 月的 1430.55 点开始下跌，用了 2 个月的时间，下跌到 1308 点，即下跌到上升趋势线附近，价格得到了企稳，这里应该是一个不错的中线做多机会，中线投资者要敢于逢低做多。

　　在 D 处，价格从 2011 年 9 月的 1920.3 点开始下跌，用了 4 个月的时间，下跌到 1521.94 点，即下跌到上升趋势线附近，价格得到了企稳，这里还是一个不错的中线做多机会，中线投资者要敢于逢低做多。

　　在 E 处，价格从 2012 年 2 月的 1790.4 点开始下跌，用了一个月的时间，下跌到 1611.8 点，即下跌到上升趋势线附近，价格得到了企稳，这里也许又是一个中线做多的机会，但投资者要防备，涨势末趋势线可能被有效突破而带来的大势反转。

　　如果价格没有跌破上升趋势线，多单可以持有，但一旦价格跌破该位置，必须果断止损。

　　图6－119显示的是2011年8月29日至2011年12月30日现货黄金（AU）的日K线图。

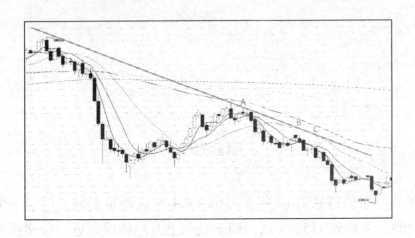

图6－119

　　现货黄金创出1920.3点高点后，就开始大幅下跌，经过14天下跌之后，创出1544.79点低点，然后开始震荡反弹，反弹到1802.6点后，在高位震荡。利用1920.3点高点和1802.6点次高点绘制下降趋势线。

　　在A处，价格再次反弹到下降趋势线附近，这是不错的做空位置。价格在A处受压下行，连续下跌6天后，再次反弹，反弹到下降趋势线附近，即B处和C处，价格再次受压下降，所以B处和C处，都是不错的做空位置。

　　慢速上升趋势线和慢速下降趋势线：

　　慢速上升趋势线，出现在以慢速上升趋势为主的快慢趋势线组合中，其维持时间比快速上升趋势线长，预示了价格运行的中长期趋势是向上的，具有长期支持价格上升的作用。慢速上升趋势线，如图6－120所示。

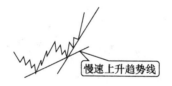

慢速上升趋势线

图 6 – 120

价格只要在慢速上升趋势线上方运行，就应该坚持看多、做多，采取逢低做多的策略。

慢速下降趋势线出现在以慢速下降趋势为主的快慢趋势线组合中，其维持时间比快速下降趋势线长，预示了价格运行的中长期趋势是向下的，具有长期压制价格上升的作用。慢速下降趋势线，如图 6 – 121 所示。

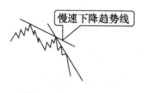

慢速下降趋势线

图 6 – 121

价格只要在慢速下降趋势线下方运行，就应该坚持看空做空，采取逢高做空的策略。

快速上升趋势线和快速下降趋势线：

快速上升趋势线，可以出现在以慢速上升趋势为主的快慢趋势线组合中，也可以出现在以慢速下降趋势为主的快慢趋势线组合中，其维持时间比慢速趋势线短。快速上升趋势线，如图 6 – 122 所示。

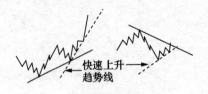

快速上升趋势线

图 6 – 122

　　快速上升趋势线预示了价格运行的短期趋势是向上的，具有短期支持价格上升的作用。但是，快速上升趋势线，在以慢速上升趋势线为主，和以慢速下降趋势线为主的快慢趋势线组合中发挥的作用是不一样的。前者因为价格总体是向上的，投资者在快速上升趋势线上方做多获利的机会较多；而后者因价格总体上处于下降态势，投资者在快速上升趋势线上方做多，风险很大，一不小心就会被套。所以，快速上升趋势线若出现在以慢速下降趋势线为主的快慢趋势线组合中时，除非你是激进型投资者，同时对市场变化又十分敏感，可用少量资金做反弹，否则，还是以看空、做空为妙。

　　快速下降趋势线，可以出现在以慢速上升趋势为主的快慢趋势线组合中，也可以出现在以慢速下降趋势为主的快慢趋势线组合中，其维持时间比慢速趋势线短。快速下降趋势线，如图 6 – 123 所示。

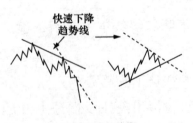

快速下降趋势线

图 6 – 123

快速下降趋势线，预示了价格运行的短期趋势是向下的，具有短期压制价格上升的作用。但是，并不是快速下降趋势线出现后，就看空、做空。只有当快速下降趋势线出现在以慢速下降趋势线为主的快慢趋势线组合中时，才需要坚持看空。

当快速下降趋势线，出现在以慢速上升趋势线为主的快慢趋势线组合中时，除非你是激进型投资者，并且对市场变化又十分敏感，可以适时做空。一般投资者可以不理会这种短期波动，持仓待涨。

如果价格处在明显的上升趋势中，即在慢速上升趋势线之上，出现了快速上升趋势线，这时要敢于沿着快速上升趋势线做多，并且胆子可以大一些，如图6-124所示。

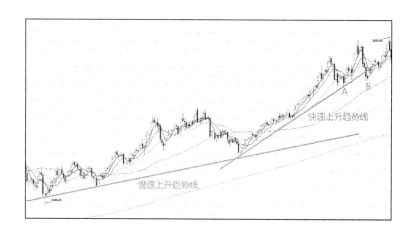

图6-124

在A和B处，要敢于看多做多，并且很有可能变成中长线多单。

如果价格处在明显的下降趋势中，即在快速上升趋势线之上，出现了慢速下降趋势线，这时要么放弃做多机会，要么轻仓短线做多搏反弹，一旦有不好信号，就可及时出局，重点关注做空机会，如图6-125所示。

在A处，可以轻仓做多搏反弹。在B处，价格反弹到下降趋势线附近，多单要及时出局，并且可以轻仓做空；当价格再次跌破下降趋势线后，可以重仓做空。

图 6 – 125

新的上升趋势线和新的下降趋势线：

新的上升趋势线的特征是，在上涨行情中，上升趋势线向下破位后，不是反转向下，而是继续上升且收盘创出新高。新的上升趋势线，如图 6 – 126 所示。

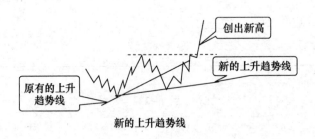

新的上升趋势线

图 6 – 126

从技术上来讲，新的上升趋势线是做多信号，并且新的上升趋势线出现后，往往都有一段比较好的升势。另外还要注意，新的上升趋势线出现后，原有的上升趋势线就失去了参考意义。

新的上升趋势线确定后，就可以说明前期价格下穿了原先的上升趋势线，是主力刻意打压所致，是为了诱空而故意设置的一个空头陷阱，目的是为了清洗浮筹，蓄势后再次发动新的一轮上攻。投资者这时应该看多做多，多单准备随时进场。

新的下降趋势线的特征是，下降趋势线被有效突破后，不是反转向上，而是继续下降且收盘创出新低。新的下降趋势线，如图6-127所示。

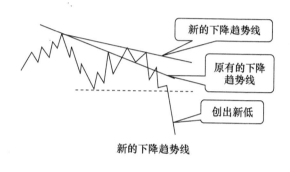

新的下降趋势线

图 6 - 127

从技术上来讲，新的下降趋势线是看跌信号，它表明市场正处于空方的控制之下，原先的下降趋势线被突破后，多方没有继续上攻，空方却发动了新一轮的攻势。另外还要注意，新的下降趋势线出现后，原有的下降趋势线就失去了参考意义。

图6-128显示的是2010年12月27日至2011年9月5日现货黄金（AU）的日K线图。现货黄金从2011年1月27日的1308点开始上涨，经过3个月的时间，上涨到1574.4点，涨幅为20.4%。

价格见顶后，就开始长时间的调整，经过两个月的调整，又开始了新的一波上涨。在这个调整过程中，价格跌破了原有的上升趋势线，但价格没有大幅下跌，而是调整到前期低点附近就止跌了，然后开始上涨，并且创出了新高。所以就产生了新的上升趋势线，而原有的趋势线就失去作用。

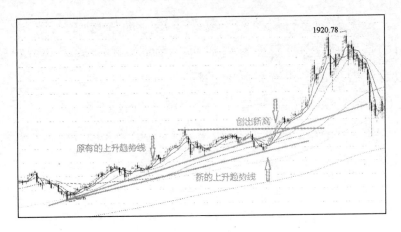

图 6 – 128

从价格走势上看，价格创出新高后，开始在新高上方盘整，盘整后再创新高，表明上方空间很大，投资者要敢于追高做多，并一路持有。

图 6 – 129 显示的是 1997 年 2 月 27 日至 1998 年 2 月 28 日现货黄金（AU）的周 K 线图。现货黄金创出 364 点高点后，开始长时间的下跌。

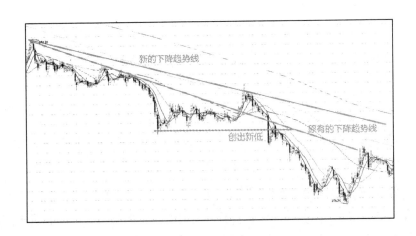

图 6 – 129

在长时间的下跌过程中，价格反弹突破了原有的下降趋势线。虽然突破了原有的下降趋势线，但价格没有大幅上涨，而是选择了再次下行，并且创出了新低。所以就产生了新的下降趋势线，而原有的趋势线就失去了作用。

（3）通道线应用。通道线是在趋势线的反方向画一根与趋势线平行的直线，该直线穿越近期价格最高点或最低点。这两条线将价格夹在中间运行，有明显的管道或通道形状，如图6-130所示。

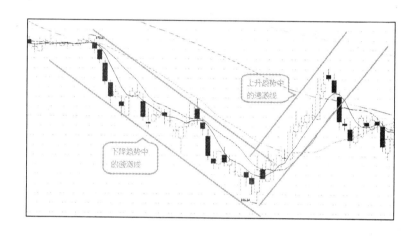

图6-130

通道的主要作用是限制价格的变动范围，让它不能变得太离谱。通道一旦得到确认，那么价格将在这个通道里变动，并持续一段时间。通道线一旦被价格有效突破，往往意味着趋势将有一个较大的变化。当通道线被价格突破后，趋势上升的速度或下降的速度会加快，会出现新的价格高点或低点，原有的趋势线就会失去作用，要重新依据价格新高或新低画趋势线和通道线。

价格经过较长时间的大幅下跌后，开始震荡上升，这时可以绘制出上升趋势中的通道线。价格上涨到通道线的上边压力线时，多单及时出局，而轻仓跟空，然后等回调到通道线的下边支撑线时，空单出局，多单进场。当然，一定要明白，上升趋势中以做多为主，即要做多时重仓，做空时轻仓，如图 6 - 131 所示。

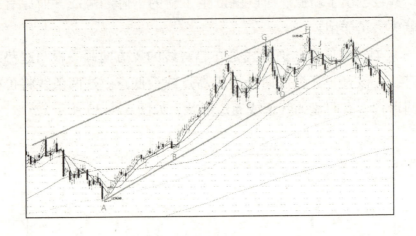

图 6 - 131

在图 6 - 131 中，A、B、C、D、E 都是多单进场点，空单出局点；而 F、G、H、J 都是不错的空单进场点，多单出局点。

由于当前是上涨趋势，所以做多位置仓位可以重一些；而做空时，仓位要轻。

当价格跌破了上升趋势线，表明上涨波段行情结束，所以多单要及时出局，空单持有，并且可以顺势跟进空单。

通道线被价格突破后，往往不会发生价格反抽现象，即通道线不起到支持回抽运动的作用。当价格突破通道线后，要么一飞冲天，要么会迅速跌回趋势通道中，而不会在通道线附近做任何停留，如图6 - 132所示。

在 A 处，价格多次突破了通道线，但又多次回调到通道线之内，然后在 B 处，即通道线下轨得到了支撑。在 C 处，价格突破了通道线，价格没有返回通道线，而是直接一飞冲天。

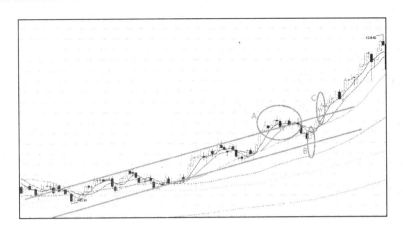

图 6 – 132

在下降趋势中，价格上涨到通道线的上边压力线时，多单要果断出局，要敢于做空，然后等回调到通道线的下边支撑线时，空单出局，可以轻仓试多，也可以不操作，如图 6 – 133 所示。

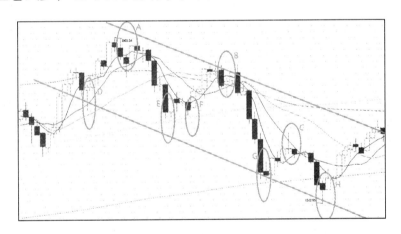

图 6 – 133

在 A、B、C 处，多单要及时出局，并且要敢于逢高做空；在 D、E、F、G 和 H 处，空单最好及时出局，可以轻仓试多，但有不好信号，多单要及时出局。

通道线与趋势线是相互作用的一对，先有趋势线，再有通道线，但趋势线比通道线重要得多，也更为可靠。同时，趋势线可独立存在，而通道线则不可以独立存在。

（4）扇形线应用。扇形线与趋势线有很紧密的联系，初看起来像趋势线的调整。扇形线丰富了趋势线的内容，明确给出了趋势反转（不是局部短暂的反弹和回档）的信号。

扇形线是针对不断出现的新趋势线的判研工具，它的目的是判断反转趋势是否来临，其基本判断原理如下：如果价格的趋势要反转向上，就必须突破三条压在上面的压力线，如图 6 - 134 所示。

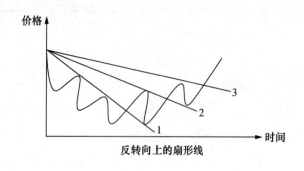

反转向上的扇形线

图 6 - 134

如果价格的趋势要反转向下，就必须突破三条横在下面的支撑线，另外，轻微的价格突破或短暂的价格突破，都不能被认为是趋势反转的开始，必须消除所有阻止趋势反转的力量，才能最终确认反转趋势的来临，如图 6 - 135 所示。

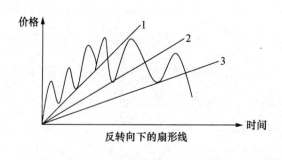

反转向下的扇形线

图 6 - 135

扇形线的应用策略是，在图6－135中，在下跌行情中，当价格有效突破第一条上升趋势线时，短线多单要出局；当价格有效突破第二条上升趋势线时，中线多单要出局；当价格突破第三条上升趋势线时，长线多单要出局，因为第三条上升趋势线被跌穿后，预示着熊市行情的到来，大幅做空的时机就到来了。

注意，三条扇形线一旦被价格突破，它们的支撑或压力作用就会相互交换，这一点符合支撑线和压力线的规律。

图6－136显示的是2009年9月1日至2010年5月12日现货黄金（AU）的日K线图。现货黄金从946点开始上涨，经过3个月的时间，上涨到1226.65点，上涨幅度为29.7%，然后进入了长时间的调整。在调整过程中，出现了扇形线，突破了第三条扇形线，价格开始反转上攻。

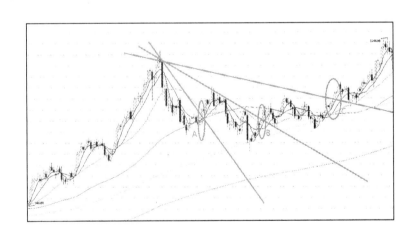

图6－136

价格创出1226.65点新高后，就开始快速下跌，仅用了14个交易日，就下跌到1074.1点，然后开始反弹，在A处，价格突破第一条扇形线，所以可以轻仓试多，搏反弹。

价格持续反弹了13天，反弹到1161.6点，然后又开始下跌，所以这里抄底多单要及时出局，然后反手逢高做空。

又经过 19 天的下跌，下跌到 1044.2 点，又开始反弹，在 B 处，价格突破了第二条扇形线，所以可以轻仓试多。

在 C 处，价格突破了第三条扇形线，反转行情到来，是真正开始大胆做多的时机。

（5）趋势线被有效突破。趋势线被有效突破，是指整个金价趋势运动的最后一环，同时，也是一个崭新趋势的开始。也就是说趋势线被有效突破是一个旧趋势的完结和一个新趋势的开始，它对于分析、掌握整个趋势的循环运动是至关重要的。

上升趋势线被有效突破：

上升趋势线被有效突破的条件有：一是出现在涨势中；二是黄金的收盘价与上升趋势线破位处的下跌至少 3%；三是金价在上升趋势线下方收盘的时间在 3 天以上。

上升趋势线被有效突破后，该上升趋势线对金价就失去支撑作用，并且该上升趋势线由支撑作用转变成压制作用，即压制金价再度上升。上升趋势线被有效突破，对多方是非常不利的，所以投资者要及时出局静观，远离风险。如图 6 - 137 所示。

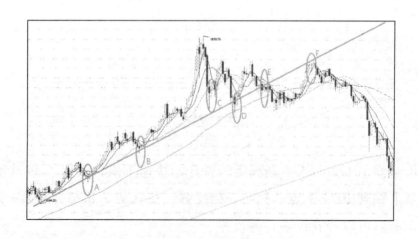

图 6 - 137

现货黄金经过一波调整后，创出了1044.2点低点，然后价格就开始不断震荡上涨。利用两个有意义的低点绘制一条上升趋势线。

这样，每当黄金价格回调到上升趋势线附近，并且出现了见底K线，就要敢于大胆介入多单。所以A、B、C、D处，都是不错的做多位置。

在这里需要说明的是，在D处，价格有一根中阴线跌破了上升趋势线，但接着一根中阳线拉起，重新站在上升趋势线上方，所以D处的跳转是假突破，所以D处是不错的做多位置。

在E处，价格有效跌破了上升趋势线，这意味着上涨行情结束，后市将迎来震荡下跌行情。

从其后走势可以看出，价格下跌后，又出现了较强的反弹，但没有再创新高，并且反弹到上升趋势线附近，再度受压下行，即F处，所以F处是不错的做空机会。

下降趋势线被有效突破：

下降趋势线被有效突破的条件有：一是出现在跌势中；二是黄金的收盘价与下降趋势线破位处的上涨至少3%；三是金价在下降趋势线上方收盘的时间在3天以上。

下降趋势线被有效突破后，该下降趋势线对金价就失去压制作用，并且该下降趋势线由压制作用转变成支撑作用，即阻止金价再度下降。下降趋势线被有效突破后，形势开始对多方有利，所以投资者应随时做好准备入场做多。如图6-138所示。

现货黄金经过一波大涨之后，在2009年12月3日，创出1226.65点高点，随后价格就开始长时间地调整，在这里绘制一条下降趋势线。

在A处，价格接近下降趋势线，并且价格弱势反弹两天，所以在这里是不错的做空位置。

接着价格就开始快速下跌，连续下跌8个交易日后，价格再度反弹。

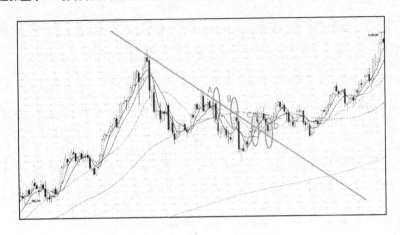

图 6－138

这一波反弹，虽然仅仅 3 天，但反弹速度很快，并且盘中突破了下降趋势线，但由于收盘没有站上下降趋势线，所以 B 处是一个假突破，即价格还要下跌。所以，B 处是一个不错的做空位置。

接着价格再度快速下跌，大阴线下跌一天，第二天就收了一根见底十字 K 线。随后价格就开始反弹，在 C 处，价格突破了下降趋势线，这意味着调整行情结束，后市很可能迎来震荡上涨行情。所以，C 处可以介入多单。

价格突破下降趋势线后，没有大幅上涨，而是出现了回调，但回调到上升趋势线附近，价格再度企稳，开始上涨，所以 D 处是不错的做多位置。

关于趋势线的描述在这里就告一段落了，总的来说，趋势线所表达的趋势分析是一个完整的循环，一般来说，这个循环是从趋势线被有效突破开始，然后经历单边震荡上升（或下降），以及不确定的震荡（横盘）趋势，最后，还是以趋势线被有效突破结束。这一循环往复的过程，高度概括了黄金价格运动的规律，是趋势线的最大特征。

趋势线的重点在于：一是趋势线适于中、长线的预测，它所提供的是中、长线的参考；二是趋势线技术应结合其他技术分析方法进行综合分析，这样可以大大地提高获胜概率；三是价格只要在慢速上升趋势线上方运行，就应该坚持看多、做多，价格只要在慢速下降趋势线下方运行，就应该坚持看空、做空；四是趋势线的预测信号发出后，首先迎来的往往是反向的回调或盘整，要有耐心，度过这些反向的盘面运动；五是要注意价格运动是否产生了新高或新低，它对判断趋势的方向非常有用。

另外，关于趋势线还有必到值"3"和极值"7"的说法，即价格触碰同一条趋势线最少3次，最多7次，炒金学员们可以在实践中自己去揣摩。

4. 均线

移动平均线是美国投资专家格兰维尔创建的，是由道氏金价分析理论的"三种趋势说"演变而来，将道氏理论具体地加以数字化，从数字的变动中去预测金价未来短期、中期和长期的变动方向，为投资决策提供依据。

移动平均线是炒金的一种最常用、最灵活的技术分析手段之一，是道氏理论的具体体现，是K线图的重要互补技术。因其直观、易懂，所以很受投资者的青睐。

（1）移动平均线概述。

移动平均线定义：

移动平均线又称均线，是指一定交易时间内的算术平均线。下面以30日均线为例来说明一下，将30日内的收盘价逐日相加，然后除以30，就得出30日的平均值，再将这些平均值依先后次序连接成一条线，这条线就称为30日移动平均线，其他平均线算法以此类推。

在默认情况下，日移动平均线共有五条，分别是5日移动平均线、10日移动平均线、22日移动平均线、66日移动平均线和270日移动平均线。移动平均线可以进行动态显示、隐藏、修改等操作，后面会有更详细的讲解。

移动平均线的分类：

移动平均线按时间长短可分为三类，分别是短期移动平均线、中期移动平均线和长期移动平均线。短期移动平均线，一般都是以 5 日或 10 日为计算时间，作为短线买卖的依据。相对于 10 日移动平均线而言，5 日移动平均线起伏较大，特别是在震荡时期，买卖的信号很难把握，所以很多人做短线，常以 10 日移动平均线作为进出的依据。

中期移动平均线，一般都是以 20 日、30 日和 60 日为计算时间，其中 30 日移动平均线使用频率最高。

长期移动平均线一般都是以 120 日、150 日、200 日、250 日为计算时间，其中 120 日均线和 250 日均线使用较多。在日 K 线图中，看到的是日移动平均线；在周 K 线图中，看到的是周移动平均线；在月 K 线图中，看到的是月移动平均线；在年 K 线图中，看到的是年移动平均线。

移动平均线的特性：

移动平均线可以反映真实的金价变动趋势，即通常所说的上升趋势、下降趋势和震荡趋势。借助各种移动平均线的排列关系，可以预测金价的未来趋势。

在使用移动平均线时，还要注意到，平均金价与实际金价在时间上有所超前或滞后，很难利用移动平均线把握金价的最高点和最低点。另外，金价在盘整时期，移动平均线买卖信号会过于频繁。

在使用移动平均线分析金价走势时，要注意以下五个特性：

平稳特性。由于移动平均线采用的是平均金价，所以它不会像 K 线图那样高高低低的震荡，而是起落平稳。

趋势特性。移动平均线反映了金价的变动趋势，所以具有趋势特性，并且它在某些功能和原理上与趋势线极为相似。

助涨特性。在多头或空头市场中，移动平均线向一个方向移动，持续一段时间后才能改变方向，所以在金价的上涨趋势中，移动平均线可以被看作是多方的防线，具有助涨特性。

助跌特性。与助涨特性相反，在下跌趋势中，移动平均线可以看作是空方的防线，具有助跌特性。

安定特性。通常，越长期的移动平均线，就越能表现出安定特性，即金价必须涨势真正明确后，移动平均线才会往上走；金价下落之初，移动平均线还是向上走的，只有金价下落显著时，移动平均线才会向下走。

（2）见底信号的移动平均线。移动平均线的图形有很多，但可以大致分为四类，分别是见底信号的移动平均线、买进信号的移动平均线、见顶信号的移动平均线、卖出信号的移动平均线。下面，来讲解一下见底信号的移动平均线。

黄金交叉和银山谷：

黄金交叉出现在上涨初期，由两根移动平均线组成。一根时间较短的均线，由下向上穿过一根时间较长的均线，并且时间较长的均线是向上移动的。

金价经过大幅下跌后，出现黄金交叉，这就是一个明显的见底信号，投资者可以积极地做多。在黄金交叉中，两线交叉的角度越大，见底信号越明显。日 K 线、周 K 线、月 K 线中出现黄金交叉见底信号强度依次增强，如图 6－139 所示。

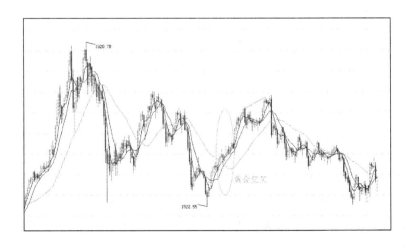

图 6－139

银山谷出现在上涨初期，由三根移动平均线交叉组成。三根均线形成一个尖头向上的不规则三角形，在银山谷形成过程中，尖头向上的不规则三角形的出现，表明多方力量积聚了相当大的上攻能量，是一个见底信号，也是激进型投资者的买进点，如图 6 – 140 所示。

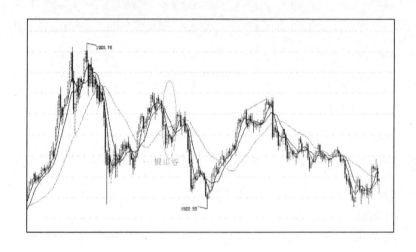

图 6 – 140

加速下跌形和蛟龙出海：

加速下跌形出现在下跌后期，在加速下跌之前，均线系统呈缓慢或匀速下跌，在加速下跌时，短期均线和中期、长期均线的距离越拉越大。

从技术上来说，加速下跌形是一种见底信号，它表示金价的下跌能量一下子得到较充分的释放，因而出现止跌现象。投资者见此图形，就不要再盲目做空了，也可以适量买进一些做多筹码，等均线系统走好后，再追加筹码，如图 6 – 141 所示。

蛟龙出海的意思是，均线系统像一条久卧海中的蛟龙，一下子冲天而起，其特征是：拉出大阳线，一下子把短期、中期和长期几根均线全部吃掉，有种过五关斩六将的气势。

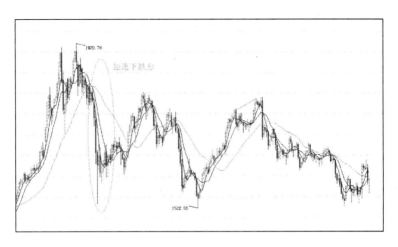

图 6 – 141

蛟龙出海是明显的见底信号，说明主力已吸足筹码，现在就要直拉金价，这时投资者可以买进，但要警惕主力用来诱多，所以投资者最好在拉出大阳线后，多观察几日，如果重心上移再加码追进，如图6 – 142 所示。

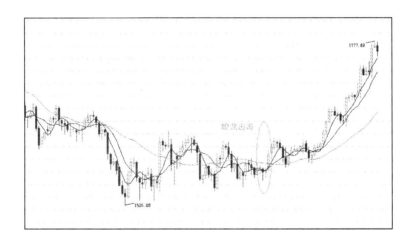

图 6 – 142

（3）买进信号的移动平均线。买进信号的移动平均线共有以下几种，分别是多头排列、金山谷、首次粘合向上发散形、再次粘合向上发散形、首次交叉向上发散形、再次交叉向上发散形、上山爬坡形和逐浪上升形。

多头排列和金山谷：

多头排列出现在涨势中，由三根移动平均线组成，最上面一根是短期均线，中间一根是中期均线，最下面一根是长期均线，并且三根均线呈向上圆弧状，如图6－143所示。

图6－143

多头排列是一个广义概念，后面所讲的首次粘合向上发散、再次粘合向上发散、上山爬坡形和逐浪上升形，都属于多头排列的范畴，在多头排列的初期和中期，可以积极做多，在后期就应该谨慎。

通常，在上涨初期，当均线出现多头排列后，表明市场做多力量较强，往往会有一段升势。只要均线是多头排列，途中出现一些形象不好的K线图，也不要慌张，否则就会被主力洗盘出局，让煮熟的鸭子飞了，就会后悔不已。

金山谷的不规则的尖头向上三角形，与银山谷是相同的，金山谷可处于与银山谷相近的位置，也可高于银山谷。如图6－144所示。

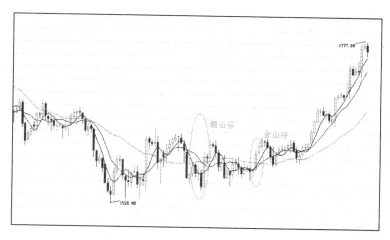

图 6 - 144

从技术上来说，金山谷的买入信号的可靠性要比银山谷强，因为金山谷是对银山谷做多信号的再次确认，即多方力量积聚更加充分了，这时买入风险较小。金山谷和银山谷相隔时间越长，即位置越高，则金价上升的潜力就越大。

首次粘合向上发散形和再次粘合向上发散形：

首次粘合向上发散形，可以出现在下跌后横盘末期，也可以出现在上涨后横盘末期，几根粘合在一起的均线同时以喷射状向上发散，如图 6 - 145 所示。

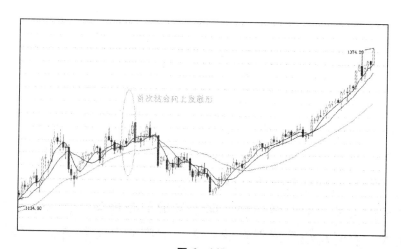

图 6 - 145

在首次粘合向上发散形中，粘合时间越长，向上发散的力度就越大，还要注意在向上发散时，有时会昙花一现，最后还要有其他技术面的支持。在粘合向上发散初期买进风险较小，越到后面风险越大。还有一点要注意，当均线发散时，线条间距离越大，则回调风险越大。

再次粘合向上发散形，即第二次粘合向上发散形，少数情况下也有第三次、第四次，它们的技术特征是相同的。

再次粘合向上发散形的出现，说明第一次向上发散，是由于过去积弱太久或主力故意打压，经过调整后，多方又发动一次进攻，即再次发散，这时是投资者买入的机会，买入后成功机会将很大，如图6－146所示。

图 6－146

首次交叉向上发散形和再次交叉向上发散形：

首次交叉向上发散形常常出现在下跌后期，短期、中期和长期均线从向下发散状，逐渐收敛再向上发散。

在首次交叉向上发散形中，向上发散的角度越大，后市上涨的潜力就越大，有时均线系统刚发散，又会重新交叉或粘合，金价上升只是昙花一现，在交叉向上发散初期买进风险较小，越到后面风险越大。还有一点要注意，当均线发散时，均线间的距离越大，回调风险就越大，如5日均线与30日均线距离较大，一般都会有回调，如图6-147所示。

图6-147

再次交叉向上发散形，即第二次交叉向上发散形，少数情况下也有第三次、第四次，它们的技术特征是相同的。

再次交叉向上发散形的出现，说明第一次向上发散，是由于过去积弱太久或主力故意打压，经过调整后，多方又发动一次进攻，即再次发散，这时是投资者买入的机会，买入后成功的机会将会很大，如图6-148所示。

上山爬坡形和逐浪上升形：

上山爬坡形一般出现在涨势中，短期、中期和长期均线，基本上沿着一定的坡度往上移动。均线形态出现上山爬坡形，表明金价将有一段持续的升势，所以投资者见到此图形，要坚持做多，一直持有，直到这种均线形态有了改变，如图6-149所示。

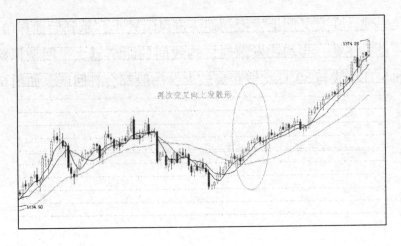

图 6－148

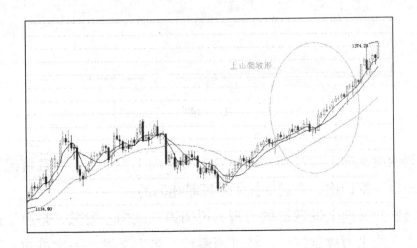

图 6－149

逐浪上升形一般出现在涨势中，短期和中期均线上移时，多次出现交叉现象，但长期均线以倾斜状托着短期和中期均线往上攀升，一浪一浪往上走，浪形非常清楚。均线形态出现逐浪上升形，表明金价整体呈上升趋势，并往往按进二退一的方式前进。空方只能小施拳脚，即金价小幅回落，并无多大打击金价的能力，多方始终占据着主动地位，如图 6－150 所示。

图 6 – 150

从技术上讲，逐浪上升形是买入信号，买进后要拿好手中的黄金，因为涨幅一般不会太小，直到这种均线形态有了改变。

（4）见顶信号的移动平均线。见顶信号的移动平均线共有四种，分别是死亡交叉、死亡谷、加速上涨形和断头铡刀。

死亡交叉和死亡谷：

死亡交叉出现在下跌初期，由两根移动平均线组成，一根短期均线由上向下穿过一根较长期的均线，并且较长期的均线是在向下移动的。

金价经过大幅上涨后，出现死亡交叉，这就是一个明显的见顶信号，投资者可以积极做空。在死亡交叉中，两线交叉的角度越大，见顶信号就越明显。如果在周 K 线中出现死亡交叉，见顶信号就更加明显，并且会有一段较大的跌幅，如图 6 – 151 所示。

死亡谷出现在下跌初期，由三根移动平均线交叉组成，形成一个尖头向下的不规则三角形。在死亡谷形成过程中，尖头向下的不规则三角形的出现，表明空方力量积聚相当大的下跌能量，是一个见顶信号，死亡谷的见顶信号要比死亡交叉强，如图 6 – 152 所示。

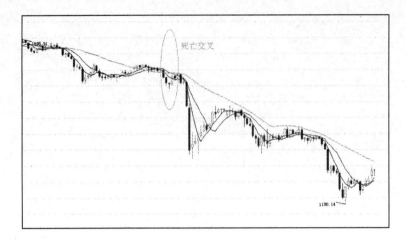

图 6 – 151

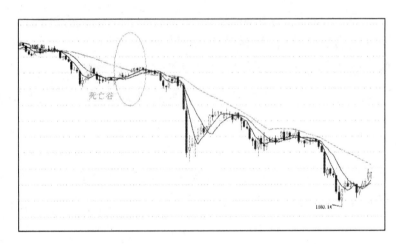

图 6 – 152

加速上涨形和断头铡刀：

加速上涨形出现在上涨后期，在加速上涨之前，均线系统呈缓慢或匀速的上升状态，在加速上升时，短期均线和中期、长期均线之间的距离越拉越大，如图 6 – 153 所示。

从技术上来说，加速上涨形是一种见顶信号，会引起金价急促掉头向下。投资者见此图形，就应保持一份警觉，持筹的不应再盲目跟进，应密切关注均线及 K 线图，如果出现相关见顶信号，就应马上抛离。

图 6 – 153

断头铡刀出现在上涨后期或高位盘整期，一根大阴线如一把刀，一下子把短期、中期和长期均线切断，收盘价已收在所有短、中、长期均线下方。

断头铡刀是一个明显的见顶信号，一般都会引起一轮大的跌势，对多方造成很大的杀伤力。所以，短线客见此信号，应抛空离场；中长线者应密切关注 60 日均线、120 日均线，如果这两个均线也走破，则立即止损离场，如图 6 – 154 所示。

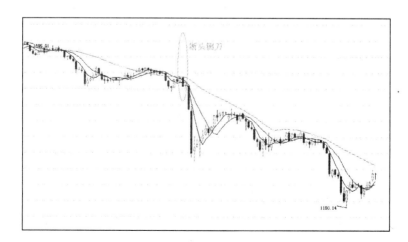

图 6 – 154

（5）卖出信号的移动平均线。卖出信号的移动平均线共有七种，分别是空头排列、首次粘合向下发散形、首次交叉向下发散形、再次粘合向下发散形、再次交叉向下发散形、下山滑坡形和逐浪下降形。

空头排列、首次粘合向下发散形和再次粘合向下发散形：

空头排列出现在跌势中，由三根移动平均线组成，最上面一根是长期均线，中间一根是中期均线，最下面一根是短期均线，并且三根均线呈向下圆弧状，如图 6 - 155 所示。

图 6 - 155

空头排列是一个广义概念，后面所讲的首次粘合向下发散形、首次交叉向下发散形、下山滑坡形和逐浪下降形，都属于它的范畴。在空头排列的初期和中期，以做空为主，在其后期，就应该谨慎做空。

首次粘合向下发散形，可以出现在上涨后横盘末期，也可以出现在下跌后横盘末期，几根粘合在一起的均线，同时以喷射状向下发散。在首次粘合向下发散形中，粘合时间越长，则向下发散的力度越大。再次粘合向下发散形，少数情况下也有第三次、第四次，它们的技术含义是相同的，如图 6 - 156 所示。

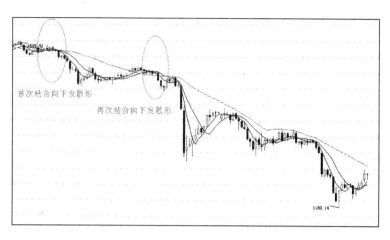

图 6 – 156

首次交叉向下发散形和再次交叉向下发散形：

首次交叉向下发散形，常常出现在涨势后期。短期、中期和长期均线从向上发散状，逐渐收敛后再向下发散。首次交叉向下发散形中，向下发散的角度越大，后市下跌的幅度会越大，如图 6 – 157 所示。

图 6 – 157

再次交叉向下发散形，即第二次交叉向下发散形，少数情况也有第三次、第四次，它们的技术含义是相同的。金价大幅下挫后，均线再一次出现交叉向下发散形，投资者要适度做空，但要防备空头陷阱，如图6-158所示。

图6-158

下山滑坡形和逐浪下降形：

下山滑坡形一般出现在跌势中，短期、中期和长期均线，基本上沿着一定的坡度往下移动。均线形态出现下山滑坡形，表明金价将有一段持续的下跌，所以，投资者见到此图形后，应以看空做空为主，如图6-159所示。

逐浪下降形一般出现在跌势中，短期和中期均线下降时多次出现交叉现象，但长期均线以斜线状压着短期和中期均线往下走，一浪一浪往下走，浪形非常清楚。均线形态出现逐浪下降形，表明金价整体上呈下降趋势，并往往按退二进一的方式下滑，空方始终占据着主动地位。从技术上讲，逐浪下降形是卖出信号，任何时候逢高出局都是正确的，如图6-160所示。

（6）利用均线做多应用。5日均线是默认的均线，即1周交易日的平均价格，因为1周只有5个交易日。在实际生活中，人们常常用

周作为时间单位，所以 5 日均线是短线判断的依据，只要价格不跌破 5
日均线，就说明价格处于极强势状态。

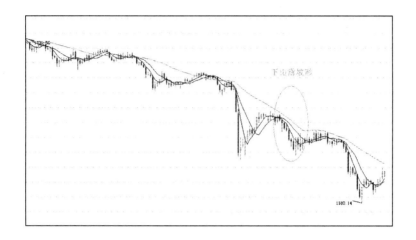

图 6 – 159

图 6 – 160

均线由粘合到扩散，然后节节走高，而价格则是放量拉升，并且
是沿着 5 日均线向上攻击，即每一次接近 5 日均线，都有大量买盘买
进做多，从而推升价格。如果是在低位买进，就可以一路持有，直到

价格跌破 5 日均线再出局，就可以实现利润最大化。

图 6-161 显示的是 2007 年 11 月 20 日至 2008 年 2 月 5 日现货黄金（AU）的日 K 线图。

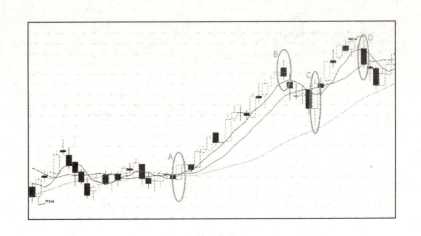

图 6-161

现货黄金连续窄幅震荡 15 个交易日，5 日、10 日和 30 日均线粘合到一块。在 A 处，一根中阳线突破了所有均线，这表明上涨行情开始，所以要及时调整操盘策略，即由前期的高抛低吸转为沿着 5 日均线去做多。

中阳线突破后，价格不断震荡上升，均线开始向上发散，并形成多头排列，所以每当价格回落到 5 日均线附近，都要敢于做多。

价格沿着 5 日均线连续上涨 15 天，最高上涨到 914 点。第 16 天，价格没有继续上涨，而是大幅下跌，并且收盘跌破了 5 日均线，即 B 处。由于价格已经过十几天的上涨，并且这一波行情是沿着 5 日均线上涨的，所以当收盘跌破 5 日均线后，多单要第一时间获利了结，然后再找机会介入。

价格跌破 5 日均线后，连续回调 5 天，并且这 5 天价格是沿着 5 日均线下行的。所以当价格重新站上 5 日均线后，就可以继续沿着 5

日均线来做多。

在 C 处，一根中阳线再次站上 5 日和 10 日均线，所以就可以沿着 5 日均线看多做多。沿着 5 日均线上涨了 8 天，第 9 天，价格跌破了 5 日均线，即 D 处，这时多单要及时获利出局，并且可以轻仓试空。

10 日均线，又称半月线，是连续两周交易的平均价格，是考察价格在半个月内走势变化的重要参考线。相对于 10 日均线而言，5 日均线起伏较大，特别是在震荡时期，买卖的信号很难把握，所以很多人短线常以 10 日均线作为进出的依据。只要价格不跌破 10 日均线，就说明价格处于强势状态。

图 6 – 162 显示的是 2011 年 6 月 7 日至 2011 年 9 月 26 日现货黄金（AU）的日 K 线图。

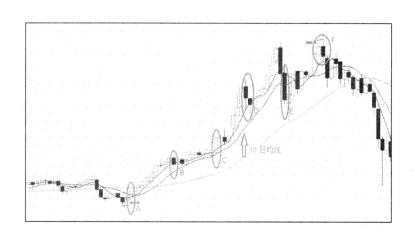

图 6 – 162

现货黄金连续回调 8 天后，创出了 1478 点的低点，但随后价格没有继续下跌，而是收了一根小阳线，这表明下跌动力不足。随后在 A 处，又拉出一根中阳线，该中阳线突破了 5 日和 10 日均线，这表明下跌行情已结束，投资者要及时转变思维，由前期的做空思维转为做多思维。

中阳线突破之后，价格就开始沿着 5 日均线上涨，所以每次回调到 5 日均线附近，都是不错的做多时机。

价格连续 11 天阳线上涨，然后在 B 处，跌破了 5 日均线，这时为防止价格大幅回调，多单要减仓或全部出局观望。

多单出局后，你会发现价格没有大幅回调，而是做横盘调整，并且每一次回调到 10 日均线附近，价格就会得到支撑。这表明 10 日均线就是这一波行情的趋势线，可以沿着 10 日均线做多，止损也在 10 日均线附近。

金价在横向盘整了 10 天后，在 C 处价格开始再次向上突破，这表明盘整行情结束，随后又是一波上涨行情，可以沿着 5 日均线做多。

在 C 处突破后，价格上涨了 7 天，这时多单要注意盈利了结。然后出现了回调，回调 2 天，即 D 处，虽收盘突破了 5 日均线，但价格仍在 10 日均线上方，所以仍可以逢低做多，但由于价格已上涨较多，一定要设好止损。

调整 2 天后，又出现一根中阳线，站上了 5 日均线，所以可以继续做多。这一小波上涨了 6 天，并且上涨力度较大，所以多单要注意保护盈利。随后就是两根大阴线，跌破了 10 日均线，即 E 处，这表明这一波上涨行情结束。

由于这一波上涨幅度较大，多头主力很难顺利出货完毕，并且这时做多激情仍在，所以主力又拉了一波，并且创出了新高，即 F 处，随后价格就开始下跌。

（7）利用均线做空应用。图 6－163 显示的是 2011 年 6 月 29 日至 2011 年 9 月 28 日现货黄金（AU）的日 K 线图。

现货黄金经过一波大涨之后再次冲顶，形成了双顶结构，然后开始下行。在 A 处，5 日和 10 日均线形成了死叉，这是第一个死亡交叉，是一个看空做空信号。所以高位空单可以继续持有，并且可以沿着

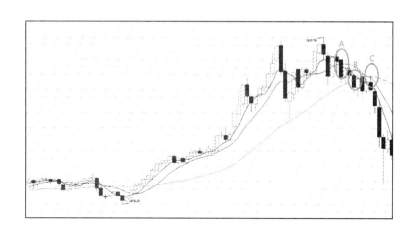

图 6 - 163

5 日均线继续做空。

随着价格的继续下跌，价格跌破了 30 日均线，并且在 B 处，5 日均线下穿 30 日均线，形成了第二个死亡交叉。这表明下跌行情继续，高位空单继续持有，仍可以逢高继续建立空单。

价格跌破 30 日均线后，没有继续大幅下跌，而是一阴一阳的横盘，但要注意每次反弹都没有站上 10 日均线，这表明行情可以继续做空。在 C 处，10 日均线下穿 30 日均线，形成了第三个死亡交叉，这表明行情完全转空，有大跌的可能，前期空单继续持有，并且可以逢高空单加仓。

（8）格兰维尔移动平均线八项法则。在移动平均线理论中，美国投资专家格兰维尔创造的八项法则可谓是其中的精华。自从该法则问世以来，移动平均线的使用者无不视其为赢家法宝。下面就为大家简要地介绍一下格兰维尔所提出的移动平均线买进和卖出的八项法则。

首先，我们来看格兰维尔提出的四项买进法则：

平均线从下降逐渐走平转为上升，而价格从平均线的下方往上突破平均线时，为买进信号；

价格虽跌破上升的平均线，但不久又调头向上，并运行于平均线的上方，此时可加码买进；

价格下跌未破平均线，并重现升势，此时平均线继续在上升，仍为买进信号；

价格跌破平均线，并远离平均线时，很有可能产生一轮强劲的涨势，这也是买进信号。但要记住，弹升后仍将继续下挫，因而不可恋战。这是因为大势已经转弱，久战势必套牢。

其次，我们再来看格兰维尔提出的四项卖出法则：

平均线走势从上升逐渐走平转为下跌，而价格从平均线的上方往下跌破平均线时，是卖出信号；

价格虽反弹突破平均线，但不久又跌到平均线之下，而此时平均线仍在下跌时，这也是卖出信号；

价格跌落于平均线之下，然后向平均线弹升，但未突破平均线即受阻回落，仍是卖出信号；

价格急速上涨，远离上升的平均线时，投资风险激增，随时可能回跌，这还是一个卖出信号。

最后，格兰维尔移动平均线八项法则中的前四条，是用来研判买进时机，后四条是研判卖出时机。总而言之，运用移动平均线对价格走势进行分析、判断时，大致应遵循如下规则：

当平均线上升时为买入机会，下降时为卖出机会；

当平均线由跌转升，价格从平均线下方向上突破平均线时，为最佳买入时机；

当平均线由升转跌，价格从平均线上方向下跌破平均线时，为最佳卖出时机。

关于均线的描述到这里就告一段落了，总的来说，均线与趋势线无论从技术含义上、特征分析上，还是分析功能上都极为相似。这表明各种技术分析手段，都有相通的地方，因为所有的技术分析手段，它们的目标是一致的，即所谓的殊途同归。

分析均线的同时，也要结合其他的技术分析工具，比如 K 线、趋势线、形态、次高低等这样可以大大增强分析获胜的概率，避免单项分析带来的片面和不足。

均线技术的重点在于：一是移动平均线的分析，首先要确定当前金价处于什么位置，这也是所有技术分析中首先要确定的一点，比如"金叉"在上涨初期，是强烈的买进信号，如果出现在上涨的末期，则很可能是主力为了诱多而设置的多头陷阱；二是见底信号不是买进信号，除非有其他技术分析信号的配合，否则不要一见到见底信号便过早入市；三是"均线走好"很有参考价值，它的意思是，没有交叉，且均线间距又不是越拉越大；四是均线间距越拉越大时，必定会带来一波反弹，甚至是一个大趋势的转折；五是均线间不断收敛，往往是均线状态改变的开始；六是和趋势线同理，5 日、10 日均线可提供短线止损位；七是均线交叉的时候即是问题产生的时候；八是以上所说的移动平均线的模式是，设定 5 日、10 日、30 日三条均线组合模式。

5. 次高低

（1）次高低概述。先解释一下什么是次高低，如图 6 - 164 所示，1、2、3、4、5、6 部位是次高点，A、B、C、D、E 部位是次低点。从次高点开始金价会大幅下降；从次低点开始金价会大幅上升。另外，次高低在形态上表现得越明显，它所显示的信息就越准确。

（2）次高低与趋势线。次高低的技术含义非常简单。但要想对其完全地理解，也不是一件简单的事，知其然，还要知其所以然。下面我们就从次高低与趋势线的关系，从它的形成到它的结束，这一循环往复的过程进行讲解。

图 6-164

次高低的形成，从突破趋势线开始：

通常，新一轮的次高低的形成，都是从趋势线被有效突破开始，如图 6-165 所示。金价突破趋势线后，回抽并止于旧趋势线，当金价再次上扬，便形成了一个新的谷底 B，即第一次低点。与此同时，也确定了大转折 A 点的形成，A 点与 B 点相连，便是旧趋势线被有效突破后，第一根新的反向趋势线产生。在趋势线中，新的反向趋势线的形成，在技术含义上代表着与原趋势线相反的新趋势的开始，并且这里往往会有一段较好的升势，这为第一次低点是入市做多的大好时机提供了理论依据。

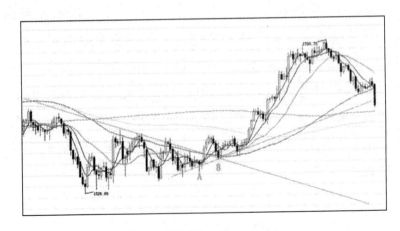

图 6-165

次高点在理论上与次低点相同，只是方向不同，不再赘述。

第一次高低的形成：

如图 6 – 166 所示，在金价突破趋势线后，形成回抽，并止于旧趋势线，在金价开始反向上扬的时候，随着第一根反向新趋势线的形成，第一次高低点 A 便告形成。

图 6 – 166

要注意，第一次高低形成的关键在于，旧趋势线被突破后，突破后有两种可能，一种是金价又回到旧趋势线之内，形成同向新的趋势线，这时要按照原趋势线的方向去做。另一种是旧趋势线被有效突破，即金价突破旧趋势线之后，回抽并止于旧趋势线，当金价再次反向扬升时，即是重仓入市的好机会。

第一次高低的产生源于旧趋势线被有效突破，及反向第一根新趋势线的产生这两个条件，是次高低循环获利的第一次好机会。

第二次高低的形成：

第二次高低的形成，是第一次高低形成之后又一个重要的关键点，它是所有的次高低中最可靠的入市点。

旧趋势线被有效突破、回抽，金价再次上扬，产生第一次低点，

— 219 —

然后依据趋势线被触碰的必到值3，金价必然回落，并第三次触碰趋势线，当金价再次开始反转向上，则第二次低点产生。

第二次高低为什么是最可靠的入市点呢？因为它的形成，是处于趋势线理论中必到值3的环境中。

趋势线被金价触及的必到值是3，并且在这里，趋势线无论是支撑还是压力都是最强的地方，所以我们认为第二次高低是最佳的入市点，也是我们等待的最佳机会。

之后的次高低：

之后的次高低，相当于由第一及第二次高低的惯性所产生，是第一和第二次高低的延续，通常，次高低的个数最多可达到6个，如图6-167所示。

从第一次高低点起，一直到当前趋势线被有效突破，每一个次高低都可能带给我们获利的机会。但每一次当金价临近当前趋势线的时候，我们都要万分警惕，因为金价随时可能穿越当前趋势线，形成一个新的相反方向的趋势，这时如果仍旧按原趋势去做的话，便很容易犯错。

图6-167

这时，趋势线在这里会扮演一个判官的角色，如果金价在趋势线之内反转，那么可以大胆地按原趋势去做；如果金价穿越了趋势线，那么就要另做打算了。

次高低从突破趋势线结束：

次高低最大的特点就是从突破趋势线开始，也是从突破趋势线结束，并且整个过程都与趋势线密切相关。

如图 6－168 所示，分析次高低要结合趋势线的角度环境，依据金价触碰趋势线的必到值 3 和极值 7，次高低的结束通常是在第二次高低之后，第三次高低到第六次高低之间，在这期间，每次当金价临近趋势线的时候，都要做好金价可能穿越趋势线的准备，一旦金价有效突破旧趋势线，并形成一根新的反向趋势线，则宣告旧的趋势已经结束，新的趋势已经开始。这时要及时分辨出新的第一次高低，不要错过入市的良机。

（3）关于次高低的总结。要想准确地识别次高低，首先要学会画趋势线，其次甄别出次高低从哪里开始，到哪里结束。

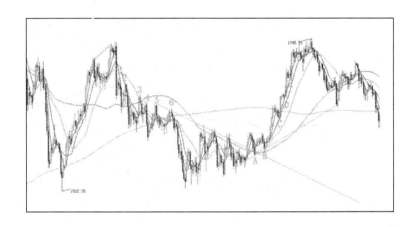

图 6－168

在大盘上除了宏观上分辨出那些较明显的次高低之外，有些不明显的小波浪形成的次高低点，也不要忽视，因为它同样关系着金价未来的走势。

稳健型投资者只需做第一次高低和第二次高低，不要理会最高点和最低点，尽管那里也有获利的可能；激进型投资者可适度在第三至第六次高低点顺势建仓。

总之，次高低来源于趋势线环境，它与趋势线相互依存。待炒金学员们吃透了次高低与趋势线，然后再回归金市大盘，一切将变得简单。

有些人炒金，就像盲人赛跑，不知道起点，弄不清方向，看不到终点，所以他们最后只能变成金市的殉葬品。在次高低理论中，包含了起点、过程、终点，并指明终点即起点这一循环往复的逻辑。所以，炒金学员们如果精通了次高低和趋势线，便有了胜券在握的资格。

关于次高低的描述到这里就告一段落了，总的来说，次高低是一个周而复始的过程，在单边趋势中扮演着极为重要的分析角色。并且，实践证实，次高低的确是既简单又实用的分析手段，我们把它比喻成"通往巅峰的阶梯"。

学习次高低分析技术的重点在于：一是要懂得利用趋势线、均线及其他技术配合分析次高低，尤其是在判断新的次高低点出现，及新的反向次高低形成的时候。二是次高低与回调密切相关，尤其是要知道回调应在哪里结束，一般来说，最粗略估计，回调在时间和空间上都应是前一波主力运动的50%左右。回调结束，方可依据次高低顺着主趋势方向入市。三是一般我们判断次高低的形成都是在二级趋势中，回调仍是我们判断次高低是否形成的重要依据，回调的幅度如果没有超过前一波的高点或低点，也就是说没有产生新高或新低，那么这个回调就是有效的，新的次高低的形成也是有效的，否则，就很可能是大势转向了。

（二）操作技术

1. 基本操作技术

（1）方向。炒金学员们闯入黄金市场之后，在开始操作的时候，所面临的第一件事就是趋势发展方向的判断，并且，这件事完全要自己来做出选择，我们以前所学习的基本分析和所有的技术分析，都是为了正确地判断好金市方向，准确掌握它的运行轨迹。

如何正确地判断金市方向？有两种方法：一是凭感觉进行最简单的趋势认定，这一点连小孩都可以做到，但作为方向认定的方法，它往往是最有效的；二是通过技术分析和基本分析技术，更细致地分析趋势方向，判断最佳的入市点。如果你是技术分析高手，你可以顺便将最佳出市点也分析出来。

总之，方向的判断要靠自己扎实的基本功和实践的磨炼，下面，我给炒金学员们提供关于方向判断这一阶段的几点建议。

首先，需要确定整体的金价行情趋势方向，趋势之所以如此重要，是因为它可以帮助你确定大致的交易方向，假设当黄金的价格走出一系列的高点时，那么此时交易的重点就应该是寻机做多；相反，当金价走出一系列低点的时候，最好的交易策略应该是逢高做空。归纳起来就是，无论在什么时候都要顺势而为。

其次，要做的就是确定入场策略，一般来说，交易者可选择回调入场策略，或者突破入场策略。在上升趋势中，回调策略关注趋势的回调以求在更低的价位入市，而突破策略则仅仅当黄金突破某一关键阻力位时入场。

最后，就是需要做好风险管理，交易者可根据自身的风险承受能力，来设置每笔交易的止损，一个被较多交易者推崇的法则是，每一笔交易的最大亏损不超过资金的1%。这样一来，即便这笔交易被止损出场，仍会保留大部分的资金，来为下一次交易机会做准备。

（2）仓位。仓位，即仓位控制，也叫资金管理，它基本上属于风险控制类的操作技术。一般来说，现货黄金投资的仓位控制，是投入的保证金在自有资金的30%以下。

听无数人说过一夜之间爆仓或者没几天就爆仓，而且又处于不是特别大的行情里。这里除了行情分析不到位，最主要的还是由于资金管理和仓位控制不合理，甚至是非常激进。交易仓位无非是重仓交易和轻仓交易两种，太多的金友几天爆仓或者一夜爆仓，最主要的原因在于交易仓位对于整体的资金来说太重了。很多人喜欢搏一下，妄图一夜利润翻倍，但利润和风险是对等的，在你想赢取高利润的时候，你就要承受同等的风险。重仓交易如果说最后的结果都是爆仓，那有点武断，但基本都是这个结果。为什么呢？假如1万美元，第一次重仓3手或者5手单子，你的运气很好——盈利翻倍了；然后第二次依然如此，这个时候的单子已经不是3手或者5手了，你会按照2万美元的资金，有可能是6手或者8手，你还希望这次在2万美元的基础上利润翻倍，好的，你是幸运的，你又翻倍了；然后第三次的时候，你的账上是4万美元了，这个时候你的交易仓位可能就是12手或者16手了，没想到你这次运气不好，爆仓了，之前的一切努力化为乌有，最后的结果是你亏掉本金1万美元，不论你中间盈利了多少倍。

甚至很多人运气根本没有好到给其3次的机会，仅仅是第一次就爆仓了。这是人性的弱点及贪婪决定的，有了一次的甜头，就会奢望以后每次都可以有这样的好事，形成了心理暗示。

但是对于老手来说，有些时候有些行情是可以重仓交易的，那是在对行情有着相当的把握的前提下。而对于新人来说，开始初涉交易的时候，一定要轻仓，这样可以保证在你没有读懂市场的时候，你的亏损每次都是轻微的，不至于一次毙命，让你在市场里生存得久些，逐渐地读懂市场并找到盈利的钥匙。

但是，如何算是重仓，又如何算是轻仓呢？这要根据资金情况决定，没有固定的公式，但是有一点投资者可以参考，那就是根据你自己的心理承受能力来下单。如果你觉得一个单子你最大可以承受300美元的亏损，而且对你的整体资金损失在5%以下，那么你可以选择1手单15个点止损，也可以选择0.5手单30个点止损，依次类推，但是一定要保证你的有效利润目标大于可能止损目标。

在仓位控制上，不要在同一个点位下很多单子，对于顺势发展并且已经盈利的单子，中间要加仓，临近一波行情的尾声阶段，要逐步减仓。

仓位控制依据它所处的环境又分为横盘期与大行情，首先，我们看横盘行情的做法，横盘行情一般都是北京时间的上午到下午这个时间段。投资者这个时候做单，发现行情最多不会超过10个点的波动，大的资金都没有进来，也没有其他消息面的刺激，所以投资者在做单的时候发现不需要太多的安全措施，只要分析到位就可以大胆地重仓进去，对客户一般而言都是在这样的慢行情做20%的仓位。在止损方面，我们也可以缩小止损位，不会超过10个点的止损，一旦平淡的行情有了很大的变化，仓位这么大是很危险的，所以建议横盘行情中建中等仓位，缩小止损位。

再说说大行情中怎样控制仓位，大行情一般都会在晚上来临，中国的晚上就是欧美的白天，那么在这个时候可以给客户一些很好的建议，一是在行情来临前做挂单，挂单是需要对消息面提前预测的，所以仓位不要大，10%最高了，而且有一定的投机行为在里面。二是行情来了后追仓，这个时候由于比较难做止损，所以就只能做10%仓位进去，等到行情走顺势了，那么可以继续加仓。

（3）止损。止损是黄金投资风险控制的最常用手段之一，也是最基本的风控办法之一。这其中有止损技巧和止损误区，下面对其一一进行详细的介绍。

炒黄金止损技巧：

止损设置的基本方法：做多的时候，止损基本设置方法就是将止损设置在关键支撑下方；做空的时候，止损基本设置方法就是将止损设置在关键阻力上方。

设置止损是手段，而不是目的，设置止损的目的不是为了亏损，而是要降低操作风险。但控制操作风险的最有效方法并不是止损，止损只是我们控制风险的最后一道关卡，所以在设置止损之前，必须要做的事情还很多，比如入场时选择的交易方向、选择哪些交易机会、用多大仓位交易、入场的时机等，它们共同决定了风险的大小。

从长期的操作来看，盈利和亏损总是相辅相成的，只有承认错误的客观存在，才可能去寻求减少错误的解决之道。止损涉及止损的具体形态（价位）、止损的幅度控制、止损的调整、止损的心理控制等问题。

不同趋势下的止损要点：我们所提倡的止损是指，根据事先设定的价位进行判别，一旦市场运行方向、节奏与预期出现了明显背离，就应该及时按照设定的价位主动离场，达到将风险控制在最小范围内的目的，以保护资金安全。

不同趋势下，设置有效止损的方法：在设定止损价位的分析过程中，首先需要确认的是市场运行的趋势，也就是方向，在不同的趋势下操作，有不同的止损设置方法。核心的止损设置方法要点：一是顺势操作，比如涨势中买入（跌势中卖空），止损价位的选择要在表明涨势发生转变的时候，设置在潜在转变点下方是最有效的；二是逆势操作，比如跌势中买入（涨势中卖空），止损价位的选择要在表明跌势仍在继续的时候；三是如果遇到横盘震荡走势，止损价位的选择显然只能在盘整区间发生突破的时候。

交易中必须注意的问题：作为一笔交易，其最初的构成部分至少包括了入场价、止损价、目标价、仓位，这四者要结合考虑，从一个整体来衡量风险。除非你的交易经验比较丰富，否则不要在进场以后再考虑止损价位的设置。

止损价位一旦确认，就不要向扩大潜在亏损的方向进行调整。如果在价格达到预设的止损位时，你仍将希望寄予下一个支撑位，这也就失去了止损的价值，因为支撑位会不断出现，也就意味着你的损失可能不断扩大，永无止境。所以，亏损的时候一定严格止损。

技术分析所得出来的止损价位，往往是能够很好地印证走势，但不一定能够将风险控制在有限的范围内，有时候也会产生幅度较大的潜在亏损。在这种不能将止损幅度控制在有限范围内的时候，应考虑放弃操作，或者减少仓位进行操作。

潜在亏损与潜在收益间应该有一个合适的比例，至少在1:1之上，理想状态为1:3。这样做的好处在于，只要你的分析判断准确率在50%以上，就可以实现长期盈利。

再次提醒投资者正确对待止损。如果没有合理的止损，交易就是虚假的，就不是现实中的实战交易，而是纸上谈兵。正是因为有亏损的存在，才形成了完美的市场、完美的交易。

炒黄金止损误区：

在黄金投资过程中，止损应该是最常见、最不受欢迎却又不得不面对的一个措施。止损其实是一项非常重要的基本功，新手上路总是亏得多赚得少，不仅仅是由于盘面知识掌握不足或运气不好，更多的是因为对止损处于无知的状态，我们确实有必要仔细了解一下止损最常见的误区。

不止损是错误的。我们不得不承认一点，只要你去做，无论做什么都一定会有对、有错，再强的炒金高手也不例外，判断正确从而盈利是我们非常乐意的，但如果判断失误则可能亏损，此时重要的是亏多少的问题，不止损只有两种结果，一是运气好，行情出现反转，扭亏为盈；二是要么会迫不得已进行锁单，要么眼睁睁地看着越亏越多。

其实大可不必这样，我们只需承认并改正错误就可以了，止损无疑是最合理、最可靠的手段，不止损只能证明你有侥幸心理，或盲目地自信，这在金市是非常不可取的心态。大亏都是由小错误变成大错误，最终错到不可收拾。

乱止损是自我伤害。这种错误新手比较容易犯，最常见的是因为不止损发生了亏损，所以也有了止损意识。遗憾的是缺乏技巧，导致乱止损。乱止损可能会逐步蚕食你有限的资金，因为每一次止损成为现实就意味着你小亏了一次，这样一来你的资金会越来越少。要知道止损的目的是控制风险在可以接受的范围内，而不是自我伤害。

没有稳定的止损意识。或许我们已经知道了止损的必要性，但没有放到重要的位置来对待，经常是有时止、有时不止。这样一来，损失在自己可接受的范围之内时就会心存侥幸，或许再等等就会扭转！而一旦继续亏损，超过了承受范围以后，经常会不知所措。止吧、不忍心，不止、继续亏下去就完了。这几乎等于不系安全带坐飞机，不出事则已，出事肯定是大事。所以我们应当养成防备万一的习惯，这样才不会给自己造成难以弥补的伤害。

无论大单小单，做单前一定要养成及时止损的习惯，不要在错误的行情中犹豫不决，错了就勇敢承认并及时改正；金市的机会无时不在，不在于一单的得失成败；止损你可能小亏，不止损意味着你可能大亏甚至爆仓。

至于怎样确定止损位，有几点建议参考，一是现货黄金市场每天平均波动幅度是 15 美元左右，依据这一点，我们短线客可以将止损设置在 15~30 点；二是利用趋势线，确定关键支撑位和关键压力位，关键支撑位以下和关键压力位以上部分即是目标止损位；三是利用均线，和趋势线同理，5 日均线和 10 日均线都可以作为短线止损位的参考。

（4）止盈。入市总是简单，离市太难。止盈即判断离场的时机，总的原则是，要在关键阻力位或支撑位平仓离场；或者在其他技术的判断下，市场会发生转折时平仓离场。

　　根据"支撑有效做多，支撑无效做空；阻力有效做空，阻力无效做多"的原理，只要找到重要位置，观察 K 线在这些位置附近的形态变化，就可以做出有效的买卖决策。经过验证，成功率都在 80% 以上。根据同样的原理，价格的大致走势是可以事先预测的，不管是以后几小时、几天、几周甚至几个月的行情，只要观察相应时间框架上的重要支撑位、阻力位的 K 线形态，预测的成功率同样也可达 80% 以上。

　　止盈，难就难在当价格到达下一个支撑位、阻力位的时候，你不知道它是否有效。如果有效，价格回探，有可能单子会在成本位被打掉；如果无效当然好，但是再下一个支撑位、阻力位呢？再下下一个呢？平仓的方法有很多种，简介如下：

　　止损平仓。有一定的盈利时，提高止损保护成本，然后随着行情的发展根据技术图形提高止损，直至止损被打掉。此法适用于单边行情。

　　次顶平仓。有一定的盈利时提高止损保护成本，然后随着行情的发展，根据技术图形提高止损。当观察到价格无力再创新高，有回落迹象时即平仓。此平仓方法是止损平仓法的改良升级，可以在最大程度上把握应有的利润。

　　支阻平仓。当价格到达或即将到达下一个支撑位、阻力位就平仓，不必等待冲击结果。此办法适用于震荡行情或者抢反弹。

　　目标平仓。把每一次下单都当成是一个高胜算的赌局，下单同时设好止损和止盈，止盈目标起码是止损的三倍，同时按照固定损失金额调整开仓头寸。当持有一定的盈利时，即提升止损保护成本。假设盈亏比 3:1，做单成功率只要达到 25% 以上即可盈利。

　　由此可见，任何一种单一的平仓方法都有其优点，但是也必有其局限性。企图用其中任何一种平仓方式吃尽所有行情是不可能的。所以，重视系统交易方法和机械做单方式的炒手，往往有"止盈难，难于上青天"的想法。

我们知道，震荡常有而单边不常有。固然单边行情的 1 单能抵得上震荡行情的 10 单，但是仅仅重视单边行情是不够的，反之亦然。所以，最合理的平仓方法必须同时兼顾两种行情。

组合平仓，杠杆调低一半，一单分成两单做。一单采用支阻平仓法或者目标平仓法，用于对付震荡；另一单采用止损平仓法或者次顶平仓法，保护成本后随行情而去，用来捕获单边。简而言之，组合平仓法的精髓在于震荡用超短、趋势捉波段。

同时，任何时候都不要忘了，有一定的盈利时就要保护成本，投机的本质是控制风险。

（5）挂单。我们这里指国际现货黄金的挂单交易，交易者预先在交易平台设定交易条件，在指定的价位出现时，系统自动买入或卖出产品合约。其核心内容就是，让系统自动完成客户预订的交易。

挂单的优点：

完全由系统自动操作，投资者得以空闲。

瞬时交易，由于交易平台上的报价是随时变动的，客户手动下单可能会错过最佳点位，或者需要重新要价，而挂单可以完全避免这些。优质的交易平台，只要点位到达，哪怕行情波动极快，价位持续时间只有不到 1 秒的时间，也能完成交易。

挂单的缺点：

灵活性差，系统会认定交易者所设交易条件，不会分析行情趋势，即使趋势变化，系统仍然会照常执行；

技术要求较高，如何选择挂单点位对交易者的技术能力是一个考验，挂单位置不合理，容易造成亏损。

因此挂单要慎用，必须在把握足够的情况下使用，另外需设定获利止损，以及手动操作来配合，以提高挂单的获利成功率。

平台挂单类型定义：

低于当前买入价挂多，通常用于接近下档支撑位时买单（回调做多仓）；

高于当前卖出价挂空，通常用于接近上档支撑位时卖单（回调做空仓）；

高于当前买入价挂多，通常用于接近上档支撑位时买单（回调做多仓）；

低于当前卖出价挂空，通常用于接近下档支撑位时卖单（回调做空仓）。

（6）单边操作。单边操作是相对于震荡期操作的一种说法，单边与震荡是盘面趋势的一种粗略划分，因为有的操作方式适合单边趋势；有的操作方式适合震荡趋势，所以我们必须将这两种趋势形态划分清楚。

炒金可做多、做空，所以一般不说什么牛市、熊市，大家所说的牛市、熊市只不过是对行情涨跌的大体划分。黄金一般分单边趋势与震荡趋势，单边趋势中有单边上涨与单边下跌。在趋势面前要顺势而为，要相信市场。同时行情也是多变的，当行情走到一定程度也会发生拐点，所以趋势面前顺势而为不可忘，在注意顺势的同时也要因势而变。

行情横盘过程就是多空双方相互消化、平衡的过程，也是多空双方的某一方不断积蓄能量、随时准备打破平衡的过程，当价格在低位横盘了一段时间后，如果某一天多方占绝对优势，向上突破横盘区域并打破平衡，价格上涨的运行趋势就会延续，并保持一定的惯性运动，加上场外资金的不断向同一方向推动，就会加剧这种惯性运动。所以一旦平衡被打破，就绝不会马上逆转。当低位的价格平衡被多方打破，就可以立即做多买入。

当价格上涨一段时间后，累积了大量的获利盘，会遇到获利盘的抛压，同时也会有新的资金看多未来而逢低吸纳，从而使多空双方在一段时间内到达一个相对的动态平衡状态，当这种平衡状态再次被多方打破后，价格会再一次向上突破横盘区域，形成新的上涨趋势。加上新的做多资金的刺激，上涨趋势会得到进一步的延续。由于黄金市场非常庞大，不是一般的机构可以左右或人为操纵，所以，假突破的人为操作来诱多的现象几乎不存在，不必担心像股市那样主力诱多出货的现象。当价格中位突破后，就可以立即做多买入建仓。

当价格再一次运行到相对高位，经过再次横盘休整后，价格如果再一次突破横盘向上，我们仍然可以做多买入，行情仍然会延续而不会立即终止，这是金市的特点，只要确认趋势，就可以放心操作，直到高位出现反转信号。

在上涨趋势的波段中，不管是低位、中位还是高位，如果是缓慢上涨可以连续平仓，一旦出现快速上涨，只要出现连续3天滞涨，或当日出现明确的平仓信号，即可减仓或平仓。如果是在高位快速上涨出现滞涨，或波动剧烈即可平仓出局。如果是震荡上涨行情，在前期高点附近滞涨即可平仓。

在下跌趋势的反弹中，如果是在高位或中位横盘后，突破短期平台反弹，即可适量买入建仓。只要出现2~3日的滞涨即可平仓。在下跌趋势的中高位反弹，不要期望有很高的反弹力度，以免判断错误导致巨额亏损，最好设置止损位，资金安全要放在第一位。如果是低位横盘后，突破短期平台反弹，即可适量买入建仓，然后观察是否为反转行情。如果不是反转行情，按反弹行情持仓和平仓；如果是反转行情，按低位启动上涨行情持仓和平仓。

另外，许多投资者在市场交易中都出现过这样一种现象，明明自己买在了一个成本非常好的市场相对低点，而行情刚好也运行了一段单边的趋势节奏，可利用空间在近百点甚至几百点的行情，但是最终自己的盈利结果才几十个点。事后常常地懊悔，对于交易心理也存在一定的打击。明明看对了趋势，却拿不住单子，最终仅赚了点蝇头小利，浪费了后面更大的行情空间。

如何才能在单边趋势节奏中将利润最大化，用什么样的方法可以实现，下面就给大家介绍一个非常简单实用的方法。

在运用这个方法之前：首先，大家先要确立"顺势而为"的理念，如果你不具备这个理念，此方法将运用得不会很好。只有作为一个"趋势交易者"，跟随着市场的客观趋势方向进行操作，才能更好地把握行情的利润空间。其次，要学会放弃一部分利润，跟随趋势进行操作，而不是去提前猜测趋势将发生变化，这一点非常重要。很多投资者之所以拿不住单子，就是因为当行情上涨了一段时间后主观地认为，行情要掉头了，涨了那么多，行情该下跌了，就是因为这样的心理才导致操作上的失误。

我们认为趋势一旦形成就会发生延续性，只需要跟随着趋势方向做就好了，不去提前预测趋势掉头。而趋势一旦发生了掉头后，确立了趋势的改变，则认定原来的趋势发生终结，新的趋势产生。

以涨势行情为例，在行情发生掉头的那段节奏中（涨势初期），肯定将原来上涨的空间回调，原涨势利润空间出现缩水，这是正常的现象。行情不可能永远一直上涨，涨势行情中出现回调是非常常见的现象。此时如果你做不到回调，那么你就不能把握回调后重新上涨的更高的利润空间，这就是能够割舍才会有更大的获得。

（7）震荡操作。现货黄金市场，价格走势可基本分为趋势行情（单边）与区间盘整行情（震荡）两种。很多投资者平时都会有意无意地用到一种工具，就是密集盘整区。所谓密集盘整区，就是在一段时间内，现货黄金价格都维持在某一个价格区间内横向运行，没有创出新高或新低。表现特征为多个高点与多个低点都是处在差不多的价格水平。

分析现货黄金价格密集盘整区的支撑、阻力意义，要先从现货黄金价格密集盘整区的形成说起。假设现货黄金价格为一段涨势，多头不断加入，报价一再提高；空头则节节败退，或反手做多转化为多头。上述行为一定会不断推高现货黄金价格，但任何市场都有起有落，当现货黄金价格被推动到某一价位，一部分多头选择获利离场，随着平仓的越来越多，价格上升会越来越犹豫。空头开始伺机介入，最后在此消彼长之下，现货黄金价格在某价位出现下跌。之后，现货黄金价格下跌至某价位，出于现货黄金价格之前上涨的考虑，不少多头重新入场，再次承托了现货黄金价格。之后，多空双方就开始在上述两个价位之间展开争夺，双方的力量在一段时间内达到了均衡，双方争持不下的结果就是，现货黄金价格在这个区间震荡前行，从而形成密集盘整区，直到双方的均衡被打破，现货黄金价格方能突破盘整态势。也就是说，现货黄金价格密集盘整区可以提供有效的支撑与阻力。

那么，震荡行情中我们应该如何操作呢？"现货黄金波段操作方法"为我们提供了震荡行情中，短线操作最佳收益操作技巧。而且，这种灵活应变的操作方式还可以有效回避市场风险，保存资金实力和培养市场感觉。一次完整的现货黄金波段操作过程涉及买、卖和择点这三个方面的要点。

择点。比较适合现货黄金波段操作的点位，在筑底阶段会有不自然的反复现象，量能的有效放大显示出有增量资金在积极介入。因为，资金不会在基本面利空和技术面走坏的双重打击下蜂拥建仓的。所以，这时的放量说明了有部分恐慌盘，正在不计成本地出逃。而放量时金价保持不跌，恰恰证明了有资金正在乘机建仓。因此，就可以推断在未来行情中极具短线机会。

买入。反复震荡的筑底行情往往会自然形成某一中心区域，大盘将会围绕这一中心区反复盘旋，当指数上涨过急，就会重新跌回中心区；当指数下跌过度，也会反弹回来。则在大盘下跌，远离中心区时，是积极买入的最佳时期，投资者可以根据这种特性适时建仓。

卖出。在大盘筑底过程中，会有多次脉冲式上涨行情，但真正的突破性上涨行情只有一次。识别上涨行情是否属于突破性质的最重要依据是，黄金价格波动幅度（是否产生新高、新低）及成交量，当波动幅度和量能均不断收缩达到临界时，所爆发的快速上涨行情，属于突破性上涨行情，这时投资者可适当追涨。

（8）移动止损。移动止损又称追踪止损，就是追随最新价格设置一定点数的止损，只随价格朝仓位的有利方向变动而触发，是在进入获利阶段时设置的指令。移动止损是一个非常好的交易工具，尤其在价格波动大的情况下，可以保证盈利。

移动止损的作用是，在获取一定利润的情况下，想博取更多的利润而设置的。目的是在锁定现有利润的情况下，博取更多的利润。价格形态发生后，风险与报酬合理比率的预期通常便可基本确定，与预期方向相反时，可以保护性止损控制风险，而达到预期目标后，则需采用移动止损确保收益。

在仓位变得越来越有利可图时，通过提高止损触发价位，交易者可以保证在市场反向变动时，仍可实现大部分账面收益。例如，交易者在1505点的价位开设现货黄金的买仓，然后设立1502点的止损价位，而移动止损的设定为4美元。当黄金升至1510点时，交易者的止损价位将会自动上升至1506点，移动止损将能够替客户锁定利润。每当黄金的价格上升4美元，止损价位将一直随之上升，从而保持交易者原来所设定的3美元的止损距离。

平台—移动止损：

止损是指在价位向下滑动时，当滑落到止损水平的时候，停止交易。如果仓位开始盈利，止损可以手动维持在持平位上。若想自动执行这个程序，需要创建移动止损。这个工具可以在价格大幅度变动或连续市场报价时起到一定的作用。

移动止损与止损服务器不同，它需要附加在打开的仓位和客户端上。设置移动止损，需要在"终端"窗口"开仓"的菜单中进行操作。然后，在打开的列表中选择需要的止损水平位与当前价位的差额。每个仓位仅可以设定一个移动止损。

所有活动完成后，报价会被输入，终端会检测仓位赢利。渐渐地盈利点数会等于或高于所指定的水平位，这样放置止损订单的命令将会自动给出，订单所设定的水平位必须不同于当前价位。将来，如果在赢利方向内价格发生改变，移动止损会按照订单所设定的价位自动止损，但如果仓位赢利下滑，订单不能修改。因为交易仓的赢利是被自动规定的。在每一个止损订单修改后，记录将会写在终端日志内。

在管理菜单禁止移动止损可以设定为"没有"。如果执行"删除全部"，所有开仓交易和挂单交易的移动止损将被禁止。

操作中止损的方法很多，在于我们如何熟练地应用。但是，一定要严格执行操作纪律，因为止损的重要性不言而喻。

（9）对冲操作。对冲指特意降低另一项投资风险的操作，它是一种在降低风险的同时，仍然能在投资中获利的手法。对冲一般是同时进行两笔行情相关、方向相反，数量相当、盈亏相抵的交易。

行情相关是指影响两种商品价格行情的市场供求关系存在同一性，供求关系若发生变化，同时会影响两种商品的价格，且价格变化的方向大体一致。方向相反，是指两笔交易的买卖方向相反，这样无论价格向什么方向变化，总是一盈一亏。当然，要做到盈亏相抵。两笔交易的数量大小须根据各自价格变动的幅度来确定，大体做到数量相当。

在现实中，在现货黄金范围内，对冲往往被作为抵御通货膨胀和汇率变动的手段，或是进行投资配对组合，来进行对冲套利。

在进行对冲套利的时候，对冲其实就是一个投资组合。它的操作重点是，一是要选出两个相近的投资品种配对，并且两个品种具备同涨同跌的特性（比如现货黄金和现货白银）；二是同时对两个品种建立价值相等方向相反的仓位；三是等待两个品种出现对自己有利的"涨跌差"。

如果两方的价格按照有利的方向发展，则可以随机同时获利平仓；如果是亏损的状态，则必须继续等待，还可能要继续注入资金，直到获利价格的出现。

对冲操作最大的用处是，在降低风险的同时还能获利，只是利润幅度较小，一般在 2% ~ 10%，操作对冲套利通常需要大资金的支持。

例如，现货黄金/现货白银配对套利对冲操作：

2012 年 10 月 12 日，同时建仓，黄金（多头建仓 500 万元）、白银（空头建仓 500 万元）。15 天后，会出现两种情况：

黄金涨了 50 万元、白银涨了 40 万元，获利 10 万元。

黄金涨了 40 万元、白银涨了 50 万元，亏损 10 万元。

反之亦然，获利情况自不必说，如果出现亏损，则可以等待时间来交换空间，但是你必须要有足够的本钱。

（10）锁仓操作。锁仓功能就是指对冲功能，当交易者选择相同的产品，建立相反方向的订单时，不管价格向何方（或涨或跌）运动，均不会使锁仓部分的盈亏再发生变化，这种操作方法就是锁仓操作。

比如，你现在做了 1 手多单，而黄金又跌了，这时你想平仓，又怕损失太大，想等待下一波行情赚钱平掉或是少亏损。这时就要再做一手方向相反、数量相等的空单，锁住你的亏损。这样，之后无论价格是上涨还是下跌，你的亏损就锁住了。盈利状态下也可以锁住盈利，锁住盈利的单子叫锁盈。

现货黄金做单技巧之锁单与解单技巧：

在行情走势复杂的情形下，越来越多的实仓交易者面临锁单、解单这个问题，下面介绍一下关于锁单、解单的问题。

锁单分为两种，即锁损单和锁盈单。有言道："锁单容易解单难，解单难于上青天。"可见解单的难度与麻烦程度，如解单操作不当，小损失极有可能变成大损失。下面讲解一下锁损和锁盈。

锁损。如果你能严格止损，我想并没有必要走这一步，一般在出现下面情况时才会锁单：一种是下单后行情变得不明朗，判断不了方向时，可以选择锁单；另一种是你未设止损，而你的账户亏损已经很大时，不忍平仓，为了防止更大损失或爆仓，也可以选择锁损操作。

在锁单后，常常有一个很重要的操作步骤会被遗忘，那就是最好给与分析方向相反的单子加上止损，可以稍设高2~3点（为了防止在真正行情走出之前波动过大而被来回扫掉）。

如何解单呢？就是你在锁单后，要选择适当的时机把这个锁给解掉，即把两个单分别平掉。如果永远不平仓，虽然账户上显示的是亏损不变，但除了要承担隔夜单的利息外，你后面的操作和心态也会受到影响。

解单有两个难点，即解单的点位和时间。在什么样的点位和什么时候解单，将直接影响到你账户的盈亏。简单来说，点位最好是找破位，时间一定要找行情方向明朗时。对一般的投资者而言，对点位和时间的把握可能会非常不容易。下面介绍两种通过实践后，相对较简单、可行且易掌握的方法。一是先解逆势单；二是先解盈利单。

上面两种方法，我更偏向于第一种。因为锁单的目的是防止损失，那么当行情明朗时，把逆势单解掉即等于切断了损失源，但要注意，逆势单并不等于就是亏损单。另势逆单，可选择行情走得差不多了再平。第二种方法选择的是先平获利单，落袋为安。另一单可等回调或反转时再平，但回调和反转时又涉及判断时机的问题。

如另一单未能及时平掉，则很可能要转为中长线。

锁盈。锁盈和锁损区别不大，唯一不同的是锁单时你的账户情况为盈利，建议是锁盈不如及时获利了结，或跟进移动止损。因为多下一单，不如行情明朗后再下单。因为锁盈锁住的是盈利，所以解起来相对要容易些，对心理造成的负担也要小得多，虽然这样说，但解盈利单的原则与解损单是一样的。因为两者想得到的结果相似，一个是减少损失，一个是争取收益最大化。

（11）超短线实战策略。超短线交易，就是运用黄金交易提供的保证金杠杆作用，以 T＋0 交易规则、外加日内交易手续费只收取单边的优势，在盘中以获取价位跳动的差价为目的的交易方法。

超短线交易，即只考虑即时行情，能捕捉到细微的波段就算成功，不用考虑明天行情的变化，也不用考虑大趋势的演变，当天交易，当天了结，不做隔夜单，也不必担心主力诱骗。另外，超短线交易，有利于提高中长线出入局的精确观察。

超短线交易，除中线布局外，操作必须局限于日内，最晚收盘 3 分钟前出局，不计盈亏，绝不能因为发生亏损而将日内超短线单变成隔夜单，这是日内操盘的大忌。

超短线交易一般分为两种，一种是炒单型的日内超短线交易，另一种是即时盘中突破做盘。

炒单型的日内超短线交易：是目前较为流行的一种投机交易模式，又称为"抢钱交易"，其交易特点是速度进出特快，一两分钟出局，赚一两个点就走，甚至出局论秒计算。这种形式多以公司或个人的中小资金作为本金，为获取佣金，在资金安全的基础上而进行频繁交易。其交易特点是，资金相对安全，进出频繁，盈利不大，手续费可观。

这种模式无非是利用良好的盘感和技术上的惯性而进行操作，只不过是缩短了做盘时间，在做盘上有两点要求：

盘感要好，需要长期短线实战条件下形成的盘感；

性格果断，不拖泥带水，不优柔寡断，即出手要快、出局要快，要坚决，不抱幻想。

这种交易，其买卖操作皆是出于本能的反应，而不是思考，并且仓位都比较重，一般在 80% 左右。如果你具有良好的盘感，那么 1 个交易日下来，资金就会迅速增长。

即时盘中突破做盘：也是快进快出，只不过其对盘感的依赖少了一些，更多的是对技术上的要求，从时间上也是以短、平、快为特点，长则几分钟至几十分钟，短则几秒至几十秒。在技术上就是顺应短线突破的强烈趋势，做起短线差价。这种模式共有两种情况，下面来详细讲解一下。

成交密集区的突破，图6-169显示的是2012年1月18日至2012年2月28日现货黄金（AU）的日K线图。

从图6-169中可以看到，2012年2月21日之前，现货黄金经过一波上涨后出现了回调，但30日均线始终上行。在2月20日，价格收了一根小阳线，并且站上了5日和10日均线，均线形成了明显多头排列。

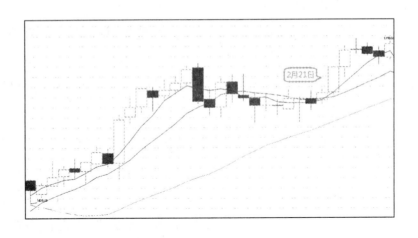

图6-169

2012年2月21日，价格沿着5日均线上行，并且突破了前期整理平台高点，所以当天要敢于做多。

图6-170显示的是2012年2月21日现货黄金的分时走势图。现货黄金开盘后，经过一波震荡走势后，开始了横盘整理，然后在A处，价格突破了横盘整理区间，所以在A处要敢于抢多进场。

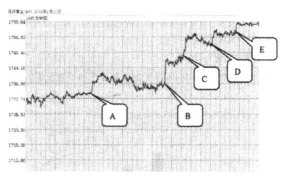

2012年2月21日现货黄金走势图

图 6 - 170

同理，在 B、C、D 和 E 处，价格先是出现了回调，探明低点，然后反弹并横盘整理，最后突破了横盘整理区间，所以这些位置都是抢多进场位置。

所以，A、B、C、D 和 E 处，都构成了平台突破的即时做盘信号。

盘中趋势线的突破，图 6 - 171 显示的是 2012 年 4 月 2 日至 2012 年 5 月 16 日现货黄金（AU）的日 K 线图。

图 6 - 171

从图 6 - 172 中可以看到，2012 年 5 月 8 日之前，现货黄金的价格在明显的下跌趋势中，因为均线是空头排列，K线不断收阴线，并且价格重心下移。另外，这一波行情是沿着5日均线下跌的，所以当价格反弹到5日均线附近，都可以做空，止损于5日均线即可。

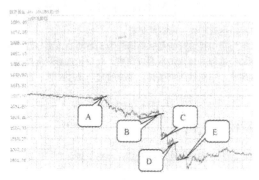

2012年5月8日现货黄金分时走势图

图6－172

现货黄金开始就弱势震荡下跌，在1：30到2：30之间出现了一波反弹，但在A处，价格跌破了上升趋势线，这表明反弹结束，所以A处是不错的下空单位置。

同理，B、C、D和E处，价格反复小区间震荡盘整，突破了上升趋势线，所以这些位置都是不错的下空单位置。

超短线交易的纪律要求：

一般情况下，在健康的日线级别的趋势中，绝对不能为了蝇头小利而频繁地做短线进出，必须设好合理的止损让利润自己往前跑。超短线仍适用于以下情况：

日线级别上盘整区域的震荡行情；

基本面与技术面背离的市场；

中短期趋势的试探性建仓，为趋势行情的进场作准备；

中期趋势行情中的回调行情；

日线级别的趋势行情的末端；

日线级别趋势行情中远离启动点的趋势介入；

趋势行情中，超过中短线留仓要求的仓位按超短线对待。

超短线出局的要求如下：

触及盘中止损位，出局；

单位时间内没有盈利，出局（注意，单位时间是自己设定的）；

放量滞行，出局；

出现盈利后，走势出现反复，又触及介入点，平手出局；

到了止盈位，出局。

（12）中短线实战策略。超短线交易捕捉的是短暂的趋势，而中短线却是试图捕捉数天的行情。当然，超短线如果符合隔夜留仓条件，也可能变成中短线；而中短线的建仓，如果盘中看错或建仓时机不当出局，也就形成了超短线交易。

总体来说，因为做中短线行情，是试图通过数天的随波逐流与趋势共舞而获利，所以在这里要接受趋势过程中日内的震荡或调整，仓位也就必然承担更大的风险。基于黄金市场的不确定性，中短线入局条件、资金管理、止损纪律、出局条件要比超短线严格得多。

中短线介入时机：

在对黄金市场进行了周密的分析研究后，在确定重大的行情即将来临时，黄金投资者交易前的关键问题是何时进场。何时进场的抉择是以 K 线图、分钟图、分时图来把握的，对于入市点和出市点的时机能否精确把握，是一笔交易成败的关键，也是投资者持仓心态的关键。

市场涨跌取决于买卖双方实力的对比，当价格冲破上一交易时段最高点时（创出新高），在上一交易时段任何价位做空头的人，无一例外被套牢，这当中肯定有一部分人要认赔平仓，反过来会给升势推波助澜；相反，当行情跌破上一时段的最低点时（创出新低），在上一交易时段任何一点做多的多单，统统都会出现浮动亏损，其中一定有一部分人要止损平仓，正好起到助跌作用。所以，投资者要认真研究突破信号。

突破信号包括K线形态突破、均线突破、趋势线突破、盘整突破、新高（低）突破。在识别突破信号时，一定要注意信号的真假，以防假突破，具体要注意以下三点：

均线突破原则。由于在操作中存在着很多虚假的成分，特别是尾盘，临近收盘几分钟或十几分钟的大幅拉升，或深幅打压都会使K线变形，其真正具有分析意义的，还是代表市场成本变化的均线，每日的均价是必看的要点，均价的突破才是真正意义上的突破。

突破的幅度。突破发生后，其距离突破点的幅度越大，突破的真实性越高，也越有效。据统计，均价能远离突破点1%以上的幅度，突破成立并有效。否则，其可能性就会降低。

突破的时间。一旦价格突破，其收盘价和盘中均价必须连续3天，在该趋势突破的方向上才算有效，并且停留的时间越长，突破越有效。

中短线资金管理：

黄金市场中不乏机巧百变的聪明者，不乏博览群书的才者，然而很多人却垂下了他们高傲的头。很多技术高超的投资者，却因为人性的贪婪，最终重仓落败，被扫地出门。

什么是黄金市场的生存之本？是高超的交易技巧吗？不是，技巧仅仅是你制胜的武器；是严格的止损纪律吗？不完全是，它只能控制我们的损失。到底是什么？我认为是资金管理。真正的黄金交易高手，都是资金管理的大师。

资金管理是指资金的配置问题，其中包括投资组合的设计、整体账户的风险承受度、每笔交易的初始风险承受度、如何设定交易规模、如何进行仓位调整、账户的整体增长期望值、在顺境或逆境阶段的交易方式等。

一些不成熟的投资者，往往只醉心于市场分析，他们简单地认为战胜市场和获取暴利的关键，就在于正确的市场分析。其实，在黄金市场中，没有百分之百的成功率，错误总是经常发生，而损失的程度越小，你挽回损失的难度越小。所以，在操作中一定要管理好自己的仓位，如果仓位太重，很可能一个正常的波动就把你给震出去了，有时本来可以获利，结果却是止损出局。

资金管理要奉行三个原则：

第一，安全性原则。

股神巴菲特有一句名言"投资第一法则，尽量避免风险，保住本金"。

保障原始投入资金的安全性，才是投资的根本，在原始资金安全的情况下获得投资收益，才是科学稳健的投资策略，所以安全性原则是资金管理的首要原则。

在进入市场之前，投资者根据自己的资金实力和心理承受能力，确定在黄金投资操作中投入多大的资金，和能承受的最大亏损幅度是至关重要的。投资者在市场中的资金不能有太大压力，不能有只能胜不能败的紧迫感，必须能给账户一个比较宽松的空间和时间，必须在交易中克服对资产权益的过度关注，不要掺杂进个人主观需求原因，从而引起贪婪、恐惧情绪，进而造成战术混乱。

投资者一定要设置好止损计划和止损标准，没有人能保证自己的每一笔交易都是正确的，当损失不可避免时，要将损失降到最低。

第二，报酬比原则。

在进行黄金交易时，一定要考虑收益的潜力和相关的风险，这就是风险报酬比的内涵。如何测试风险报酬比呢？具体要注意以下几点：

宏观环境的影响。在技术走势上表现为月 K 线图的趋势，这是你操作上的最主要依据，顺应这个趋势，报酬比就高；反之，就低。在黄金交易中一定要认清长期趋势，这样才能实现巨利，但这需要把握时机以及具有长远的战略眼光，这样的机会可能一年仅有一次。

短线技术趋势的判断。在日 K 线图上，如果均线粘合之后开始向上发散，这时及时介入，就会有较好的风险报酬比。

关键技术位置的评判。了解了上面两点，我们就很容易判断目前的市场趋势处于大趋势的什么结构中，目前的技术状态，是在短线趋势的什么位置，是在趋势的起始点或是趋势的中途或是趋势的末端。这也是我们操作与否和怎样操作的依据。

距离止损位置的分辨。止损位置一般意义上就是技术走势上的关键支撑和阻力的位置。对于空头头寸来说，止损位应该在阻力位的稍上方；对于多头头寸来说，止损位应该在支撑位的稍下方。

第三，一致性原则。

很多投资者，在经历几次获利后，喜不自胜，大胆做单；而受到几次亏损后，惊恐懊恼，萎靡不振，今天是长线操作策略，明天又重仓短线操作。黄金交易不是儿戏，不是冒险，不是赌博，不能随便玩玩，一定要恪守纪律，并且坚持不变，即把自己的交易计划与交易行动统一起来。

黄金市场只有赢家和输家，可靠的交易计划结合稳健的资金管理，就是成为赢家的秘诀。但是如果你没有遵守纪律，没有自觉地贯彻执行这些理念，那么你仍要经历痛苦。因为技术的高低、理论的多少与稳定赢利没有必然的关系，因为黄金市场中的一次重仓失误，就会让你失去所有赢利，甚至被扫地出门。

2. 实战操作技术

（1）实战操作之连环锁单。

杀入黄金市场：

金融市场是怎么回事，你对金融市场了解多少，你杀入金融行业就是为了钱生钱、利滚利，你的投资理财是凭感觉赌博还是凭战术操作，你是在投资还是投机，你摸清了操作产品的特性和规律了吗，你是在专注操作还是随便玩玩而已。不管怎么说，可以说其中 95% 的人都是亏钱的。

我分析了以下原因，一是选择的金融交易平台不公平、不完善，很多平台就是个圈套，几乎是不可能赚钱的。散户基本上大部分是亏钱的，处于完全的弱势。真正赚钱的是机构和中间商，以及一些投机高手，所以选择平台一定要选择公平、完善、安全的平台，这样你才有赚钱的机会。二是凭感觉操作就是赌博，长期下来你肯定是亏的，因为你的钱慢慢就变成手续费了。综上所述，平台不好，手续费高，赌博心态，贪婪心理，方法不对，被分析师忽悠了，等等，差了一环就让你一败涂地，那么，是不是散户在金融市场就不能赚钱了呢？不是的，有一类人是可以赚钱的，投机者，也就是高手。

要想在残酷无情的金融市场赚钱，并不是那么简单和轻松，平台很好了，还需要熟练正确的方法和技巧，还需要对规则的理解，和对行情走势规律和特性的正确认识，还需要临场的应变能力及将计划落实的能力，还需要冷静的心态和魄力，最后就是千锤百炼的操盘经验和盘感。达到了这些，就没什么敌人可以击败你了，你就是无往不利的交易者。总之，你要达到很高的境界也不是很难的，有决心和坚持不懈的精神就好了。熟能生巧，改变观念，下决心非要在金市里赚钱不可，成败就看你自己的智慧和运筹帷幄了。

关于连环锁单：

对于连环锁单，有的朋友不理解，操作的时候太僵化死板了。原因可能是缺乏经验和理解运用，任何的方法都要理解后灵活运用。首先，一定要了解行情走势的特性和规律以及交易规则，这样，再把好的方法融合进去并灵活运用。其次，要多掌握几种技术方法，结合使用，不能一招鲜的，任何方法都是片面的，在一定的条件下可以使用，不一定适合任何情况。所以，得综合运用，见机行事，遇到不同的情况出不同的招。开始也可能很模糊，反应跟不上，不过没关系，熟能生巧。不要怕输，吃点亏也是在所难免，每次吃亏和教训都会令你离成功更近一步，不要被一点小小的失败吓到，没有什么可怕和畏惧的，有了那份决心和执着，就什么都容易起来了，强大的不是敌人，而是自己不够坚决的内心。

一些朋友运用连环锁单势如破竹地赚钱，因为那时候是震荡行情，1个月，有些朋友都翻了倍了，春风得意地以为不久就是暴发户了。但是不久来了个单边暴跌，黄金从 1700 点跌到 1560 点，很多人被打个措手不及，不知道怎么应对变化，还是连环锁仓，越出了控制范围，结果大伤元气，扛不住的可能爆仓，扛住了的隔段时间又反败为胜了，但那是很不应该的。

从这些事例总结出，一是不能一招鲜，行情不可能永远在一个小区间震荡，肯定会有一个时间突破。只进攻不能防守，结果会得不偿失。所以，要做好暴风雨到来的准备，不要随波逐流。二是赚了钱很多朋友太得意，不去学习了。以为这样下去就可以不断捡钱了，一些人在震荡行情赚钱了，就有了贪功冒进心理，加大仓位连锁，想1个月翻几倍，要知道，风险是和收益是成正比的，所以不能进行超出自己风险控制范围的操作。不要只顾进攻而失去了防守，不要总想着收益和翻倍，得把风险放在第一位，你控制住了风险，收益就是水到渠成的了。三是缺乏经验和教训，没吃过亏的，栽倒一次也很正常，见过的场面多了，就知道怎么应对了。四是缺乏对机会的把握和盘感，这个需要经验的，在机会很好的时候，大捞一笔赚到底。还有，不要总把连锁当作赚钱的工具，要将其当成是游击战慢慢蚕食圈钱，而把握机会偷袭那才是大手笔。总之，要先考虑败、再考虑胜，多训练、多想象、多实战、多假设。孙子曰："不战而胜"，就是说没有开始战斗，就已经知道结果了。所谓的"运筹帷幄"、"胸有成竹"，达到了这样的境界，赚钱就不是难事了。

下面我们开始介绍连环锁单的实战方法，然后再介绍一下其他的方法和经验，我以自身的经验和教训毫不保留地与大家分享，不过投资者还需要自己努力和感悟，我只能说方法和经验，具体的怎么运用，能不能成功，还要看自己的了。

连环锁单的策略和原理：

行情的波动，跌宕起伏，来来回回地震荡，价格围绕价值波动。受市场人为因素的影响，久涨必跌、久跌必涨，行情每天每周都是这样地跑几个来回，基本上95%的交易日都是震荡行情，这就是行情的基本规律和特性。既然是这样的来来回回，那我们为什么不多空都做呢？涨就平多，跌就平空。玩锁单一定要轻仓，要把资金分散开，这样效果就出来了。好多人都喜欢孤注一掷，20盎司以上一次下进去赌，但是你若把20盎司分开成为10个2盎司，分批下单，就灵活多了。20盎司做反了会影响心态，经常扛不住就被损了，但2盎司根本不影响心态，分散开来多空还对冲了，既可以满仓分散投入，还不用承担满仓的风险。

连环锁单的实际操作：

赚钱的单子一般我5个点就平，亏钱的就放着等回调，因为90%的单子最终都会回调解套的，甚至会有赢利，不过是时间的掌握而已。这样你就天天不断地平赚钱单，再下单，再平单地重复，像滚雪球一样，时间久了，你账户的资金就会越来越多。我的好多单子80%基本上是当天出的，也有的单子是套了1个月才出的，有时行情好的时候，每天跑几个来回。这样，上涨平多单，下跌平空单，行情怎么走你都在赚钱，不用担心方向做反了。

比如，1500点的多单，我会在1505点平了，平了再锁单（就是一多一空），行情走到哪里我锁到哪里。举个例子，在1500点我们下2盎司多单和2盎司空单，如果黄金涨到1505点，就平多单，再进2盎司多单和2盎司空单，如果还涨到1510点，我们继续平多，再下锁单，而且前面下的空单还会解套，甚至会有盈余……就这样以此类推，不断地重复连环锁单、平单。

当然，我说的是简单的模型，最后熟悉了就可以灵活运作了。可以随机应变，看趋势锁单，也不一定非要赚 5 点就平，具体看趋势和自己的盘感，时间长了，我们就摸清金市的特性和规律了。

如果遇到单边趋势，行情起势了，就赶快顺势操作，重仓进去杀几个来回就走。遇到单边行情，超出你的连锁范围而又没有堵住，那就惨了，连锁的敌人就是单边。但是我们也有自己的方法：

堵截单平衡；

扩大单子布局范围；

加仓加持。

我觉得布局范围控制在 160 个点就相对安全了。比如，现在你的最高多单是在 1780 点，最低的空单就应是 1620～1630 点。我们入金做了 1 个月，入的时候价格是 1730 点，最高涨到 1800 点，最低是 1665 点，目前是 1680 点，就是说，我在 1665～1800 点来来回回战斗了一个月，资金翻倍了。

做锁单我认为最重要的是，一定要抓住每一个波段，哪怕是几个点，因为连锁就是靠积少成多的。如果你做了连锁没有赚钱，那可能就是你没有在电脑前一直战斗，错过了无数波段赚钱的机会；另外一个就是注意保持机动性，不要让你的单子严重不平衡，比如说你是 20 个多单 8 个空单，那么你就得考虑再下 7 个空单堵住，防止遇到单边下跌。如果行情是在不断下跌，你就要不断增加空单，但是多单也是还要继续下的，只是以空为主，连锁还是要继续的。

一定要根据趋势调节平衡点，不要太死板。不要被短期的亏损影响心态，可能短期的亏损能换回长期的收益，在这里没有亏损，只有暂时停止赚钱。比如，现在 28 个多单 17 个空单，暂时下跌我可能小亏，但是后期涨上去了，我多单就解套大赚了，这就是以时间换空间的原理。

连锁就是反复圈钱的过程，不断的资金积累，不用担心行情是涨是跌，只需每天操控就是了。比如一天的行情是：1695 - 1705 - 1695 - 1700 - 1690 - 1705 - 1700 - 1715 - 1695 点，那么一整天下来就有 90 个点的波动可赚。1 万美元的资金，只要 3 个月就翻倍，如果经验技术更好的话，也许是 1 个月。

方法找对了，赚钱根本就不是难事。想成功就要有一定要赚钱的决心和魄力，还要有专注研究和冷静的心态。成功者拥有一流的态度、技巧和能力。连锁就是无休止地进攻，就是绵绵不断地循环圈钱。

连锁定律：活着，扛过黑暗，不要贪婪，坚持就是胜利，明天早上的太阳很美丽，我们要穿越黑夜，活下来，就会等到新一天黎明的到来。

分段区间连锁：

如果资金量小，或者想更快赚钱还愿意承担一定风险，那么可以进行分段连锁。不过，这需要一定水平，分段连锁也就是蝴蝶策略，就是根据行情走势不断转换战场，保持机动性、跟随趋势随波逐流。需要不断地下连锁单，有时需要适当地砍单。当遇到跌势的时候，就立马砍掉一些套得深的多单，不要让它没有必要地拖后腿了。

分段区间连锁也是不断砍单和堵单的过程，从而使整体达到平衡，不至于超出你的连锁范围而使整体陷入危险。例如前段时间，单边大跌下来，很多人就因为没有堵住平衡，而导致巨亏或者被套。金融市场是变幻莫测的，不要去相信分析师说的预测点位和指标什么的，那些根本无法预测，也不用猜顶和底。一旦你开始情绪化和主观操作，那么你最好找个投资公司做个打工分析师吧，喊错了就找个老鼠洞藏好。平时能够出色地运用各种技术指标判断走势的人，往往在真实的交易中会一败涂地。

加持加仓逆势操作及其他策略：

当你看见当天黄金涨了 20～30 美元的时候，你就 5 合约空单进去，如果是跌了，那就赚了，达到你目标就平。如果还继续在涨，当涨幅超过5美元的时候，再5合约进去，这样，回调一半就扯平了，如果万一还涨，那就继续这样加反仓，但前提是你有雄厚的资金做后盾。这样，反弹一部分形势就逆转了。

可能你会问，不是1天单边有60美元波动吗？是有，不过中间其实有回调的，也有震荡的，不可能一下子跳水30美元而一点不回调的。不过，这样做也要适可而止，不要贪婪。还有一个经验，就是当出现三连阴（阳）的时候，也可以做逆势单了。另外，还有些时间段可以逆势操作的，比如看1分钟和3分钟K线，在几个震荡调整的时间段，也可以超短线来回逆势操作的，通常，晚上8~12点这段时间都是震荡的。

另外，在大消息出来时，比如每个月第一个星期五的非农数据公布，先做一对对冲单，在消息出来前3分钟，给两个单子各设5个点止损和15个点止盈，消息出来后，一般瞬间两个单子都会被平掉，10个点的利润马上进账，胜率绝对很高。

其实方法有很多，关键在于细心分析、观察和经验积累，不同的情况运用不同的方法，几种方法可以联合应用，要把效率用到最高。其实这个主要是玩概率，概率大于50%你就胜了，不要贪婪和冒进，按部就班地做，欲速则不达，不要在这上面吃亏。

还有一点就是仓位的科学控制，不要超出自己的控制范围，不要太冒进，这样会得不偿失。

心态漫谈：

心态是第一位的，没有良好的心态，能力越强输得越多。要想培养良好的交易心态，就要克服一些不良心理障碍。

首先，要执着于某个信念，市场永远是对的，错在自己。其次，不界定亏损，在开始交易时，没人愿意去想亏损的事。再次，犹豫不决会让你坐失良机。最后，自杀式交易，在连续判断、决策正确后，获利丰厚会使你感到所向无敌，信心暴涨，于是忘了防范风险，忘记了防守，这种操作只要错了一次，市场就不会再给你改正的机会。

首先，真正的信心源于对市场的了解，如果只有信心，那么或许就会遭到一连串的麻烦。其次，对于自己的操作方法，必须经过长时间的测试，如果一味迷信自己操作方法的正确性，这样的信心也一样只是幻觉。最后，要有决心成为成功的操盘手，一旦下定决心，你不但会相信自己所做的决定是正确的，而且似乎一切事态的变化也会顺乎自己的意志。

从长期而言，自己一定是赢家，连锁玩的就是耐力。开始可能遇到一连串问题和迷惑，可能走一些弯路和挫折，没关系，成功都是在经历过无数次失败得来的，只有历经不断地实践与磨砺，不断地完善与修正，离成功就不远了。当无数英雄竞折腰的时候，我们还在持续地战斗，这时我们都会珍惜战斗的过程，活着真好！

（2）实战操作之非农做单。非农数据是指美国的非农就业率，非农就业人数与失业率一同公布。非农数据一直是黄金波动中的一个重头戏，非农数据往往能带出大行情。非农数据公布的时间是每个月的第一个星期五晚8:30，是我们每个月都能得到的绝佳交易机会。根据我多年的观察和实践经验，针对非农数据研究了一套可靠性非常强的必胜交易策略。

策略一：

首先，我们知道非农行情的特点，数据一出瞬间波动非常之快，所以只能使用挂单命令，这里所说的挂单命令就是突破单。在市场公布非农数据前的1~2分钟，根据市价同时挂两个单子，一个是突破空单，一个是突破多单，多单、空单均设3美元止损（比如非农公布前3分钟时间价格是1790美元，那么就挂1793美元的突破多单和1787美元的突破空单），止盈目标可以设10~15美元。挂好之后就等待非农数据出来。

我们知道非农是一个数据，是多少就是多少，所以不会和领导人讲话一样，出现转折。所以，数据一出行情会瞬间产生大的波动，而我们的挂单就会瞬间成交而且扫止盈，速度之快是其他行情无法跟得上的。有人说如果出现来回扫单那不是两边亏？基于这个问题，我们设止盈就是为了避免这个情况。非农行情有三种，一是大涨，一下拉升 20 多美元；二是大跌，一下暴跌 20 多美元；三是震荡，起码也得先拉 10 美元才能回撤。那么我们 10 美元的止盈也足够了。而且根据经验，2014 年 12 个非农数据中，只有两次是震荡，所以震荡的行情出现的概率是 10% 不到，基于这个概率，我们的交易策略的风险防范完全是值得的。

策略二：

非农行情是黄金市场的一剂猛药，非农数据对于黄金市场的影响也是非常之大的。在非农行情之时，有很多的朋友一夜翻身，也有很多朋友一夜出现严重亏损。因此，怎么做非农行情就成了黄金市场的一个重要话题。

下面，根据自己的个人经验，谈谈做非农数据单的一点小诀窍。

方法一，在非农数据到来之前进一区间对冲单，这种方式适合于资金量比较小的朋友，通过 15 分钟图确定阻力位与支撑位。在阻力位用 10% 的仓位挂空单，在支撑位用 10% 的仓位挂多单，止损 8 个点，利润就设置 8 ~ 10 个点就行（傻瓜式：如果你感觉这样比较麻烦，你可以直接任意点位进对冲单，然后在消息公布前 3 分钟左右给这两单各设置 5 个点止损，15 ~ 20 个点止盈，这样，一般两单将都会被打掉，去掉手续费，你大约有 9 个点以上的盈利空间）。

方法二，根据以往的经验，非农波动区间 30 ~ 50 个点，我们可以在非农来临之前的 3 分钟做出挂单操作，以非农前 3 分钟的价格作为基准，挂 30 个点止盈、5 个点止损的对冲单，挂上之后按照非农数据出现之后的反应进行平仓操作。

方法三，在消息公布前 3 分钟，按消息预期做单。是利多就做多，是利空就做空，按消息预期同向做一单，盈亏比至少在3倍以上，是用小亏搏大盈的策略。

（3）实战操作之黄金投资六项技巧。

消息面，技术面指引：

黄金作为全球金融储备，没有幕后庄家，凸显了消息面指引和技术面分析的重要性。

首先，真正引导金价大幅度震荡的原因只有战争或者动乱、政治局势等。这类的消息面要严格把握，一旦出现，将大幅影响金价。例如，美国"9·11"事件、美伊战争等。其次，影响金价的原因主要是美元的价格、美国的经济。大多数的情况下，美元涨黄金跌；美元跌黄金涨，这样的逆向关系是不会变的。原油作为软黄金同样影响着金价，它们的关系是正向关系。最后，黄金的开采量、成本价、需求量也是影响黄金价格的因素。

技术面的分析，每个人都有适合自己喜好的分析方法，我个人喜好 MACD、RSI 均线，在这里浅谈一下我的经验。通过日线 RSI、MACD 可以看出全天的走势变化，4 小时的 RSI、MACD 线是最稳定的价格指引，5 分钟的 MACD、RSI 线，是顺势做单的指南针。大家可以看一下 4 小时的 MACD，如果形成死叉或者金叉，价格都有一个大的趋势。如果线比较平滑，则不会出现忽然转折的迹象。RSI 如果不是在某个高位固定，而是在箱体内，超买、超卖都是好的价格引导。任何周期，多或者空的区间都是 4 个周期，这也是趋势的引导。具体的技术分析，还要看大家各自的喜好。

技术分析、阻力位、支撑位、箱体是否是赚钱的根本：

如果您做过股票，除了职业炒股的投机者，他们才有精力、有必要天天去盯着股市行情，否则天天盯盘是非常愚蠢的做法。因为，盘面所有的陷阱都是机构和庄家给盯盘者量身定做的，机构最不喜欢那些买了股票就去干他自己正事的人，因为他们很多招儿都用不上了。

另外，无论盈亏，你天天浪费那么多时间和精力，本身就已经是亏本了。倘若因亏损而动怒，因盈利而狂喜，那么你亏得就更大了，因为你把健康也赔进去了，倘若因亏损而把怒火释放在家人或同事身上。那么，你已经亏得血本无归了，因为你连家庭、单位的和睦都葬送了。

黄金虽然没有庄家，技术分析相对准确，但是一个消息面的指引，或者对冲的出现，都会把分析的结果彻底改变。黄金每天的震荡为1%～2%，每个投资者都希望赚钱，那么是否要寻求一个赚钱的基点。以现货黄金为例，每天10～20美元的震荡，如果每天都想抓住这么大的利润，势必贪心过头导致赔钱。如果每天所期望的是其中3～5美元利润，那么把握机会相对大很多。顺势做单、穷追猛打的操作手法比技术分析更为重要。

我个人的操作手法是，每天如果没有大的消息面指引，就看5分钟K线图，顺势做单，目标利润3～5美元。如果趋势判断错误，亏损1～2美元马上反手做单。24：00～1：30，几乎每日的趋势都是一样，而且利润一般在3美元左右，这也是我个人的切入点。每个人在自己操盘的过程中，都应该去咀嚼发现一套适合自己的做单手法，同时控制住自己的贪心，利润3～5美元，每月有30%～50%的回报就很好了。

如果有消息面的指引，假设有30美元的利润。就像一大段木头，谁都想拿回家，问题是有没有体力把其全部搬走，那么有一种方法，分段截取。例如，尼日利亚恐怖袭击，巴基斯坦总理被刺杀，金价从808点一路蹿升到869点。这么大的区间有谁可以把握？如果在808点做多，824点平掉，回调到820点后，继续做多，829点平掉，回调至826点再做多单，以此类推，那么利润又该看到多少？如果价格出现大幅度回调，这样做无疑是降低了风险。

资金管理是战略，买卖是战术，具体价位是战斗。在10次交易中，即使6次交易你失败了，但只要把这6次交易的亏损，控制在整个交易本金 20% 的范围内，剩下的 4 次成功交易，哪怕用 3 次小赚，去填补整个交易本金 20% 的亏损，剩下 1 次大赚，也会令你的收益不低。你无法控制市场的走向，所以不需要在自己控制不了的形势中浪费精力和情绪。不要担心市场将出现怎样的变化，要担心的是你将采取怎样的对策回应市场的变化。判断对错并不重要，重要的是当你正确时，你获得了多大的利润；当你犯错误的时候，你承受得了多少亏损。入场之前，静下心来多想想，自己有多少专业技能支撑自己在市场中拼杀，想想自己的心态是否可以禁得住大风大浪的跌宕起伏，想想自己口袋中有限的资金，是否应付得了无限的机会和损失。入市如出海，避险才是第一，海底的沉船都有一堆航海图。成功最重要的因素，并不在于应用的是哪一套规则技巧，而在于我们自身的自律功夫。

心态、资金渠道、资金量的重要性：

永远不要太把投资当回事。人生中有很多有意义的事情需要去做，问一下自己，在交易的时候，当盯着盘面变化的时候，可曾想过是否冷落了亲人，是否懈怠了本职工作，是否因为价格走势的变化而大发雷霆……财富永远只是一个符号，这个符号有时候会变大，有时候会变小，仅此而已。将来，我们都会老去，都会死掉，后来的人或许会接着被市场的变化牵动着情绪……设想一下，假如我们人生只剩下最后一天，你还如此关心这些吗？设想一下，当我们的灵魂离开肉体，进入一个缥缈的时空，你面对那些因价格涨跌或喜或忧的心态，不觉得多余和可笑吗？如果心中只有钱的盈余和亏损，你对自己人生价值的定位是多少钱呢？

不为盈余而欢喜雀跃，不为亏损而恐惧无助，这是新手、老手的本质区别。赚钱的一般都是不懂的和很懂的，就是因为无知者无惧，还有经验累积的结果。如果没有很多钱、时间和经验，那控制心态是入市前必须做好的准备工作。

交易的资金从哪里来？是闲置资金，或者是买房子、结婚、信用卡里的钱，对人的心理影响有多大？最忌讳使用压力资金。资金一旦有了压力，心态就会扭曲，你会因为市场上的正常波动而惊慌出局，以致事后才发现自己当初处于非常有利的位置。你也会因为受制于资金的使用时间限制，在没有机会的时候孤注一掷，最终满盘皆输。

资金量？试问一下，10 万元亏 1 万元的感觉，和 2 万元亏 1 万元的感觉？您在交易的过程中，是不是可以控制这种感觉？很多投资都要做长线、中线，在这个过程中盈亏是很正常的事情，如果看到亏马上平，看到涨马上追，那结果就可以想象了。

要给自己的账户在时间和空间上一个宽松的环境，以平常心对待投资，胜过一切技巧。

炒金最重要的经验：

经验一，合理控制仓位。将这个列在首位，因为只有合理控制了仓位，你才有稳定盈利的机会，不然，你的投资只会是失败。一般将资金的10%入市，如果你的资金只有 1 万美元，那么你每次进单最好是1 标准手（100 盎司），不管是多或空。在行情较好的情况下，进场单子在有获利情况下，可以0.5 标准手一次慢慢加仓，仓位不要超出 2 标准手，相反，如果进场单子在亏损，千万不要逆市加码，除非你有几亿的资金可以支撑。同样，5000 美元的资金，最好做0.5 标准手的单子。

如果经济比较有基础，制定恰当的投资组合与比例是非常重要的，黄金价格通常与多数投资品种呈反向运行，在资产组合中加入适当比例的黄金，可以最大限度分散风险，有效抵御资产大幅缩水，甚至可令资产增值。因为诸如现金、房产、证券等大部分资产价格与黄金价格背道而驰。

推荐的资产组合为：现金＋国债＋房产＋黄金。在该组合中，黄金的比例占10%～20%，从 2014 年初起，境外许多基金将黄金的比例由 10%调高到40%。但是要提醒投资者，资产组合及比例要因时制宜、因人制宜，可以根据自身的资产状况作适当的增减。当金融系统的风险（如坏账、房地产泡沫、通货膨胀）增加时，应该调高黄金的投资比例；当局部战争的气氛渐浓时，也应提高黄金的投资比例。

经验二，进场之前设置止损。一般以 3 美元为宜，或在支撑点下方、阻力点上方。为什么要设置止损，我举个例子，我公司有这样一个客户，开户 5000 美元，两个月下来做得不错，做单从来不设止损，这样的确让许多本来该设止损亏损的单子扭亏为盈，一下赚了 5000 多美元，账户资金翻了一番，后来在 641 那波大行情中，空单坚决不设置止损，只 1 单就亏损了他 1 万美元。不设置止损等于你每做一单就可能导致账户死亡。

经验三，认清行情性质，切忌猜顶。实际上，现在金价正处于牛市的初段，近期金价创出 25 年以来的新高。对此，人们通常会有高处不胜寒的感觉，殊不知这犯了一个大错，投资市场切忌猜顶、猜底。在 1980 年初，金价曾达到过历史高点 875 美元/盎司，而之前一般推测 875 美元/盎司在相当长时间内不可超越，现在看来 875 美元/盎司只是个底部。

黄金交易之道：

交易之道，刚者易折，唯有至阴至柔，方可纵横天下，天下柔弱者莫如水，然上善若水。成功，等于小的亏损，加上大大小小的利润，多次累积。以生存为第一原则，当出现妨碍这一原则的危险时，抛弃其他一切原则。因为，无论你过去曾经有过多少个优秀业绩，现在只要损失一个 100% 你就一无所有了。

交易之道，守不败之地，攻可赢之敌。100 万元亏损 50% 就成了50 万元，50 万元增值到 100 万元却要盈利 100% 才行。每一次的成功，只会使你迈出一小步，但每一次失败，却会使你向后倒退一大步。从帝国大厦的第一层走到顶楼，要 1 个小时。但是从楼顶纵身跳下，只要 30 秒。

交易之道在于，耐心等待机会，耐心等待是最有利的风险/报酬比。熊市里，总有一些机构，拿着别人的钱，即使只有万分之几的希望，也拼命找机会挣扎，以求突围解困。我们拿着的是自己的钱，要格外珍惜才对。不要去盲目测底，更不要盲目炒底，要知道，底部和顶部是最容易赔大钱的区域。

在交易中，永远有你想不到的事情让你发生亏损。需不需要止损的最简单方法，就是问自己一个问题：假设现在还没有建仓，是否还愿意在此价位买进？答案如果是否定的，马上卖出，毫不犹豫。逆势操作是失败的开始，不应该对抗市场或尝试击败它，没有必要比市场精明。趋势来时，应之随之；无趋势时，静之观之。等待趋势最终明朗后，再动手也不迟，这样会失去少量的机会，但却赢得了资金的安全。你的目标必须与市场保持一致，顺应市场的趋势，如果你与市场保持一致，利润自然会滚滚而来。如果你看错了趋势，就得使用古老而可靠的保护伞——止损单，这就是趋势和利润的关系。

黄金最佳交易时间分析：

5：00～14：00，行情一般极其清淡，这主要是由于亚洲市场的推动力量较小所为，一般震荡幅度较小，没有明显的方向，多为调整和回调行情，一般与当天的方向走势相反。若当天走势上涨，则这段时间多为小幅震荡的下跌；若当天走势下跌，则这段时间多为小幅震荡的上涨。这段时间，若价位合适可适当进货。

14：00～18：00，为欧洲上午市场。欧洲开始交易后，资金就会增加，且这个时段也会伴随着一些对欧洲货币有影响力的数据公布。这个时段，若价位合适可适当进货。

18：00～20：00，为欧洲的中午休息和美洲市场的清晨，较为清淡，这段时间是美国盘开始前夕，此时间段宜观望。

20：00～24：00，为欧洲市场的下午盘和美洲市场的上午盘。这段时间是行情波动最大的时候，也是资金量和参与人数最多的时段。这段时间则是会完全按照当天的方向去运行，所以判断这段行情就要根据大势了，此时间段是出货的大好时机。

24：00后到清晨，为美国的下午盘。一般此时已经走出了较大的行情，这段时间多为对前面行情的技术调整，宜观望。

其实，在中国的炒金者拥有别的时区所不能比拟的时间优势，就是能够抓住21：00～24：00这个波动最大的时间段。0：00对于一般的投资者而言，都是从事非黄金专业的工作，17：00下班，到24：00这段时间是自由时间，正好可以用来做黄金投资，不必为工作的事情分心。

我的交易习惯是，15：00～18：00下单进场设好止损，此后也不用一直盯盘，17：30～18：00、20：00～21：00（冬令时加1小时）、其后每20～30分钟看1次即可。

赶不上下午的投资者，就要等到晚上再交易了，最好还是等到20：30以后，这一段是第二次行情开始的时间，也就是欧洲的下午盘和美国的上午盘时间，要是有重要的数据公布，则要十分小心。

七、终极篇

一般来说，分析和操作是一前一后的关系，不可随意地混为一谈，所以，我们将分析和操作分开来讲，并最终将它们形成了两个完整的系统（分析系统与操作系统）。这样，就相当于我们为炒金学员们搭建了两个高水准的平台，一是分析，二是操作，时间会让我们将这两个平台完美地结合在一起。

这个世界没有放诸四海皆准的技术，但我们可以做到尽最大的努力。不间断的努力和不动摇的决心，会让我们在学习炒金的道路上一步步地接近真理。

（一）终极分析

1. 两种力量学说

我们创建黄金市场的两种力量学说，目的是为了让炒金学员们能更深刻地理解这个市场。所谓两种力量，简单地说就是"多空搏杀"。两种力量存在于所有分析手段的背后，是技术分析和基本分析的核心问题，比如K线、均线和供求关系等。下面，我们就围绕两种力量对它进行深入的剖析和解说。

（1）大盘背后的两种力量。黄金市场中不断闪烁的大盘对于我们来说，既熟悉又显得有些陌生，可能我们所熟悉的是大盘的表面，所陌生的则是隐藏在大盘背后的角逐。

黄金大盘，从它的物理外形上看，应该是以纵横坐标作为它的主要结构，横向代表时间，纵向代表空间；右手边显示的是开盘价、收盘价和不断滚动变化的即时价等。黄金大盘虽然有很多种图形可供选择，但多数人都会选择 K 线图作为分析参照，有时会配合均线、趋势线等进行技术分析，大盘能够提供给我们的就是这些。

但我们要的也许不只是这个，我们要的是做一个"先知"，就是要预先知道金价的涨跌，虽然这听上去有些困难，但我们每个人都在试着去这样做。可是有些困难是难以逾越的鸿沟，技术分析、基本分析，也许所有的分析都用上也不够。那么，我们就要再往深里挖一挖，看看大盘的背后还有什么？什么是大盘背后的角逐？

首先我们要知道的是，虽然市场参与者可以笼统地分为买方和卖方，但是细分起来却十分复杂，其中有投资者、投机者；有机构、有散户；有对冲基金、有股权投资还有银行。五花八门的市场参与者有点让人眼花缭乱，但有一点可以确定，黄金市场不同于股票市场最大的特点就是，黄金市场背后没有庄家，难以被人为地左右，这就是我们要的最基本的条件，即相对公平的市场环境。

有了公平的市场，人们就可以大胆地向其中投入自己的资金，按照自己事先预谋的方向去下注，但是无论你是机构还是个人，是超级大户还是蝇头散户，最终你都要按照市场的安排走下去，也就是说，市场决定你的命运。

可是，这市场到底是什么？它是怎样决定了我们的命运呢？说起来非常简单，从三种趋势所对应的大盘背后的市场条件，从这个角度来解释就会很方便。

上涨、下跌和震荡，是构成黄金大盘整体趋势的三个元素。当买方的量超过了卖方，则大盘就会上涨，超过得越多上涨得越快；当卖方的量超过买方，则大盘就会下跌，超过得越多则下跌得越快；如果买、卖双方的量保持了相对的平衡，则金价就会在一定区域内震荡前行。所以你要问大盘的背后到底是什么？我会告诉你，大盘的背后是一架天平，它直接告诉了我们哪边轻、哪边重，并且非常精确，从不隐瞒。

（2）两种力量的几个特点。金市大盘，永远是两种力量，不断地、交织着向前推动着金价，你应该能看到，预见到这两种力量的强弱和变化，并且用动态的眼光去看待它、分析它，这样，你就理解了两种力量，你就理解了大盘。两种力量虽简单，但它有着自身鲜明的特点，下面我们就从两种力量的变动与恒定这个对立统一的角度，来说一说两种力量的几个特点。

对于两种力量，或者说是金市大盘，它的变化特征是显而易见的，要了解金市的变化特征，我们要先说一说金市的平衡，平衡应该说是黄金大盘背后的第一特征，因为金市中所有的涨跌都是从平衡被打破开始，实际上，也可以说是平衡的被打破从而决定了价格的涨跌。

那么，究竟什么是平衡呢？我们举个例子，宇宙中的行星是有运行轨迹的，会按照自然的安排，在时间上、空间上分毫不差。比如地球自转1周是1天，围绕太阳转1圈是1年，从来就没有出现过差错，也不见半点脱离轨迹的现象，这是大自然的平衡。

而黄金市场中的平衡就有些复杂了，金市的平衡是运动中的平衡。为什么价格会有涨跌，是因为平衡被打破了，等到价格涨跌到一定程度，则又建立了新的平衡，然后再被打破，就这样周而复始。所以，我们说金市的平衡是变化中的恒定，变化的是外在的价格，不变的是它自身的规律。

平衡被打破，是两种力量较量的结果，平衡被打破之后，建立新的平衡被再次打破，需要一定的时间，所以横盘后，一旦平衡被打破，就绝不会马上逆转。所以，在单边趋势中，上涨和下跌的初期是顺势建仓最好的时机。

两种力量的相互交融，产生了金价涨跌的现象，买方、卖方的立场也许会在1分钟内就能转换，看上去，金市的一切似乎都充满了变数。那么，金市中有没有不变的东西呢？有的，比如时间与空间、主力与回调（就是之后我们所说的"二元"），它们都是金市中永恒的主题。下面我们来说一说主力与回调，实际上，主力与回调基本上概括了黄金大盘的所有价格运动。

什么是主力？主力就是两种力量里面力量比较大的那一方；相对应的，力量较小的一方就是回调（通常所说的反弹）。

金市大盘上没有大户、散户之分，也没有固定的阵营，只有主力和非主力的分别，钱的流动方向就是价格运动的方向，并且赚钱的永远是主力，所以，找到了主力就找到了钱。

能够顺利找到主力，是所有技术所要追求的结果，自然也有我们的办法。我认为，找到主力应该先从回调入手，因为主力与回调是相互依存、不可分割的关系。通常，回调结束后，主力就自然显露了出来。

先说明一下，什么是回调，又称回抽、调整和反弹。回调在单边趋势中会表现得更加明显，它在形态上更像一级级的台阶，金价会顺着这些台阶上涨或下跌。回调更像我们的运动，几乎每一次运动都是先有回撤，才能更好地发力。大盘上几乎任何一次大涨（跌），先前都会有回调。金价最根本的运动状态就是起起落落，所以，依据金价运动的这一规律，我们就能知道，在上涨之后一定是回落；在下跌之后一定是上涨。这一点非常容易理解，难以判断的是回调的幅度，回调是必然的，不过回调的幅度有大有小，时间有长有短。回调一般不会创出新高或新低，回调后价格的反向运动即是主力的运动，除非回调创出新高（低），变成了大趋势的反转。

我们一般不主张抢反弹，因为单边趋势中，所有的回调（反弹）都是陷阱。在主力未入市之前，抢反弹的会一时得势，但回调的深度终归赶不上主力，一旦主力归来，金价便会顺势演变。

（3）如何对待两种力量。两种力量代表了黄金市场的上涨和下跌，对待这两种力量，首先要从心态上入手，原因很简单，控制好心态不需要什么成本，但却可以对自己的资金产生重大的影响。

你见过输红了眼的赌徒吗？赌徒一般都很自信，都认为自己的技术很了不起，当他们输钱的时候，都会认为那只是运气不好，越输越是恋战，全然忘记了身边的危险。这是一个怪圈，也是人性的弱点，掉进这个怪圈的赌徒，一般的结果都是倾家荡产。但当局者迷，旁观者清。在我们即将踏入这个充满危险的黄金市场的时候，必须先清醒地认识这些输红了眼的赌徒，所谓"若要断酒法，醒眼看醉人"。

所以，当我见到某个投资者表示，不管自己在这个市场博弈的结果是输还是赢，他都会无条件地认可时，我会挑起大拇指赞同，还会祝他一帆风顺。因为，我对这样的人有信心；相反，如果有人经常拍着胸脯说，自己百分之百会赚钱，那么，我会替他担心，输钱的一定是他。因为他的表现说明，他一点也不了解这个市场。所以，当我们踏入这个充满变数的市场的时候，我们第一要学会的是"输也认，赢也认"。

以上所说的是炒金的心态战略原则，下面说说我们真正投入战斗的时候，我们应当采取怎样的战术及秉承怎样的原则。

从宏观的角度来说，炒金可分为分析和操作两个方面，我所知道的最稳妥的方式是"二元多联分析系统"，这是我根据多年经验总结的一套分析技术，在下面还会有详细的介绍；操作方面前面均有讲解，这里不再赘述。

这里可以先说一说分析技术之间的相通性与一致性，有五种分析技术，分别是形态、K线、趋势线、均线和次高低。简要地说，当你仔细研究这五种分析技术的时候，你会发现，其实这五种技术归根结底是一回事，这就是分析技术间的相通性；再说说这些技术的一致性，这里所说的一致性，是指它们所发出信号的一致性。技术间的相通性决定了它们对市场的反应也会相同，可能在时间上会存在着小小的差异，但最终它们会对你做出一致的表述。这样，这些分析技术间的相通性和一致性就构成了"多联分析"的理论基础。打个比方，单项分析的把握性和多联分析的把握性相比较，就如同用1只砝码的重量和6只砝码的重量相比一样。

再从另一个角度来说一说我们的战术原则，一般而言，炒金的过程其实非常简单，基本上就是建仓—止损—平仓这三个步骤，而炒金的学问就在这三个步骤里面。

总的来说，建仓要顺势而发，平仓要随机而变；进场前不忽视问题，犯错后不回避问题。关于止损，我引用一段别人的精彩论述："已经赢了的情况下，你可以乘胜追击，但最好还是平仓了结。如果情况正相反，金价并未按照你的设想运行，那么，不要幻想奇迹出现，果断平仓，不问是输是赢。"

（4）二元多联分析，两种力量的另一种语言。二元多联分析系统是我总结出的一套系统的分析模式，在下面我们会对二元多联分析系统进行详细的讲解。

我们创建的这个两种力量学说，是对二元多联分析系统所做的一个铺垫，也是一种理论上的支持，前面我们说过，两种力量是二元多联的另一种语言，而多联分析的最终目的，也是分析两种力量，判断两种力量及对两种力量的变化和前景进行预测。任何技术的核心都在于它的实用性，下面我们就相关两种力量，及二元多联分析系统所能产生的实际效用，进行一下描述。

必须先要提到的是这个二元，二元其实非常简单，可以将它比喻成两种力量，也可以将它比喻成阴阳，但在实际的操盘中，它一般代表着上涨与下跌。在单边趋势中，存在着明显的主要趋势，所以主趋势方向与回调就很容易被区分开来，回调结束，金价就会沿着主趋势方向运行，我们只要本着顺势建仓的原则去操作就可以了，这就是二元对判断金价的主要运行方向所作的贡献。

二元理论剔除了影响金价运行的所有其他复杂因素，也剔除了炒金初学者由于经验不足而在分析中所产生的许多烦恼，二元理论最大限度地将大盘进行了简化，但却是最具推广潜质的一项黄金行情分析技术。下面，我们谈谈多联分析中的六个要素。

关于K线：

它所发出的信号分为转折和持续两大类，并且信号在大盘上的执行一般会在1周之内。预示和应验之间有时需要一段时间，在实际操作中，炒金学员要在时间和空间上给K线信号留有余地。

学习K线的重点在于：一是K线分析适于短线操作，它可以提供具体的出入市时机，K线信号预测的时间范围一般在1周左右；二是K线应与其他分析手段，如均线、趋势线等一起使用，虽然单纯依靠K线也可能获利，但不会有多种技术综合分析来得可靠；三是K线的"压缩"分析非常实用，尤其在炒金学员对K线组合感到迷惑不解时，这一招也许会发挥意想不到的作用；四是在实际应用中，K线形态往往会有"变形"，炒金学员要灵活看待；五是K线及其他任何技术，都是一个高概率的预测，不可能百分百准确，炒金学员应客观对待；六是分析K线必须结合它当前所处的位置，这一条最为重要，因为，处在不同的位置，K线所表达的信号会有所不同，甚至相反。

关于趋势线：

一是趋势线较适于中长线的预测，它所提供的是中、长线的参考；二是趋势线技术应结合其他技术分析方法进行综合分析，这样可以大大提高获胜概率；三是价格只要在慢速上升趋势线上方运行，就应该坚持看多、做多，价格只要在慢速下降趋势线下方运行，就应该坚持看空、做空；四是趋势线的预测信号发出后，首先迎来的往往是反向的回调或盘整，要有耐心，度过这些反向的盘面运动；五是要注意价格运动是否产生新高或新低，它对判断趋势的方向非常有用。

关于形态：

总的来说，炒金学员学习形态的时候，要将形态与趋势线紧密地结合，因为形态是趋势线的进一步细化，它在方方面面都与趋势线密不可分。

学习形态的重点在于：一是形态是一种宏观上的预测，也就是说，形态是对长期金价的一种预测；二是形态存在于趋势之中，也就是说，看形态首先要看这种形态存在于什么趋势之中，或者说它存在于怎样的价位；三是形态所表述的信号不是绝对的，它能说明的金价未来运行的方向，只是一个高概率的预测，在实际操作中不可生搬硬套；四是形态分析的关键在于，它突破颈线的时刻，包括接下来的小幅回调确认，这一条是判定金价运行方向最终的依据，是形态分析的重点。

关于均线：

分析均线，也要结合其他的技术分析工具，这样可以大大提高分析获胜的概率，避免单项分析带来的片面和不足。

均线技术的重点在于：一是均线的分析，首先要确定当前金价处于什么位置，这也是所有技术分析中首先要确定的一点，比如"金叉"出现在上涨初期，是强烈的买进信号，如果出现在上涨的末期，则很可能是主力为了诱多而设置的多头陷阱；二是见底信号不是买进信号，除非有其他技术分析信号的配合，否则不要一见到见底信号便过早入市；三是"均线走好"很有参考价值，它的意思是，没有交叉，且均线间距又不是越拉越大；四是均线间距越拉越大时，必定会带来一次反弹，甚至是一个大趋势的转折；五是均线间不断收敛，往往是均线状态改变的开始；六是和趋势线同理，5日、10日均线可提供短线止损位；七是均线交叉的时候，就是问题产生的时候；八是以上所说的均线的模式是，设定5日、10日、30日三条均线组合模式。

关于次高低：

次高低的技术重点在于：一是要懂得利用趋势线、均线及其他技术配合分析次高低，尤其是在判断新的次高低点出现，以及新的反向次高低形成的时候；二是次高低与回调密切相关，尤其是要知道回调应在哪里结束，最粗略估计，回调在时间和空间上都应是前一波主力运动的50%左右，回调结束，方可依据次高低顺着主趋势方向入市；三是一般我们判断次高低的形成，都是在二级趋势中，回调仍是我们判断次高低是否形成的重要依据，回调的幅度如果没有超过前一波的高点或低点，也就是说没有产生新高或新低，那么这个回调就是有效的，否则，就很可能是大趋势转向了。

关于新高低：

也许炒金学员们对这个概念有些陌生，本身，它的确不像趋势线、K线这样的成熟技术被人所熟知，但这并不代表着它不重要。相反，我觉得它太过重要，以至于到了难以割舍的地步。

在一个大趋势的末期，都要产生一个顶或底，往往我们无法分辨这是一个真的顶或底，还是大趋势末产生的最后一个次高顶或底，这时，我们就要耐心等待，如果在未创出新高低处产生了转折，我们可以断定大趋势的转折已经形成，可以大胆顺势建仓了；如果金价不断地攀升或下降，创出了新高或新低，那么，就代表大趋势的转折没有形成，那只是趋势末的又一个次高低而已。因为创出新高低、未创出新高低，金价最终都要向同一方向反转，所以，这时判定新高低的位置显得非常重要。

关于新高低值得我们非常注意的，一是金价未创出新高低后，在拐点处就产生了次高低；二是金价创出新高低后，必定会产生一个拐点，然后金价会反向运行，即回调。并且，次高低—新高低—回调是绝对的循环关系。那么，我们依据第一条就可以大胆建仓；依据第二条就可以果断平仓。这样，我们就可以用一句话囊括金市的所有经典，"在次高低部位建仓，在新高低部位平仓"。

目前的黄金市场中，围绕着市场是对的还是错的这个问题，形成了三个主要派别，分别是基本分析派、演化分析派和技术分析派。我本人是不倾向于任何派别的，如果非要给我们起个名字，那就叫"综合派"吧，以博采众长为原则，以灵活运用为手段，而目的只有一个，便是成为市场的胜利者。

无论是投资者还是投机者，是散户还是大户，是东方还是西方，都难以否定存在于金市大盘背后的两种力量，这两种力量分析对了，你就是金市中的国王，判断错了，你就成了金市的囚徒，这就是对两种力量最终的解释。

2. 二元多联分析系统

二元多联分析系统，是由我的前一本书《炒金制胜法则》中的"二元四联分析系统"演化而来，是我对其进行了进一步的优化而成，其核心的思想没有变，但却比原"二元四联分析系统"具备了更为广阔的包容性。

二元多联分析系统由三部分组成，即二元、多联和分析表，应用二元多联技术要从这三个方面入手。

简单地说，二元就是将金市大盘区分为两种元素，即阳线部分与阴线部分；多联就是将多种技术分析方法联合在一起应用，分别得出分析的结果；最后将这些结果落实到分析表上，我们就会得到一个非常精确的大盘走势分析结果。

（1）二元。如果将黄金投资上升到一个哲学层面，那么我们可以将它区分为东方交易哲学和西方交易哲学两大部分，它们各自有着自己鲜明的特色。

数理关系，黄金分割率和移动平均线是西方传统的体现，东方交易方法的核心在于阴阳之道的主宰，上升与下降、收敛与发展、震荡与单边，所有这些都聚集于阴阳这两种根本力量的交互运动中，阴阳线或者说蜡烛图，是东方哲学思想在交易界的最直接体现。

二元理论，实际上就是我们东方交易哲学的根本，也就是上面我们所说的阴阳理论。二元理论不仅仅是一个理论，它更是一种方法，一个能让炒金者更加清醒的方法。

金市大盘永远是由两种元素组成的，即阳线部分与阴线部分，阳线和阴线所能代表的，永远也是两种状态，即非涨即跌。我们只要想办法知道金价在哪里会涨、在哪里会跌就可以了。这一点，说穿了并不难，一是知道了当前金市的大趋势所在；二是知道了当前金价的位置所在；三是知道了当前大盘的回调所在。回调结束之后，金价就会向与回调方向相反的方向运动，这时，你就可以顺着主趋势方向入市了，这是二元的具体应用。

二元所追求的不是复杂而是简单，它是一种宏观理论，却不会舍弃细节。它把纷繁杂乱的金市简单地区分为阴阳，用简单的两种颜色来看待大盘、理解大盘、进行大盘的操作。

从理论上来说，二元就是这样，可以解释成阴线和阳线、上涨和下跌，也可以解释成两种颜色，总之，是把大盘分解成简单的两种元素。

二元分析简单且实用，但它并不排斥其他的炒金技术，并且有联合其他技术分析手段的需求，比如，联合趋势线、K线、均线、形态、次高低等。但我们要将二元理论，作为所有炒金技术的主导思想，不然，我们很容易将各种炒金技术搞乱。

二元是对大盘分析的主导，它将错综复杂的大盘化繁为简，并让炒金学员不被大盘的各种表象所迷惑。多联是用具体的技术分析，来验证大盘带给我们的信息，多联分析最后会让二元分析的结论变得更加精确可靠，这是多联与二元之间的关系。二元分析和多联分析结合起来，就是二元多联分析系统，一种朴素而实用的炒金应用技术。

应该注意一点，学习二元理论，很容易将大盘的震荡盘整期忽略掉。我们只要牢记一点，盘整期不可以追涨杀跌，单边才是我们赚大钱的机会。

（2）多联。多联，就是将多种技术分析手段联合起来应用。比如，趋势线、K线、均线等，多联不排斥任何一项成熟的分析技术；相反，它主张更多的技术能够参与进来，多联分析说起来容易，但学起来却要花费些时日，因为多联分析涉及了很多最基本的技术分析类别，其中的每一项我们都要做到精通，不然，还不如不学。

为何要将多种不同的炒金技术联合起来应用？是因为它们在根本原理上完全相通。甚至，多联与二元在原理上也存在着这种相通。我们讲的分析技术间的"相通性"和"一致性"说的就是这个道理。

6个鸡蛋比1个鸡蛋的价值要高，所以，多联分析结论的确定性，会比单项分析要准确得多。并且，单项分析一般会存在先天的缺陷，多种技术联合应用就会相互弥补这种不足。

一般来说，在黄金行情分析软件的K线图上，最实用、最常见的技术分析方法，就是趋势线分析、K线分析、均线分析和形态分析。而这几项分析方法之外，还得加上两项不可或缺的分析元素，即次高低分析和新高低分析。无论是趋势线、均线、K线还是形态，在它们身上都可以找到次高低和新高低的痕迹，次高低和新高低甚至可以成为多联技术的统领。

如果把形态比喻成巍峨的群山，把次高低和新高低比喻成通往巅峰的阶梯，把趋势线比喻成隔开欢乐与忧愁的界线，把均线比喻成细腻而温和的五线谱，把K线比喻成跳动的美妙音符，把二元比喻成一支音乐指挥棒，那么，二元多联分析系统就是一部雄壮的交响乐曲。谁能奏响它，财富之门就会为谁打开。

3. 分析表

（1）分析表及分析表的原理。二元多联分析系统由三部分构成，一是二元分析，二是多联分析，三是分析表，这三项分析技术地结合，构成了一个完整的二元多联分析系统。在这一节里，我们要介绍一下什么是分析表，以及分析表的原理。这个分析表由两部分组成，一是技术面分析，二是基本面分析。技术面分析由二元和多联两部分构成；基本面分析由美元、原油、供求关系、战争等元素构成。

在炒金分析工具的选择上，我们只尊重它们的实用性，其他的我们可以不去考虑。所以，在我们最开始设计分析表的时候，实用性是唯一的出发点。

分析表首先注重技术分析，原因是炒金市场不易被操纵，炒金大盘所反映出的技术分析信息相对准确。我们所选择的六种具体分析技术，都是目前炒金市场上最成熟的技术分析工具，六种技术的联合使用，不仅使技术分析变得更加全面，而且使它们之间产生互补，让分析的结论变得更加可靠，这是多联分析的原理。

二元的主要功能，在于让我们更加清晰地将大盘中的涨势和跌势分辨出来，最简单地让我们找到入市、出市的时间和空间点。

分析表的基本面分析也是不可忽略的，基本面分析虽然不会像技术分析那样，给你准确的入市、出市的结果，但它可以成为技术分析的好伙伴，辅助验证技术分析的结论。并且炒金学员们要清醒地认识到，影响技术分析结论的最大敌人也是基本面。比如，某一天突然出来一个重要的消息，那么，我们所有的技术分析都会马上失灵，一切结论也将被打乱，这一点是技术分析成功的最大障碍。所以，我们要将基本分析，纳入我们的多联分析中来，在有重大消息出现的时候，我们要学会如何应对。

分析表的技术面、基本面及各种分析元素之间，所有元素的根本原理及作用都是相通的，即它们会告诉你，未来的黄金大盘上会发生什么？这一点是分析表原理的关键。

总的来说，分析表具有实用性、全面性、互补性和前瞻性四大要点，是二元多联分析系统最终的落实，也是我们炒金的好帮手。

（2）分析表样板。

二元多联分析系统分析表

年　　月　　日　　星期

一、二元

1. 当前主趋势方向_____

2. 当前金价位置_____

3. 当前金价是顺势运行还是回调运行＿＿＿＿＿＿＿＿＿＿＿

4. 回调结束即可顺主趋势方向入市有什么问题＿＿＿＿＿＿＿

5. 二元分析结论＿＿＿＿＿＿＿＿＿＿＿＿＿＿＿＿＿＿＿＿

二、多联

6. 形态分析＿＿＿＿＿＿＿＿＿＿＿＿＿＿＿＿＿＿＿＿＿＿

7. 趋势线分析＿＿＿＿＿＿＿＿＿＿＿＿＿＿＿＿＿＿＿＿＿

8. 均线分析＿＿＿＿＿＿＿＿＿＿＿＿＿＿＿＿＿＿＿＿＿＿

9. K线分析＿＿＿＿＿＿＿＿＿＿＿＿＿＿＿＿＿＿＿＿＿＿＿

10. 次高低分析＿＿＿＿＿＿＿＿＿＿＿＿＿＿＿＿＿＿＿＿＿

11. 新高低分析＿＿＿＿＿＿＿＿＿＿＿＿＿＿＿＿＿＿＿＿＿

12. 其他技术分析＿＿＿＿＿＿＿＿＿＿＿＿＿＿＿＿＿＿＿＿

13. 多联分析结论＿＿＿＿＿＿＿＿＿＿＿＿＿＿＿＿＿＿＿＿

三、基本面

14. 战争＿＿＿＿＿＿＿＿＿＿＿＿＿＿＿＿＿＿＿＿＿＿＿＿

15. 美元＿＿＿＿＿＿＿＿＿＿＿＿＿＿＿＿＿＿＿＿＿＿＿＿

16. 原油＿＿＿＿＿＿＿＿＿＿＿＿＿＿＿＿＿＿＿＿＿＿＿＿

17. 世界通货膨胀情况＿＿＿＿＿＿＿＿＿＿＿＿＿＿＿＿＿＿

18. 世界金融危机情况＿＿＿＿＿＿＿＿＿＿＿＿＿＿＿＿＿＿

19. 黄金和白银及其他贵金属价格联动情况＿＿＿＿＿＿＿＿＿

20. 各国央行及大基金黄金储备与抛售情况＿＿＿＿＿＿＿＿＿

21. 全球黄金供求关系＿＿＿＿＿＿＿＿＿＿＿＿＿＿＿＿＿＿

22. 黄金指数＿＿＿＿＿＿＿＿＿＿＿＿＿＿＿＿＿＿＿＿＿＿

23. 新闻及重大消息＿＿＿＿＿＿＿＿＿＿＿＿＿＿＿＿＿＿＿

24. 基本面综合结论＿＿＿＿＿＿＿＿＿＿＿＿＿＿＿＿＿＿＿

一单交易计划:

开仓方向	开仓价位	仓位	止损	止盈	潜在亏损	潜在盈利

备注:

(二) 终极操作

操作是万里长征的最后1公里,在这个时候,我们已经无须再有太大的压力,因为处于这个阶段,才是真正的"谋事在人,成事在天"。

接下来,我们所要讲的终极操作,实际上它指的是"锁仓式多单操作系统"。这里所谓的锁仓并非传统意义上的对冲锁单交易,而是由其带来的灵感、创意而成的一种全新的现货黄金交易系统。它以"时间换空间"作为理论基础,然后再以关键"时间差"作为获利条件。最后,我们设计了一套"操作表",用来辅助锁仓式多单操作顺利完成。下面,我们就来详细地说一说这个"锁仓式多单操作系统"及它的孪生理论——"时间换空间理论"。

1. 时间换空间理论

(1) 概述时间换空间。时间与空间,是黄金大盘上最基本的两个元素,也是我们研究黄金大盘永恒的主题。在这里,时间代表的是我们所能控制的时间,比如建仓时间和平仓时间,在这里一般代表着价格的涨跌空间。

为什么我们要研究这个时间换空间理论？因为，它将为下面要讲的"锁仓式多单操作系统"服务，学习"锁多"操作，首先要理解它的理论基础，就是时间换空间理论。

时间换空间，要以时间作为核心。我们看黄金大盘上，每1天、每1小时，甚至每1秒，价格都在发生着变化，可以说，是时间在推动着大盘上不断变动的价格，有了这个绝对的现象，我们就可以设想，可不可以用我们所能掌控的时间，来交换对我们有利的价格？经过实践的验证，这些是可以的、可行的。

时间换空间理论，最终还是要落实到锁仓式多单操作系统中，因为"锁多"操作就是要利用时间与空间的交换这种手段，来获取利益。而让时间交换空间这种交换能够顺利进行，有一个最重要、最不可或缺的元素，就是时间差，下面，我们就对这个时间差进行简单描述。

（2）时间差，时间换空间最重要的条件。时间换空间，从字面上看就是用一定的时间，来获取这段时间里价格所发生的变化，而促成价格发生变化的这段时间，就是时间差。通俗地说，时间差就是价格发生变化需要我们等待的时间。因为时间差是价格演变至关重要的条件，所以，我们研究锁仓式多单操作系统，必须先把时间差弄明白，掌握了时间差，时间换空间的操作才会变得简单而精确。

利用时间差来进行时间换空间的操作，要遵循一个原则，就是一切从我们能够控制的方面入手。大盘的涨跌我们控制不了，但我们可以控制进场、出场的时间。而进场时间和出场时间给我们提供了两个关于时间差的概念，即"建仓时间差"和"平仓时间差"。这两个基本可控的时间差，便是时间换空间的操作基础，也是锁仓式多单操作系统的操作基础。

在下面，我们还要对时间差与锁仓式多单操作系统的关系及如何利用时间差进行操作，进行更详细地讲解。

（3）时间换空间的分析与操作概论。上面我们讲过，一切要从我们能够控制的方面入手。那么，时间换空间的分析与操作该从哪些方面入手呢？应该从我们所掌握的技术入手。对技术总的分类是，分析技术和操作技术。而二元多联分析系统及锁仓式多单操作系统，就是所有分析技术与操作技术的代表。也就是说，"时间换空间"在分析与操作上，最终要落实到二元多联分析系统和锁仓式多单操作系统上。

对于时间换空间与二元多联分析系统的关系，可以简单地描述为二元多联是为时间换空间而服务的。因为，分析的正确与否决定"时间换空间"最终的结果，也就是最终的盈亏。我们的终极操作"锁仓式多单操作系统"，虽然它是目前最先进的操作系统之一，但是它仍然离不开建仓、平仓、止损等基本知识；它仍会要求你不断地进行基本分析和技术分析；仍会要求你具备敏锐的眼光、准确的盘感和成熟的交易心态。一句话，一切仍取决于你对大盘走势的分析判断和操作。

2. 锁仓式多单操作系统

（1）概述锁仓式多单操作系统。想要了解什么是锁仓式多单操作系统，先要确定什么是锁仓交易，而要知道什么是锁仓交易则要先了解一下对冲功能。下面我们就从对冲到锁仓，一步一步地进行讲解。

从概念上讲，对冲交易是指同时进行两笔方向相反、数量相当、盈亏相抵的交易。从另一个更为简要的角度描述，对冲交易实际上就是一个投资组合。表面上看，对冲交易似乎是多此一举，既然盈亏总是保持平衡，没有盈利，我们还做它干什么？实际上不是这样，如果在对冲交易中加入"时间差"元素，即把握好"建仓时间差"和"平仓时间差"，那么，结果不仅会实现盈利，而且还分散了风险。

锁仓交易实际上是从对冲交易演化而来的，可以说它是对冲交易的一个分支。标准的锁仓交易是指，交易者选择相同产品，建立相反方向的订单，不管价格向任何方向运动，均不会使锁仓部分的盈亏再发生变化，这种操作方法就是锁仓操作。

锁仓操作分为锁损和锁盈，锁住亏损单就是锁损；锁住盈利单就是锁盈。锁损和锁盈统称为锁单。

与锁单相对应的操作是解锁，解锁是锁仓操作的重点，也是难点。解单，就是在锁单后，要选择适当的时机，把这个锁解掉，即把两个单分别平掉。

应该先解逆势单，行情明朗时，把逆势单解掉等于切断了损失源。但要注意，逆势单不等于就是亏损单。另一顺势单，可选择行情走的差不多了再平。

另外，在锁单后，常常有一个很重要的操作步骤会被遗忘，那就是最好给与分析方向相反的单子加上止损，可以稍设高2～3个点，防止在真正行情走出之前，波动过大而被来回扫掉。

我们所说的锁仓式多单操作系统，在分散风险、减少损失与争取利益最大化方面，与锁仓交易在理论上完全相通。但不一样的是，锁仓式多单操作系统不要求对冲式下单，即多单与空单可以不完全对等，而且下单数量也完全自由，这样，能更多地利用自己的分析技术和操作技术，并且能够将风险最大程度地进行分散，利用时间差更加灵活地下单、平单，获取盈利。另外，锁仓式多单交易要求给每一单设上止损。

锁仓式多单操作系统就是这样，它的核心功能就是利用时间差，进行时间换空间，它会让盈利单保持盈利，让亏损单通过时间的交换转为不再亏损，甚至盈利。锁仓式多单操作系统，能够最大化地将风险分化到每一对方向相反的单子中，使"满仓操作"成为可能。

（2）锁仓式多单操作系统的优缺点。在你拥有了较高的技术分析水平的前提下，锁仓式多单操作系统一般会为你带来较丰厚的利润。锁仓式多单操作系统的优点要从几个方面来说。

一是除了对冲，没有任何一项技术敢于满仓操作，而"锁多"操作便具备了这项功能，即在对冲单形式下，"锁多"操作可以实现满仓操作，从而促成利润最大化。二是"锁多"操作分化了风险，因为它同时下单的数目可以达到十几个，甚至几十个，并且多空单子相反，起到了"对冲"的效果，所以，"锁多"操作能够最大化地将风险化解掉。三是"锁多"操作利用时间差，给了亏损单转为盈利单一个机会。四是无论是顺势行情还是逆势行情，"锁多"操作都有获利的可能。五是"锁多"操作的盈利模式是连续盈利、积少成多，并且绝不放过单边趋势中大规模的获利机会。六是"锁多"操作并不难，择时平掉获利单即可。

和所有其他事物一样，"锁多"操作系统也有着相对应的缺点，一是由于"锁多"的多个单子操作，频繁进出，造成了交易费用增高的缺点，所以，要进行"锁多"操作，最好找到一家手续费较便宜的平台。二是因为"锁多"操作要不断地进行开仓、平仓等操作，所以，必须要有宽松的时间来盯盘。三是由于资金是分散开的，所以"锁多"操作对资金的规模要求较高。

我们对锁仓式多单操作系统的优缺点进行了分析，显而易见，它的优点远远大于它的缺点。所以，锁仓式多单操作系统是值得我们研究、利用的一项黄金投资操作技术。它应该与前面所讲的二元多联分析技术联合应用，这样我们投资黄金的胜算一定会有较显著的提高。但我们并不提倡仅使用一项技术来应对这纷繁复杂的黄金市场，我们还可以加入其他技术成分，"他山之石可以攻玉"就是这个道理。

比如，我们可以加入每个月的"非农夜"操作，还可以加入中、长、短线及超短线操作。即根据当时的市场条件，来选择适合我们自己的操作方式，这样做很有必要。比如，非农数据公布时，即所谓市场有重要的消息时，那时的市场会受消息的左右，已经不可能按照"技术分析"来走了，也就是说，"技术分析"这时已经失灵。所以，唯一的选择就是在消息当天做"非农单"。这样，就能利用非农数据消息，把风险化为利润。

（3）利用时间差等进行操作。现在我们都已经知道，"时间差"是锁仓式多单操作中最为重要的一个元素，是时间换空间不可或缺的一个条件。没有了时间差，也就没有了时间换空间，也就没有了锁仓式多单操作系统。

多空两种走势的不断交替，提供了锁仓式多单操作所需要的时间差。就是说，在某段时间内，亏损单与获利单会互换角色。这样，我们为什么不多空都做呢？涨就平多，跌就平空。分批下单将资金分散开来，还不用冒孤注一掷的风险。

赚钱的单子 5 个点以上就该平掉，但搞单边突袭例外。亏钱的单子就放着等待回调，90% 的单子最终会回调解套的，即使是亏点，也会由反方向的获利单来弥补。这样，你就天天不断地平赚钱单，再下单，再平单地重复，你账户的资金就会像滚雪球一样越来越多，我的好多单子，80% 都是当天出的，也有的单子是套了 1 个月才出的，有时行情好的时候，每天跑几个来回，这样，上涨平多单，下跌平空单，行情怎么走都赚钱，不用担心做反方向了。以上所说，只是在震荡盘整期操作的一个例子，在实际的操作中要注意灵活运用，切忌生搬硬套。

如果遇到单边趋势，行情起势了，就要立即顺势操作，打破原先多空对等的平衡，将资金集中到顺势单中，这就是搞突然袭击，大捞一笔。但是，金市中变幻莫测，风险会随着盈利的加大而加大。这就是单边环境与震荡环境的不同，所造就的锁仓式多单操作系统的两种不同战法。炒金学员们必须要弄清楚，什么时间段用什么样的战略、战术来配合，做到合理而灵活地运用锁仓式多单操作系统。

还有一些细节要介绍清楚，比如说布局范围，所谓布局范围，就是最高多单与最低空单的开仓价的差，它们的距离一般应控制在 160 个点的范围内，超过了就不太安全了。

另外，做"锁多"操作，我们必须要有条件在电脑前一直战斗，因为我们要抓住金市里的每一个波段，如果你做"锁多"没有赚钱，那可能就是你没有在电脑前一直战斗，错过了无数波段赚钱的机会。

另外，就是注意保持机动性，除非遇到难得的单边趋势，其他的时间段，必须注意不要让你的单子严重不平衡。比如说你做了20个多单和8个空单，那么你就得考虑再下7个空单堵住，防止遇到单边下跌。

如果行情是在不断下跌，你就要不断增加空单。但是，多单也是还要继续下的，只是以空为主，"锁多"就像个沙漏，多空两方的比重要随着市场环境的变化而不断地变化。

不要被短期的亏损影响心态，在这里没有亏损，只有暂时停止赚钱。比如，现在有28个多单17个空单，短暂下跌可能小亏，但是后期涨上去了，多单就解套大赚了，这就是以时间换空间的原理。

"锁多"操作有时需要进行砍单，这需要具备一点壮士断腕的勇气。比如遇到跌势的时候，就立马砍掉一些套深的多单，不要让它没必要地拖后腿了。

学习"锁多"操作，一定要弄明白什么是震荡，什么是单边，并根据这两种市场环境调节好多单与空单的平衡点，即它们所占的比重，这一点是最关键的，否则，遇到反向的单边，则易受深套。

这里还要再次提醒炒金学员，时间与方向的判断还是"锁多"操作的根本。

（4）锁仓式多单操作之仓位、建仓与平仓。讲完了锁仓式多单操作系统的时间差、震荡于单边、顺势单、逆势单、对冲单这些相关"锁多"操作不可或缺的方面，我们还要回到最基本的操作环节，即仓位、建仓与平仓。"锁多"操作的仓位、建仓与平仓，在基本原理上与普通炒金技术是一致的，但是，"锁多"操作在细节上与普通炒金技术还存在着一些小的差别。下面，我们就对"锁多"操作的仓位、建仓与平仓，分别进行一下介绍。

仓位：

仓位，即仓位控制，也叫资金管理，它基本上属于风险控制类的操作技术。一般来说，现货黄金的普通操作，仓位要控制在自有资金的30%以下，但我们的锁仓式多单操作不需要这样，它可以在数目众多的单子间，根据市场的单边或震荡环境，来自由调节多空单子的比例，以适应最佳的投资需求与投资组合。

为了适应"锁多"操作，我们对仓位设置了几个概念，即平均仓、重仓、满仓。实际上，这三个相关仓位的概念，反映了投资资金的集中与分散。平均仓一般应用于震荡盘整期，是把所有单子的仓位平均，多空单子数目对等，这样就产生了对冲效果。这种情况下，因为所有单子都形成了对冲单，所以即便是满仓操作也不用怕了，满仓操作的说法就是这么产生的。

但是，如果市场行情变成了单边趋势，就需要看准机会，重仓投入。现在我们应该知道了，重仓在"锁多"操作中，必须有市场的单边趋势作为背景，属于一次重拳出击。这时，我们就要打破单子之间的对冲结构，将资金向顺势单方向倾斜，集中力量打一场歼灭战。但这时我们必须清醒地意识到，在潜在盈利暴涨的时候，潜在的风险也会跟着加重，我们必须一方面看到潜在的利润，另一方面还要准确地预计到危险的来临。

建仓与平仓：

"锁多"操作的建仓操作与平仓操作，总的说来较现货黄金的普通操作要显得麻烦、枯燥，因为有时"锁多"操作需要操作者始终战斗在电脑前面，不停地进行建仓与平仓，好在这样做一般都会有所收获，没有白白流汗、受累。

建仓要求操作者具备较高的技术分析能力，一般都是在一二级趋势发生转折的前后进行建仓。建仓首先要分析大盘的走势，技术较高的操盘手能够预测到一定期间内的大盘走势，从而能够选择最佳的入市时机建仓。然后，根据需要设置好仓位和止损，这样，入市阶段就完成了。建仓的学问很多、很复杂，这里只讲一下震荡趋势和单边趋势这两种情况下如何进行建仓操作。

锁仓式多单操作的盈利模式是要连续盈利，在震荡期积少成多，滚雪球式地增加利润；但单边趋势中的大规模盈利机会，我们也绝不放过。"锁多"操作在震荡期间，应以锁仓操作为主，也就是多空两个方向的开仓单子数目相等；在单边趋势中，开仓数目则要向顺势单倾斜，从而打破了震荡期间对冲单子的这种平衡，可以存留少量的逆势单，来获取可能的反弹利润。

再说说平仓，平仓的学问要大于建仓，平仓首先也要进行大盘走势的分析，判断金价走势在哪里会发生反转。平仓对时机的要求非常严格，因为平仓追求的是利润最大化，机会一旦错过就不会重来。

平仓分为获利平仓与斩仓两种，斩仓也就是止损，获利平仓相当于止盈。在"锁多"操作中，我们可以利用不断地建仓、平仓，来调节许多个单子间的平衡，单边时就倾斜，震荡时就平衡，这一点始终是"锁多"操作中的重点。

在"锁多"操作中，哪个单子赚钱就平哪个单，对于亏损单，就要利用时间差来获取最佳平仓时机；但如果处于单边行情中，则原则是先平逆势单，再平顺势单。因为在单边行情中，逆势单相当于冒险抢反弹，易受深套，如果不及时平掉，则很容易成为整体的包袱。

3. 操作表

（1）操作表概述。锁仓式多单操作系统是由三部分构成，一是时间换空间理论，二是锁仓式多单操作的具体解析，三是我们自己设计的"操作表"。

这套表的设计以简洁、实用为出发点，主要用以记录多空操作，在单边与震荡两种市场环境下的开仓状态，还有多空单子数目的对比，这让我们对自己的下单状况及单子的平衡状态一目了然。

操作表以及前面所讲的分析表，是我们的操作技术和分析技术最终的落实。也可以这么说，二元多联分析系统和锁仓式多单操作系统，是我们所有炒金技术最终的落实，是囊括分析与操作的经典。

（2）操作表样板。

锁仓式多单操作系统操作表

年　月　日　星期

单边环境：　　　　　　　　　　　　　　　　震荡环境：

多方：　　　　空方：　　　　多方：　　　　空方：

号单　开仓价　号单　开仓价　号单　开仓价　号单　开仓价

号单	开仓价	号单	开仓价	号单	开仓价	号单	开仓价

备注：

附录1　中国地下炒金

　　现在，地下炒金在中国有着泛滥成灾的势头，严重扰乱了中国投资市场的正常秩序。虽然这个现象就像金融改革成果分娩前的阵痛那样不可避免，但我们还是应该提高警惕，不要成为地下炒金的牺牲品。

　　目前的中国地下炒金市场，大多打着经营"伦敦金"的旗号，也就是"国际现货黄金"，来进行非法经营。政府目前对待正规伦敦金（中国香港的和外盘）的态度是，"不支持也不反对"。所以，在这种暧昧的态度下，很多人错误地以为，经营地下伦敦金不违法，是擦边球。但在利益的驱动下，地下炒金往往会演变成非法经营、诈骗等经济犯罪。

　　地下炒金往往会以高回报为诱饵，诱使你投入资金。然后，再通过私设服务器，在后台进行人为操作，以此来自由控制"涨"和"跌"。这样一来，投资者总是会因为"网络延迟"、"交易延迟"、"死机"等各种"特殊原因"而错失赚钱的机会。所以，在识别非法炒金时你能看清他们的交易系统就可以了。

　　非法炒金靠什么手段来诱骗投资者上当？归纳起来，有五种骗术，我们现在将它们一一曝光，投资者在进行投资前，再一一核对，就应该不会再上当受骗了。

　　（1）高额利润诱惑。地下炒金公司抓住投资者追求一夜暴富的心理，以黄金投资"手续少、门槛低、收益高"等说辞，诱骗投资者上当。他们往往向投资者口头承诺，炒金能以小博大，回报迅速，24 小时交易，月平均收益可达 10%。

（2）传销手段。地下炒金公司多租设在城市高档商区，内部装潢考究，员工着装规范统一。这些非法炒金机构大多以投资咨询为名，营销不走正规渠道，而是通过各大网站、论坛等发布信息，留下的大多是私人电话或 QQ 号码。还有的以有"赠金"为口号，吸引投资者加入，即按照一定的比例给增加资金，但这些"赠金"必须以交易一定的单量为代价，才可以成为你自己的。

（3）先让你盈利再套牢。非法炒金抓住投资者的心理弱点，往往刚开始让你盈利，但资金不能转出，然后再让你亏损，再鼓动你追加投资挽回损失，从而越陷越深。有的会提供模拟交易，在模拟环境下投资者会不断盈利，诱使投资者入局。

（4）自设软件内部交易。这一条很重要，这是识别地下炒金最有效的办法。一般，地下炒金的"猫腻"集中反映在操纵交易平台上，目前，最普遍使用的交易平台是 MT4，该系统可修改客户资料密码、可强行平仓和改单、可开户选定杠杆比例。另外，MT4 系统可以造假，在盈利时锁死系统，导致无法获利平仓，或人为地干预交易系统，使之无法进行正常交易。

有的地下炒金会设置"虚盘交易"，让客户在虚拟中的平台上操作，客户看到的只是交易数字而已。另外，还有一些"对赌盘"，也叫"对手盘"，等等，这些不法手段，都会让客户的血汗钱全部蒸发掉。

还有一类是完全的黑平台，资金一到公司指定账户（往往是个人账户）上时，公司马上挪作他用。一旦进入"黑平台"，投资者的资金就未真正流入到黄金市场，玩的只是一场数字游戏，最终的结局一定是投资者血本无归。

（5）随时可能逃之夭夭。地下炒金幕后推手多在境外注册，或是将网络服务器设置在国外，隐蔽性很强。老板一般用的都是假身份证，一旦骗术败露，诈骗团伙往往关闭账户，卷款走人，或者改名换姓继续进行诈骗。

中国非法地下炒金现象，在一段时间内会像雨后的春笋一样层出不穷，也会像变魔术一样，令我们眼花缭乱，这是我国投资行业发展所必然经历的现象，我们无须太过担心。随着我国投资市场的不断完善，一切必然会规范起来，中国的投资环境，中国的黄金操盘手，也会同这个市场一样走向成熟。

附录2 国际现货黄金术语解释

1. 国际现货黄金

国际现货黄金，就是我们平常所说的伦敦金，在我国伦敦金分为两种，一种是伦敦金，一种是香港金。国内所说的伦敦金，大多应该叫作香港金，不是真正的伦敦金。国际现货黄金的主要特点是，高杠杆、低交易成本、24小时交易、互联网操作、保证金交易。所有的黄金投资品种里，国际现货黄金最适于个人投资，是现在的主流黄金投资品种。

2. 国际现货黄金的特点

国际现货黄金是国际上正规的、全球化的黄金交易品种，它有如下特点：

（1）资金杠杆100～200倍，交易时预付1%～0.5%保证金，资金占用量小、资金利用率高。

（2）T+0交易，T+0交易就是随时可以买卖，不仅提高了资金利用率，还不会错过有利的买卖时机。

（3）即时成交，不用担心成交不了。

（4）双向交易，不论涨跌都会有盈利机会。

（5）交易时间更长，周一至周六，24小时开盘。

（6）行情波动大，每天15美元/盎司以上的波动，带来更多的获利机会。

（7）市场公平，国际现货黄金市场巨大（总量约 20 万亿美元），这样的市场难以被操纵，所以更加公平。

（8）平台规范，互联网平台操纵，界面美观、科学、功能强大。

警示！如果投资者见到的国际现货黄金平台，不是以上描述的那样，那么，你很可能是踏入了地下炒金圈，要提高警惕。

3. 保证金交易

保证金交易是指客户在买卖现货黄金合约时，只要按照合约价值的一定比例缴纳资金，无须全额支付，从而产生了杠杆效应。如果杠杆比例为 100 倍，则买入 100 盎司的黄金，只需支付 1 盎司黄金的资金，以此类推。但在现货黄金市场的操作中，通常要在自己的账户内预留一部分资金，作为自己亏损时的保障，否则，当账户内的资金不足以抵消亏损时，平台会对你的账户自动进行强制平仓，也就是我们平常所说的爆仓。所以，在我们现实操作中，一般不要满仓操作，而要在账户内预留一部分资金，用来抵御风险。在 100 倍杠杆的条件下，仓位的控制一般要在 1/3 以下。

4. 建仓、仓位、平仓

从建仓到仓位控制到平仓，是现货黄金操作的一般程序。建仓即买入黄金，多头建仓和空头建仓都叫建仓，也叫开仓。仓位控制，即买入的额度，一般是指投入的资金与自己账户总资金量的百分比，比如自己账户内有 10000 美元，投入资金 2000 美元，那么仓位就是 20%。平仓就是结束交易，将自己账户内的黄金转为资金，平仓一般分为获利平仓和斩仓（止损出局）。

5. 止损、止盈

止损是指当投资出现的亏损达到一定数额时，及时斩仓出局，避免形成更大的亏损，其目的是，当投资失误时，把损失限定在较小的范围内。止盈就是，在你的目标价位挂单出货。止损、止盈其实都是一种平仓操作，只不过止损属于斩仓，而止盈属于获利平仓。

警示！止损和仓位控制，是炒金规避风险最关键的两个部分，千万不能马虎大意。

6. 杠杆

是指放大资金的倍数，如果杠杆是 100 倍，那么用 1 元钱可以购买 100 元的黄金。

7. 合约

在现货黄金交易中，合约是一种买入额度的代表，买入 1 个合约，通常指买入 1 盎司黄金。

8. 点差

点差就是买价和卖价的差，通常指你付给平台的手续费。在互联网交易平台上，都会显示一个买价和一个卖价，卖价都会比买价稍高，卖价和买价的差就是点差，点差费用在互联网上交易时直接被扣除。

9. 佣金

佣金名义上是给经纪人的费用，实际上也是平台收取的一种手续费，并且形式和数目上有些参差不齐。现货黄金的收费主要由点差和佣金构成，目前来看，现货黄金的手续费在同类产品中是最低的，但是那些地下黑平台除外。

10. MT4 平台

MT4 平台全名 Meta Treader4，是 METAQUOTES 软件公司生产的一种软件，运行速度较快、数据可以下载、图表和数据较长。MT4 软件作为网络交易平台，是综合了行情图表、技术分析、下单交易三大功能为一身的优秀的软件。

11. 1 盎司黄金 = 31. 1035 克黄金

12. 一手

一手通常是指交易 100 盎司黄金。

13. 收阳、收阴

收阳即阳线收盘；收阴即阴线收盘。

14. 挂单

挂单是现货黄金的一种操作方法，比如 1200 美元/盎司开仓，设 1250 美元/盎司止盈，1180 美元/盎司止损，然后放在那里，等待电脑自动对你的止盈、止损进行操作，这就是挂单。

15. 单边与震荡

它们是黄金大盘最具代表性的两种价格运行状态。单边状态下，一般已经有了明确的价格运动趋势，往往是重仓介入的好时机；震荡，有时也叫盘整、整理、横盘或箱式运动，是价格在一定区间横向运动的形态。单边与震荡合起来就是单边震荡趋势，也就是价格向着一个明确的方向，震荡前行。以上三种形式的价格运动，基本上构成了大盘价格运动的整体状态。

16. 买盘、卖盘

买盘即多头建仓；卖盘即空头建仓。

17. 基本分析、技术分析

这是对分析技术的两种分类，甚至形成了基本分析派和技术分析派，但笔者看来完全没有必要，这两种技术一般应该联合起来应用。

18. 猜顶、测底

即对"顶"和"底"的预测，现在一般不太提倡，因为"顶"和"底"难以捉摸，获胜的概率极低。

19. 反弹

指单边趋势中，价格逆势运行的那些阶段，一般情况下，不提倡做逆势单，因为弄不好就会被深套。

20. 抢反弹

是一种逆势做单行为，所以这里着重一个"抢"字，抢反弹要动作迅速，见好就收。

21. 增持、减持

就是增加仓位和减少仓位，是追求利润最大化和减轻风险的两种做法。

22. 重心上移、重心下移

即价格上升和价格下降，是价格运动在盘感上的一种说法。

23. 买压、抛压

即多方压力和空方压力，买压沉重则后市容易向多方发展；抛压沉重则后市容易向空方发展。

24. 抛离

即平仓，抛空离场。

25. 前期低点、前期高点

即前一波价格运动的高点或低点，一般用来作"新高"或"新低"的对照，或者是形态、趋势线和次高低等技术的参照。

26. 新高、新低

通常叫作创出新高和创出新低，新高和新低对于我们分析价格走势具有十分重要的意义，比如，"在任何一种趋势中，新高与新低都是平仓的有利时机"。

27. 大势

即长期趋势。

28. 主力

即大盘的主导一方。

29. 打压、刻意打压

一般主要指华尔街级别的超级大户行为，为了获得对自己有利的价位，而进行的一系列行动，他们往往会促成市场价格运动加快，但改变不了市场的总体趋势。

30. 洗盘、清洗浮筹

就是机构想尽一切办法让市场中的筹码集中，以利于自己的操作。洗盘和清洗浮筹行为一般发生在股市，而黄金市场则难以产生庄家，所以即便是大的机构进行洗盘和清洗浮筹，也要按照市场趋势来进行。

31. 低吸高抛

就是低价买进、高价卖出。

32. 套牢、解套

这是股市术语，用到现货黄金中意思是一样的，唯一的不同是现货黄金可以双向套牢。

33. 高价区、低价区

通常是指当前的市场价格偏高或偏低，虽然高价区、低价区的判断相对简单，但它的入市安全提示却非常重要，比如，上涨初期适于一切多单建仓，而空单在这里建仓则很危险；下跌初期适于一切空单建仓，而多单在这里建仓则易受深套。

34. 持筹

指持有筹码，这里指持有黄金。

35. B、S

现货黄金网络平台 Buy 和 Sell 的缩写，表示买和卖。

36. 支撑、压力

来源于"趋势线"，金价触碰支撑、压力线会发生反转的现象。当然，不要忘记，金价也随时可能穿越支撑、压力线。

37. 上升通道、下降通道

支撑线与压力线形成的，互相平行的，上升或下降的一条通道，这个通道的形成，一般表示价格会沿着通道的方向运行一个阶段。

38. 回调

与主趋势方向相反的价格运动都叫回调，回调也叫回抽、反弹。回调在判断价格趋势上非常有用，比如，趋势线被穿越，往往要靠是否产生回调来判断是否有效突破。在单边趋势中，回调的结束则意味着顺势建仓的大好时机来临。

39. 转折、持续

金价形态的高度概括，大盘上的金价形态都是由这两种基本形态构成。所以，我们分析的时候，知道会转折还是会持续即可。

40. 试多、试空

试多就是试着做多，一般都是轻仓；试空就是试着做空，一般也是轻仓。

41. 移动止损

移动止损又称"追踪止损"，就是追随最新价格，设置一定点数的止损，只随价格朝仓位的有利方向运动而触发，是在进入获利阶段时设置的指令。

42. 锁仓

锁仓又叫锁单，当交易者选择相同产品，建立相反方向的订单，不管价格向何方向运动，均不会使锁单部分的盈亏再发生变化，这种操作就是锁仓操作。

43. 操盘、操盘手

操盘是指真实的操作，操盘手是指真实操作的人，一般是指对投资进行直接操作的人。

44. 诱多、诱空

诱多指多方陷阱，目的是让上当者做多，然后被套；诱空指空方陷阱，目的是让上当者做空，然后被套。一般来说，诱多和诱空可以合并，称之为"回调陷阱"，在大盘上，能够识别的所有回调，都是陷阱。

45. 对冲

对冲包含了避险、保值及套利的含义。对冲交易简单地说就是盈亏相抵的交易，即同时进行两笔行情相关、方向相反、数量相等、盈亏相抵的交易。

46. 企稳

就是价格站稳脚跟的意思。

47. 追涨杀跌

就是追随着涨势做多，追随着跌势做空的操作方法，在单边趋势明朗的条件下，可以采用追涨杀跌、穷追猛打的方法。但在震荡盘整期，千万不可追涨杀跌，因为震荡期间，根本没有什么"涨、跌"的趋势供我们追杀。

48. 一级趋势、二级趋势

这是对存在于大盘 K 线图上两种趋势的分类，二级趋势依存于一级趋势。所以，中长线要看一级趋势，而短线则要看二级趋势。

49. 滞涨

在股票市场中，指股价无法突破短期高点，而成交量却急剧放大的情况。后被移用到黄金市场，指在上涨趋势中，价格却上涨缓慢，或干脆停滞不前。

50. 反转行情、反弹行情

反转指那些大的反转，一般是指趋势的反转；反弹指的是单边行情中，与趋势相反的价格运动。

51. 节奏

通常指每做一个单子的时间，对节奏最通俗的分类是短线、中线和长线，我们也可以有属于自己的节奏。

52. 筑底

一般称"筑底行情"，类似于底部震荡行情。

53. 忍手

就是市场趋势不明朗的时候，抽身离市、冷静旁观。

54. 破位

通常指突破支撑线或阻力线，有时也指均线被突破，一般在破位的时候都要引起高度的重视。

55. 趋势行情

即单边行情。

56. 零和市场

就是指市场的货币总量不会发生变化，变化的是货币的持有者。

57. 美元利率

美元利率通常与美元指数成正比，但它们与黄金的走势都成反比，这和美元走势与黄金走势成反比是一个道理。

58. 美元指数

即 USDX，是综合反映美元在国际外汇市场汇率情况的指标，用来衡量美元的强弱程度。美元指数与黄金的走势成反比关系。

59. 美国非农数据

是指美国非农业就业人口数据，对外汇及黄金市场有着重要影响，对于我们黄金市场，这个数据的增减和黄金的走势成反比。一般，非农数据公布的时间为每月第一个星期五的 20：30。

60. 华尔街

是美国纽约市曼哈顿区南部一条大街的名字，它是美国一些主要金融机构的所在地，在黄金投资领域，华尔街象征着那些超级大户，是全世界金融和投资最高峰的象征。

61. 美联储

相当于美国的中央银行，坐落在美国华尔街。美联储的地下，是全世界最大的黄金库——美联储金库。

后　记

本书本着实用、精简的原则，希望能在黄金投资的分析和操作这两个方面，带给读者朋友们一些启迪。

所谓"学海无涯"，是指学习知识的道路无边无际，甚至到了我们晚年，也不可能将我们所有的学业彻底完成。但还有一句话叫"书山有路"，说的是我们会在茫茫书海当中，找到我们前进的道路，借助这条路，我们会一步一步登上自我的巅峰。所以说，读书是有用的，它不仅会帮助我们得到专业的知识，并且会让我们的大脑变得更加智慧。

现在的大环境已经到了互联网时代，但书却始终未被淘汰，也不可能会被淘汰。因为在专业知识的学习上，书具有互联网不可替代的优势，比如，廉价、专业、方便、永不丢失，等等，这让书成为了帮助我们提升自我价值非常有用的工具。

随着互联网时代的到来和我国金融体制改革的快速发展，黄金投资像股票一样，已经开始渐渐融入我们的生活，成为我们改善生活、增加收入的一种手段。所以，也就产生了黄金投资者对专业炒金书籍的强烈需求。针对这种需求，笔者连续出版了《炒金制胜法则》及这本《中国黄金操盘手》，目的非常简单，就是帮助投资者在获取投资利润的同时，产生自我价值。

精湛的知识与优秀的大脑相结合，会产生成功的结果。也就是说，在专业领域内的学习，会产生专业领域的成功，这一点虽然不是必然的结果，但却是必然的道路。在投资领域，还没听说过哪个人没经过努力，就成为了投资天才。所以，笔者在这里不仅建议广大读者喜欢本书、学习本书，更建议读者能够通过自我提高，从自我的小圈子里解放出来，具备更广阔的眼界和更敏锐的投资视觉，并且能够不间断、不动摇地将我们的投资事业进行到底。